ヤマケイ
AG
アルペンガイド
16

八ガ岳・北八ガ岳

アルペンガイド16

「八ガ岳・北八ガ岳」

目次

山名・地名さくいん――6
本書をお読みになる前に――8
八ガ岳全図――10
八ガ岳のプロフィール――12
交通アクセス――17
地図凡例――18
宿泊施設一覧――192

1 八ガ岳南部

1 柳川南沢から赤岳・阿弥陀岳――体★★☆技★★危★★――26
2 柳川北沢から硫黄岳・赤岳――体★★★技★★危★★――32
3 県界尾根から赤岳――体★★★☆技★★★危★★★☆――39
4 真教寺尾根から赤岳――体★★★☆技★★★危★★★☆――44
5 御小屋尾根から阿弥陀岳・赤岳――体★★★☆技★★★危★★★☆――49
6 杣添尾根から横岳・赤岳――体★★★☆技★★★危★★★――53
7 桜平から夏沢峠・硫黄岳――体★★★技★★危★★――57
a オーレン小屋から峰ノ松目・赤岩ノ頭――技★☆危★★――61
b オーレン小屋から箕冠山――技★☆危★☆――61
8 天女山から権現岳――体★★★☆技★★危★★――62
9 阿弥陀岳南稜――体★★★☆技★★★危★★★☆――66
10 阿弥陀岳中央稜――体★★★技★★☆危★★☆――68
11 立場川本谷――体★★★☆技★★★危★★★――71
12 天狗尾根――体★★★☆技★★★危★★☆――72
13 地獄谷本谷――体★★★☆技★★★危★★★――74
14 観音平から編笠山・信玄棒道――体★★★☆技★★危★★――76

＊ご注意
山登りには様々な不確定要素がともないます。たとえ充分な経験を有し健康であっても、山の事故から完全に免れる保証はありません。経験の浅い読者は9頁に示された難易度基準をよく理解のうえ、本書を山登りに役立ててください。

15 不動清水から西岳・編笠山 体★★★☆技★★危★★ 82
a 富士見・立沢から不動清水 技★☆危★ 85
16 渋ノ湯から黒百合平・天狗岳 体★★技★★危★★ 86
17 西尾根から天狗岳 体★★☆技★★危★★ 92
a 唐沢鉱泉から黒百合平 技★☆危★ 95
b 渋ノ湯から唐沢鉱泉 技★☆危★ 95
c シラナギ沢から天狗岳 技★★☆危★★☆ 95
18 稲子湯から夏沢峠・天狗岳 体★★☆技★★危★★ 97
a 本沢温泉から天狗岳（白砂新道） 技★★危★★ 101
b 本沢温泉から稲子・海尻 技★危★ 102
19 天狗岳から赤岳・編笠山 体★★★技★★危★★☆ 103

2 北八ガ岳

20 稲子湯からみどり池・にゅう 体★★技★☆危★☆ 116
21 稲子湯から白駒池・にゅう 体★★技★☆危★☆ 120
22 渋ノ湯から高見石・みどり池 体★★技★☆危★☆ 124
23 麦草峠から八千穂高原 体★技★危★ 132
24 麦草峠から雨池・坪庭 体★☆技★危★ 135
25 坪庭から五辻・渋ノ湯 体★☆技★危★ 139
a 五辻から縞枯山・茶臼山 技★☆危★ 141

26 坪庭から横岳・双子池・雨池 —— 体★★☆技★☆危★☆ 142
27 八千穂高原から八柱山・雨池 —— 体★★技★☆危★☆ 145
28 大河原峠から横岳・天狗岳 —— 体★★★☆技★★危★★ 147
a 天祥寺原から亀甲池・双子池 —— 技★☆危★ 154

3 八ガ岳周辺の山々

29 蓼科牧場から蓼科山 —— 体★★☆技★★危★★ 157
30 蓼科温泉親湯から蓼科山 —— 体★★★技★★危★★ 162
31 清里から美ノ森山・天女山 —— 体★技★危★ 165
32 清里から飯盛山 —— 体★技★危★☆ 168

4 冬の八ガ岳

冬の八ガ岳 —— 172
33 赤岳から阿弥陀岳 —— 体★★★技★★★危★★★ 177
34 硫黄岳から横岳・赤岳 —— 体★★★技★★★☆危★★★ 180
35 天狗岳から硫黄岳 —— 体★★★技★★☆危★★★ 185
36 高見石から黒百合平・みどり池 —— 体★★☆技★★危★★☆ 188
37 横岳から縞枯山・高見石 —— 体★★★技★★☆危★★☆ 190

山名・地名さくいん

山名・地名さくいん

キレット……108
キレット小屋 ――ごや……75
黒百合平 くろゆりだいら……90・94・95・106・118・128・185・189
剣ガ峰 けんがみね……134
御泉水自然園 ごせんすいしぜんえん……158
五辻 ごつじ……140・141
小天狗(県界尾根) こてんぐ……42・47・56
小淵沢駅 こぶちざわえき……76・109
権現沢 ごんげんさわ……74
権現岳 ごんげんだけ……63・108

●さ

賽ノ河原 さいのかわら……43・45・125・188・191
早乙女展望台 さおとめてんぼうだい……64
盃流し さかずきながし……85
狭霧苑地 さぎりえんち……140
桜平 さくらだいら……58・96
笹平 ささだいら……138・139・144
地獄谷本谷 じごくだにほんたに……74
地蔵ノ頭 じぞうのあたま……29・37・52・55・178・181
信濃境駅 しなのさかいえき……82・85
渋辰野館前 しぶたつのかんまえ……91・92
渋ノ湯 しぶのゆ→おくたてしな(しぶのゆ)
縞枯山 しまがれやま……141・150・190
将軍平 しょうぐんだいら……158・160・163
白駒池 しらこまいけ……122・125・133・136・188
白河原 しらっかわら……28
真教寺尾根 しんきょうじおね……43・44
親湯入口 しんゆいりぐち……148・161・162・164
摺鉢池 すりばちいけ……90・128
青年小屋 せいねんごや……80・84・109
千ガ滝橋 せんがたきばし……54
杣添尾根 そまぞえおね……54

●た

高見石 たかみいし……125・150・188・191
立沢 たつざわ……85
立場川本谷 たつばがわほんたに……71
立場山 たつばやま……66
蓼科牧場 たてしなぼくじょう……158
蓼科山 たてしなやま……159・163
蓼科山登山口 たてしなやまとざんぐち……163
茶臼山 ちゃうすやま……141・150・190
茶水池 ちゃすいいけ……136
中央稜(阿弥陀岳) ちゅうおうりょう……68
坪庭 つぼにわ……138・139・190
ツルネ……108
出逢ノ辻 であいのつじ……140
寺木場平 てらこばだいら……163
天狗尾根 てんぐおね……72・108
天狗岳 →にしてんぐ →ひがしてんぐ
天狗ノ露地(大岳) てんぐのろじ……150
天祥寺原 てんしょうじはら……148・154・160
天女山 てんにょさん……62・167
天女山入口 てんにょさんいりぐち……62・167

●な

中岳 なかだけ……30・178
中山 なかやま……128・150・189
中山展望台 なかやまてんぼうだい……128・188
中山峠 なかやまとうげ……90・94・100・106・118・128・150・189

本書をお読みになる前に

■本書は東京、名古屋、大阪を起点とした、八ガ岳、北八ガ岳およびその周辺の山々の登山またはハイキングのガイドブックです。とくに断りのない限り、無雪期のコースを対象にしています。

●**データ**　収録した交通アクセス、宿泊等、また電話問合せ先等の情報は、一九九九年秋時点のものです。これらのデータは変更されることもありますから、登山の実施にあたっては、事前に現地または関係諸機関にご確認ください。

●**コースタイム**　該当コースに必要な装備一切を携行して歩いた際の、標準的な所要時間として著者が設定したタイムです。休憩や食事に要する時間は含まれていません。コースタイムは登山道の整備状態とパーティの人数によって大きく左右されます。体力や体調に応じて、無理のない計画を立ててください。本書のコースタイムより五割以上多く時間を要する人は、本書の設定スケジュールでは登山が難しいものもあります。コース解説の中見出しに示した「歩行○時間」は、一日のコースタイムの総和です。

●**標高差・累積標高差**　コース解説の中見出しに掲げた「標高差」は、国土地理院発行の五万分ノ一地形図の等高線から読み取った歩行起点から到達点までの獲得高度差（概算数値）です。登降が多数繰り返されるコースでは、コース上の主要な登りを合計し「累積標高差」として示しました。コースタイムとともに要求される体力の目安としてご利用ください。また、この数値は下りの標高差を表すものではありません。

●**ガイド地図**　ガイド本文中に収録された等高線入り地図の縮尺は、五万分ノ一または二万五千分ノ一です。各々の縮尺は図中の縮尺スケールで確認できます。また、とくに方位表記のない限り、図の上方を北としています。コース図周縁の状況を知るために、コース解説の大見出しに示した国土地理院発行の五万分ノ一または二万五千分ノ一地形図の最新版を併せてお使いください。国土地理院図の販売書店のお問合せは以下へ。

㈶日本地図センター販売促進部☎〇三３４８５五四一四、日本地図共販㈱☎〇三３２９４五二〇六、㈱武揚堂☎〇三３２７１二四五一、内外地図㈱☎〇三３２９１〇三三八

●**山名・地名**　国土地理院発行の地形図の表記にしたがっていますが、一部に地元で使われていたり、登山者の間に広く定着している呼称を用いています。ただし、「○ヶ岳」等の「ケ」は「ガ」と発音に基づいて表記し、「○の沢」等の「の」は前後にカタカナのない限りすべて「ノ」と表記しています。

■登山コースの難易度表記は健康で標準的な体力を有する人を対象にしています。体力、年齢、目的に応じて無理のないコース選びにお役立てください。

体力

★　歩行時間と標高差が少ないコース。行程が短いために水のほかには食糧の携行は必ずしも必要ではない。

★★　歩行約6時間、または標高差約一〇〇〇メートルまでのコース。または一泊以上を要するコース。軽食と万一に備えて照明器具が必要。

★★★　歩行時間が長く、標高差が大きいコース。エネルギー補給なしには血糖値が大幅に低下する運動レベル。食糧は必携。パーティ行動では体力の弱い者を同行できる限界。

★★★★　歩行時間が非常に長いか、標高差が非常に大きく強い体力を要求されるコース。次の宿泊地が離れている、交通アクセスが不便、登山道の整備状態が悪い等の条件で長時間行動にならざるを得ないコース設定。力量のそろった健脚者同士でパーティを組むこと。

　各レベルの中間に位置づけられるものは☆で補足表記。

技術

★　指導標が完備しているコース。公園化した遊歩道は☆。

★★　指導標はあるが、地図による確認が必要となるコース。部分的に小さな岩場が現れることもあるが、鎖、梯子等が設置されている。

★★★　登山道が不明瞭か、岩場地帯の通過がポイントになるコース。前者は地図を的確に読む能力が、後者の場合は岩場に対応できる登攀能力が要求される。

★★★★　迷いやすい地形か、高度感にさらされる露出度の高い箇所を通過するコース。または両者の要素を併せ持つ条件の厳しいシリアスなコース。

　各レベルの中間に位置づけられるものは☆で補足表記。

危険

★　天候が急変しても大事に至らないコース。主に関東以西の中級山岳と低山。

★★　悪天候のもとでは状況が一変するコース。山の高低にかかわらず落雷の直撃を受ける可能性が高い地形、谷の徒渉、雪渓、崩壊地等落石の危険にさらされた地帯を通過する等の条件を伴う。

★★★　行程の大部分が谷筋をたどるコース、または雪渓を長時間たどるコース等は、天候のいかんにかかわらず落石や崩壊の危険が潜在する。また宿泊地が標高三〇〇〇メートル付近かそれ以上の場合は、高山病の影響を受けるおそれがある。

★★★★　前者にさらに危険要素が加わるコース。

＊行程半ばから安易に下山できないコース、標高三〇〇〇メートル付近で宿泊するコース等、各レベルの中間に位置づけられるものは☆で補足表記。

八ガ岳全図

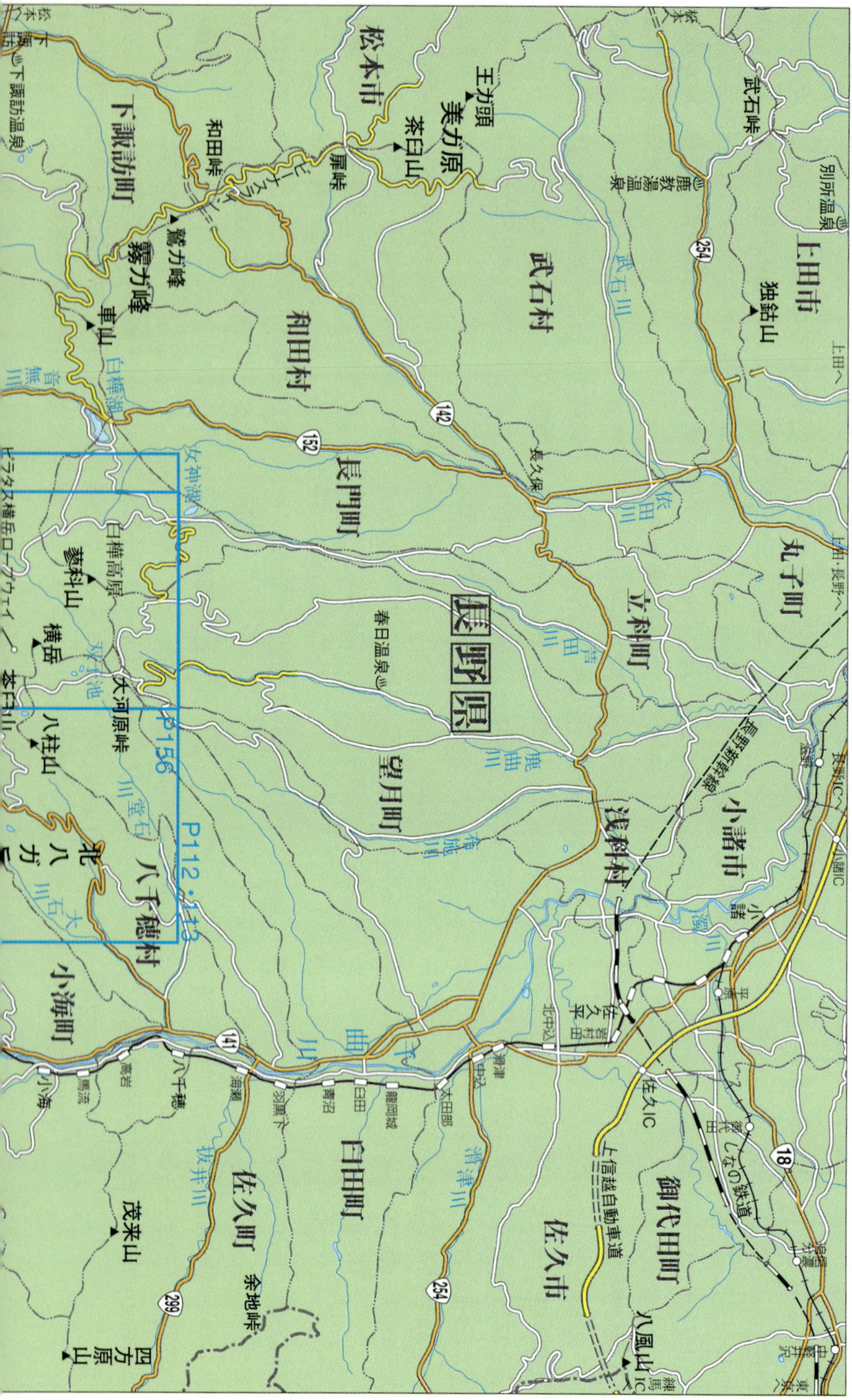

長野県
松本市
美ガ原
王ガ頭
茶臼山
扉峠
和田峠
下諏訪町
下諏訪温泉
鷲ガ峰
霧ガ峰
車山
白樺湖
和田村
武石村
武石峠
鹿教湯温泉
別所温泉
上田市
独鈷山
長門町
長久保
丸子町
立科町
女神湖
白樺高原
蓼科山
横岳
双子池
大河原峠
春日温泉
望月町
八柱山
八千穂村
北八ガ岳
小諸市
浅科村
佐久平
佐久IC
小海町
臼田町
佐久町
茂来山
余地峠
四方原山
佐久市
御代田町
八風山
しなの鉄道
長野新幹線
上信越自動車道
ピラタス横岳ロープウェイ
P156
P112・113
千曲川

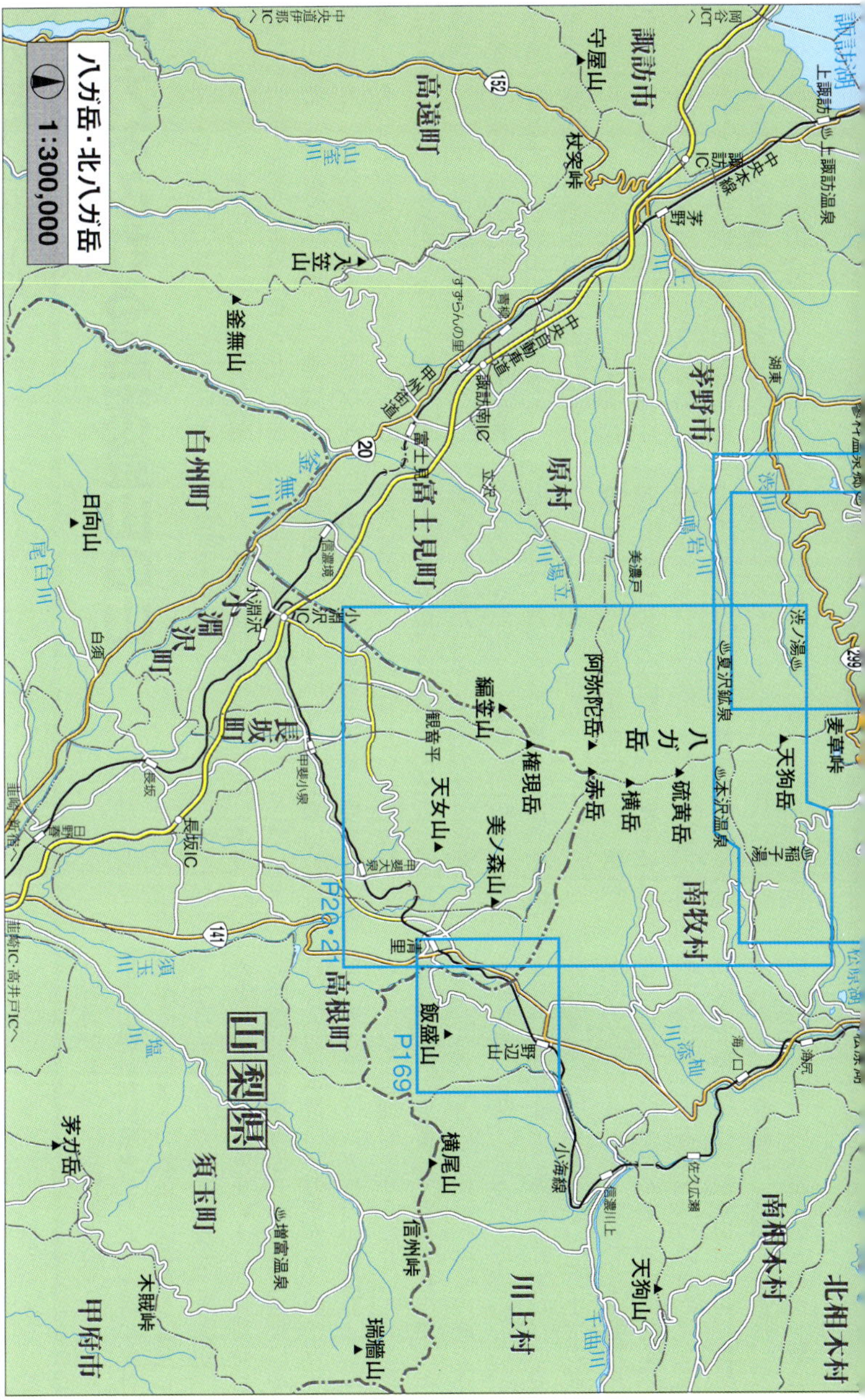
八ヶ岳・北八ヶ岳
1:300,000
諏訪湖
上諏訪
上諏訪温泉
諏訪市
岡谷JCT
中央道伊那IC
守屋山
高遠町
杖突峠
諏訪IC
中央本線
茅野
入笠山
釜無山
中央自動車道
すずらんの里
青柳
甲州街道
諏訪南IC
富士見
茅野市
湖東
原村
立沢
白州町
日向山
尾白川
釜無川
信濃境
富士見町
美濃戸
鳴岩川
渋川
渋ノ湯
小淵沢町
小淵沢
小淵沢IC
白須
夏沢鉱泉
阿弥陀岳
八ヶ岳
編笠山
権現岳
観音平
赤岳
硫黄岳
横岳
天狗岳
麦草峠
本沢温泉
稲子湯
長坂町
長坂
長坂IC
甲斐小泉
天女山
美ノ森山
甲斐大泉
日野春
韮崎IC
南牧村
P20・21
清里
高根町
飯盛山
野辺山
P169
須玉川
塩川
山梨県
須玉町
茅ヶ岳
増富温泉
木賊峠
甲府市
横尾山
信州峠
瑞牆山
川上村
小海線
信濃川上
佐久広瀬
海ノ口
海尻
松原湖
天狗山
千曲川
南相木村
北相木村
杣添川
20
141
152
299

魅力あふれる週末登山の山

八ガ岳という山は、ひとことでいうなら、コンパクトな山である。雄大な展望、険しい岩稜、緩和な森林、色とりどりの高山植物、空を舞う小鳥たち、地に遊ぶ動物たち、緑の草原、清水をたたえる池沼、山あいの素朴な温泉・鉱泉……。さほど大きくないからだをたくさんの「山の魅力」でふくらませた山である。

優美な曲線を描いて東西に広がる山裾――これもまた、この山の魅力である。中央本線の列車の窓から、あるいはまた近隣の山々から望む八ガ岳が、見る者にその登山を促したとすれば、それはきっと、鋭角的なスカイラインもさりながら、それをきわ立たせている美しい裾野の所為に違いない。曲線美の裾野をもつことで視覚的にすぐれた山となっているのが八ガ岳である。

八ガ岳は長野・山梨の県境にあり、八ガ岳中信国定公園の一部をなしている。首都圏に近い、というのもこの山の特長であり、人気を高めている一要素だ。前夜発日帰り、一泊二日といった短時日の登山が八ガ岳では大勢を占める。短い時間でしかもたっぷりと山の魅力を楽しむことのできる山――東京近辺の登山者にとっては、八ガ岳は「週末登山の山」である。

成り立ち　八ガ岳は南北三〇キロ、東西一五キロの独立した火山群。その誕生については、フォッサマグナ（大地溝帯、本州を東北部と西南部とに分ける巨大な亀裂）に沿って多くの小火山が直線状に集まってできた複合火山、という見方が現在では有力である。赤《あか》岳付近を核とする八ガ岳火山が最初に噴火し、北八ガ岳や蓼科《たてしな》山がそれに次ぎ、最後に硫黄岳が爆発して今日に見る八ガ岳の原形ができあがったといわれる。時期をいえば、地質時代の新第三期鮮新世から第四期更新世にかけて（およそ三〇〇万年から一〇〇万年前）のことだ。八ガ岳の山体はおもに輝石安山岩と集塊岩とからなり、広大な裾野は火山灰が堆積してできたものである。

山名　八ガ岳という山は、多くの峰を連ねる山容に由来するものである。が、「八」という数の示すところについてははっきりしない。八つの峰を特定した上での命名なのか、それとも、たんに「多数」の意で「八」といったのか、不明である。いずれにせよ、古来「八つの峰」に定説はなく、現在では、編笠《あみがさ》山、西岳、権現《ごんげん》岳、赤岳、阿弥陀《あみだ》岳、横岳、硫黄岳、天狗岳（南から）の八座をいうのが一般的。

北八ガ岳の横岳から見た赤岳（中央）を中心とする南八ガ岳の峰々

天狗岳のかわりに峰《みね》ノ松目《まつめ》を入れる見方もある。

南八ガ岳と北八ガ岳　北は大河原峠から南は編笠山にいたる連峰が、今日でいう八ガ岳である（蓼科山は別個にあつかうのがふつう）。その八ガ岳を南北に分けるようになったのは最近のこと。「八ガ岳」の北に続く樹林の高地を「北八ガ岳」とよんだことにはじまり、それに対する呼称として「南八ガ岳」「八ガ岳本峰」等の呼び名が生まれ、山容の異なりをもって両者を区別するようになった。南八ガ岳は険阻な岩稜を連ねる登攀的な山であり、北八ガ岳は針葉樹原生林に池沼、草原、岩峰を点在させる逍遥的な山である。境については、夏沢峠とする見方が一般的だが、多分に便宜的な設定であり、こだわる必要はない。

植物・動物　八ガ岳は垂直分布上、山地帯（低山帯）、亜高山帯、高山帯の三段階に区別される。シラカバ林、カラマツ林に代表されるのが山地帯で、初夏にはレンゲツツジやヤマツツジがよく咲き、スズランが可憐な花をつける。その上の亜高山帯にはコメツガ、シラビソを主体とする針葉樹林がひろがり、林床には、八ガ岳を代表する名花といってもいいオサバグサ（7月）が群生する。北八ガ岳に特有の縞枯《しまが》れ（森林帯、若木帯、枯木帯が一〇〇年から三〇〇年の周期で交代をくり返す現象）は、この亜高山帯に生ずる現象だ。標高二五〇〇《メートル》付近の森林限界にはダケカンバが茂り、そこを越えると高山帯の象徴ハイマツが姿をみせ、お花畑が随所にひろがる。

　八ガ岳は花の山である。降雪量が少なく雪田ができないため、水湿地を好む植物はあまり見られないが、それでも種類

八ガ岳のプロフィール

南八ガ岳有数のお花畑が見られる横岳の稜線

シナノオトギリ咲く北八ガ岳オトギリ平付近の草原

の豊かさは屈指だ。ヤツガタケキンポウゲ、ヤツガタケタンポポ、ヤツガタケアザミ、ヤツガタケスミレ等、ここで発見された珍種・特産種も少なくない。いちばんの花の名所は横岳（南八ガ岳）から硫黄岳にかけての一帯。6月なかばにはじまる花の季節には、ツクモグサ、ウルップソウ、キバナシャクナゲ、チョウノスケソウ、ミヤマクロユリ等多くの花が時を移して咲き競い、7月の後半にはコマクサが群落をみせる。

動物で目にする機会が多いのは、大きなものではニホンカモシカ、小さなものではニホンリス。ニホンカモシカは、赤岳・横岳周辺や天狗岳周辺によく出没し、ニホンリスは北八ガ岳にたくさん棲息している。オコジョ、テン、ホンシュウモモンガ、タヌキ等も、餌付けをしている山小屋があり、運がよければ見ることができる。亜高山帯以上で見られるおもな鳥には、イワヒバリ、イワツバメ、ホシガラス（ダケガラス）、コガラ、ヒガラ、ゴジュウカラ等がある。ライチョウは絶滅し、いまはいない。

登山のシーズン

八ガ岳の山開き（開山祭）は毎年6月の第一日曜日、まだ春の気が濃く漂うなかで催される。谷間や樹林帯にはかなりの雪が残り、山上を吹く風は時につめたい。

稜線付近ではまだ春でも、しかし、中

腹から下はすでに初夏である。カラマツやシラカバが若やかな新緑を披露し、山麓高原ではレンゲツツジやスズランが開花の時期を迎える。5月から6月はじめにかけては、こんなところを歩くのが楽しい。

6月も後半に入ると稜線付近にも夏が立ち、ダケカンバの若葉はみずみずしく、岩尾根にも、林の中にも、いろいろと花が咲き出す。雪消えの早い八ガ岳は花期も早く、6月下旬から7月上旬にかけてが最盛期。梅雨のさなかで雨に遭う確率は高いが、花（とくに硫黄岳・横岳周辺）を見るならこの時期がいちばんだ。北八ガ岳の苔のもっとも美しい季節でもある。

俗に「梅雨明け一〇日」といわれるように、八ガ岳でも、梅雨明けから一〇日ないし二週間ほどが登山には最適の時期、天気がもっとも安定し、台風を避け、雷雨に注意するなら、快適かつ安全な登山が約束される。梅雨明けのころからちょうどコマクサが盛りとなり、8月上旬にかけては、「盛夏の花」が路傍を飾ってくれる。この時期は、どこを歩いても楽しい。それだけに人出も多く、交通機関、山小屋は混雑する。

8月も中旬に入ると、ヤナギランが咲き、リンドウの仲間が咲き、山はもう秋。盆休みが終わるとともに、人影はめっきり少なくなり、やがて秋霖の季節を迎える。

八ガ岳の紅葉は9月の中頃にはじまる。南八ガ岳の稜線付近のダケカンバがまず色づき、徐々に下ってゆく。白駒池のサラサドウダンが真紅に燃えるのは10月上旬、双子池のカラマツ林の黄葉は中旬が見ごろだ。紅葉のこの時期、10月のはじめに初雪のくる年が多い。が、10月の雪は、まず根雪になることはない。

八ガ岳が冬らしくなるのは、早い年で11月下旬。積雪は1月上旬でおよそ一《メートル》（森林限界付近）、2月から3月にかけてが最も多く二～三《メートル》に達する。八ガ岳は降雪量の比較的少ない山だが、風（西風）の強さと、寒気の厳しさとには定評があり、真冬の早朝にはマイナス二〇度Cを下ることもめずらしくない。3月いっぱいは冬で、4月に入って少しずつ春めい

サラサドウダンの紅葉が水面に映える。白駒池にて

てくる。

一般登山者が稜線付近を危険少なく歩けるのは、南八ガ岳では6月から10月、北八ガ岳では5月から10月である。

プランニング

南八ガ岳と北八ガ岳――両者を「歩き方」で比べるなら、南八ガ岳は、山頂を結んで線で歩く山であり、北八ガ岳は、頂を踏み、池沼をたずね、草原で遊び、時には回り道をしながら面で歩く山。山容が違えば、歩き方、楽しみ方も違う。

南八ガ岳の登山は、コースをどのようにとっても本格的な登山となる。形式の上からは、西面の赤岳鉱泉等を基地にした定着型登山、西面から東面への（またはその逆）横断型登山、いくつかの頂を踏んで尾根づたいに行く縦走登山などに分けられよう。南八ガ岳の登山がはじめての人は、まず定着型でゆっくり歩いてみるとよい。東面コースはいずれも西面のコースに比べて高度差が大きく、途中に山小屋がないので、組み入れるときはそうした点を充分に考慮したい。

北八ガ岳の場合は道が細かく通じ、危険箇所もゼロに等しいので、初心者でも、かなり自由にコースが組める。組み方によって登山にもなり、散策にもなる。個性的な山小屋が多い北八ガ岳では、「山小屋を楽しむ」のも楽しみ方のひとつだ。

歩き方、楽しみ方の異なる南と北だが、分けて歩く必要はもちろんない。赤岳から高見石へ、縞枯山から硫黄岳へ、といった「越境登山」のほうが、むしろ変化

南八ガ岳西面の登山基地・赤岳鉱泉

樹林が背後に迫まる北八ガ岳の黒百合ヒュッテ

があっておもしろいともいえる。

南八ガ岳の小屋のほとんどは4月下旬から11月にかけての営業で（一部、年末年始に営業する小屋もある）、稜線近辺の小屋では赤岳鉱泉と本沢《ほんざわ》温泉とが通年営業。北八ガ岳の小屋は逆に、大半が通年営業。山腹・山麓には、渋《しぶ》ノ湯、唐沢《からさわ》鉱泉、本沢温泉、稲子湯《いなごゆ》等静かな山の湯があり、「出湯山行」が計画できる。どの小屋も水飢饉でない限り宿泊客には飲料水を分けてくれるが、稜線付近の小屋では、一部をのぞき洗面、手洗い等はできない。八ガ岳では、多くの小屋が天水に頼っており、水はなによりも貴重品だ。

山上への掛け橋、北八ガ岳のピラタス横岳ロープウェイ

稜線およびその付近のキャンプ指定地は一〇カ所。指定地以外での幕営は禁止されている。指定地には、一部をのぞき水場があるが、湧水・流水を利用するところでは涸れることもあるので、事前に確かめるようにしたい。

登山口へのバス路線で通年運行をするのは、JR中央本線茅野駅前からの、美濃戸口行、奥蓼科・渋ノ湯行、ピラタス横岳ロープウェイ山麓駅行、白樺湖・車《くるま》山《やま》高原・上諏訪駅方面行（接続する蓼科牧場方面へも）の四路線。諏訪側、佐久側ともほかの路線はすべて季節運行。

交通アクセス

八ガ岳の各入山口へのアプローチ方法はいくつかあるが、中央本線茅野駅からが一般的だ。同駅からは南北八ガ岳の主な入山口への路線バスが出ている。

主な路線には、南部の美濃戸口《みのとぐち》行、上《かみ》槻木《つきのき》行、奥蓼科・渋ノ湯行、北部の麦草《むぎくさ》峠（冬期は糸萱《いとがや》まで）、蓼科温泉（親湯入口）経由ピラタス横岳ロープウェイ、蓼科牧場方面（東白樺湖でJR・千曲バス乗換え）行（以上諏訪バス）等がある。また東側の長野新幹線、小海線各駅からの入下山も可能。佐久平駅からは八千穂駅経由麦草峠行（季節運行、千曲バス）、小海駅・松原湖駅からは稲子湯行（冬期は稲子まで、小海町営バス）が運行されている。さらに季節運行ながら、清里駅から大泉・清里スキー場行（山梨交通バス）も運行されている。

なお、本書のコース設定の大半は公共

の交通機関利用を前提としている。鉄道や路線バスが、山への交通手段としてマイカーを利用するよりも自然環境にやさしいことは広く知られているとおりだ。

　しかし夜行列車利用の場合、八ガ岳という山域は首都圏から近くにあるばかりに登山駅の到着時間が早すぎて、山へ向かうバスの始発時刻までは長い時間待たされる。第一日の行動時間が長く途中に宿泊施設のない、赤岳の県界尾根、真教寺尾根、御小屋尾根等の各コースは、こうした夜行列車利用のコースとして本書に紹介されている。

　そこで駅構内で仮眠をとるには、それなりのマナーと準備が必要になる。互いに迷惑にならぬよう心掛けたい。とくに、夜間は冷え込むために、持参した衣類はすべて着込み、寝袋カバーやマット等を用意できれば快適に過ごすことができる。

　駅の仮眠に気の進まない向きには、前日中にバス始発駅に到着するか、夜行で来ることをあらかじめ最寄りのビジネスホテル等の宿泊施設に伝えて、これを利用することをおすすめしたい。

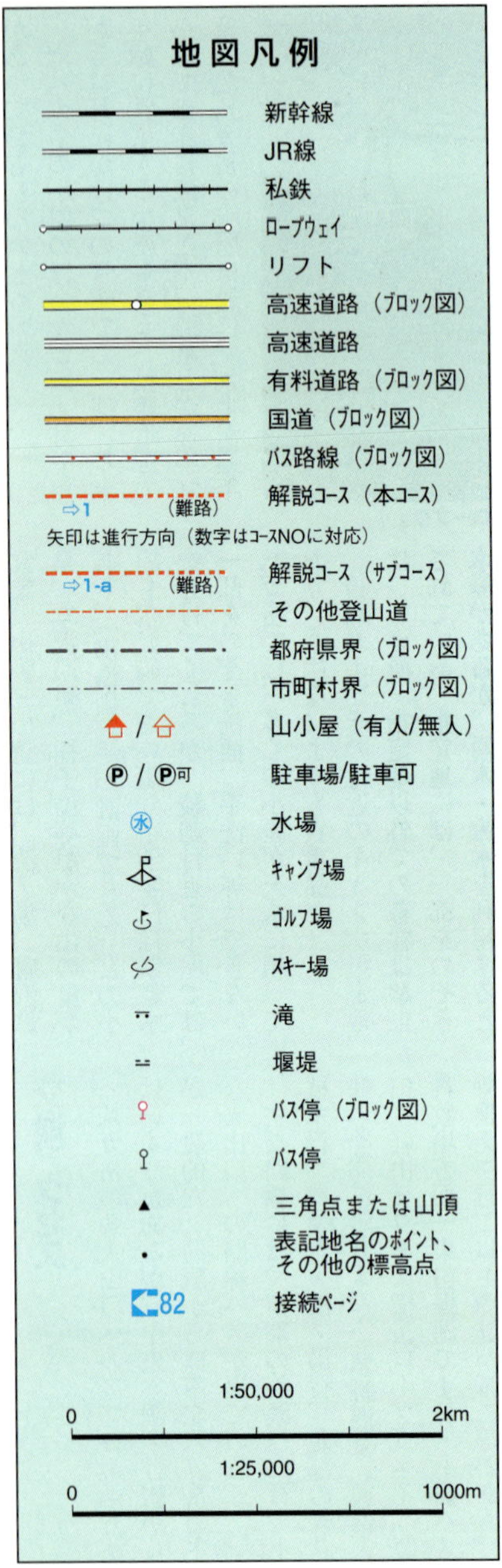

地図凡例

記号	意味
━━━	新幹線
━━━	JR線
━┿━	私鉄
─○─	ロープウェイ
─・─	リフト
══●══	高速道路（ブロック図）
══	高速道路
━━━	有料道路（ブロック図）
━━━	国道（ブロック図）
━━━	バス路線（ブロック図）
⇨1（難路）	解説コース（本コース）
矢印は進行方向（数字はコースNOに対応）	
⇨1-a（難路）	解説コース（サブコース）
-------	その他登山道
─・─・─	都府県界（ブロック図）
─‥─‥─	市町村界（ブロック図）
▲ / △	山小屋（有人/無人）
Ⓟ / Ⓟ可	駐車場/駐車可
Ⓦ	水場
⛺	キャンプ場
⛳	ゴルフ場
⛷	スキー場
∵	滝
≕	堰堤
♀	バス停（ブロック図）
♀	バス停
▲	三角点または山頂
・	表記地名のポイント、その他の標高点
◁82	接続ページ

1:50,000　0 ─── 2km

1:25,000　0 ─── 1000m

1

八ガ岳南部

赤岳
阿弥陀岳
硫黄岳
横岳
権現岳
編笠山
天狗岳

高見石小屋へ
にゅうへ
佐久平へ
海尻
野辺山へ
稲子湯
小海線松原湖駅へ
稲子小屋
本沢温泉入口
小海町
渋ノ湯
渋辰野館前
茅野へ
麦草峠・白樺湖へ
松本へ
岡谷JCTへ
八方台
唐沢鉱泉
中山
黒百合ヒュッテ
中山峠
稲子岳
みどり池
しらびそ小屋
西尾根
天狗岳
東天狗
西天狗
根石岳
箕冠山
本沢温泉
広見へ
諏訪IC
茅野
上槻木へ
夏沢鉱泉
オーレン小屋
夏沢峠
長野県
茅野市
峰ノ松目
硫黄岳
赤岩ノ頭
南牧村
横岳登山口
海ノ口自然郷
富士見へ
諏訪南ICへ
美濃戸口
赤岳山荘
美濃戸山荘
赤岳鉱泉
美濃戸中山
横岳
杣添尾根
杣添川
小海線野辺山駅へ
海尻へ
行者小屋
八ヶ岳山荘
やまのこ村
御小屋山
御小屋尾根
地蔵ノ頭
阿弥陀岳
赤岳
県界尾根
小天狗
防火線ノ頭
原村
立場川
八ヶ岳十字路

八ガ岳南部
1：80,000
富士見町
西岳
旭岳
権現岳
牛首山
青年小屋
編笠山
三ツ頭
前三ツ頭
山梨県
美ノ森山
大泉清里スキー場
町営美し森たかね荘
地獄谷
川俣川渓谷
清里の森
美ノ森
八ガ岳牧場
展望台
天女山
清泉寮
吐龍ノ滝
少年自然の家
清里
清里高原道路
高根町
八ガ岳高原ライン
大泉村
甲斐大泉
大開
小海線
八ガ岳泉郷
甲斐小泉
小淵沢
小淵沢町
長坂町
八ガ岳牧場
八ガ岳公園道路
三ツ頭登山口
八ガ岳牧場
八ガ岳神社
観音平グリーンロッジ
富士見平
雲海
押出川
木戸口公園
標高2000m地点
不動清水
富士見高原スキー場
鉢巻道路
三里ガ原
信濃境
富士見
立沢
茅野へ
中央本線
諏訪南ICへ
中央自動車道
小淵沢IC
須玉ICへ
韮崎・新宿へ
小淵沢ICへ
中央道
須玉IC
韮崎IC・高井戸ICへ
中央本線韮崎駅へ
上信越道佐久ICへ
野辺山
141

47・46

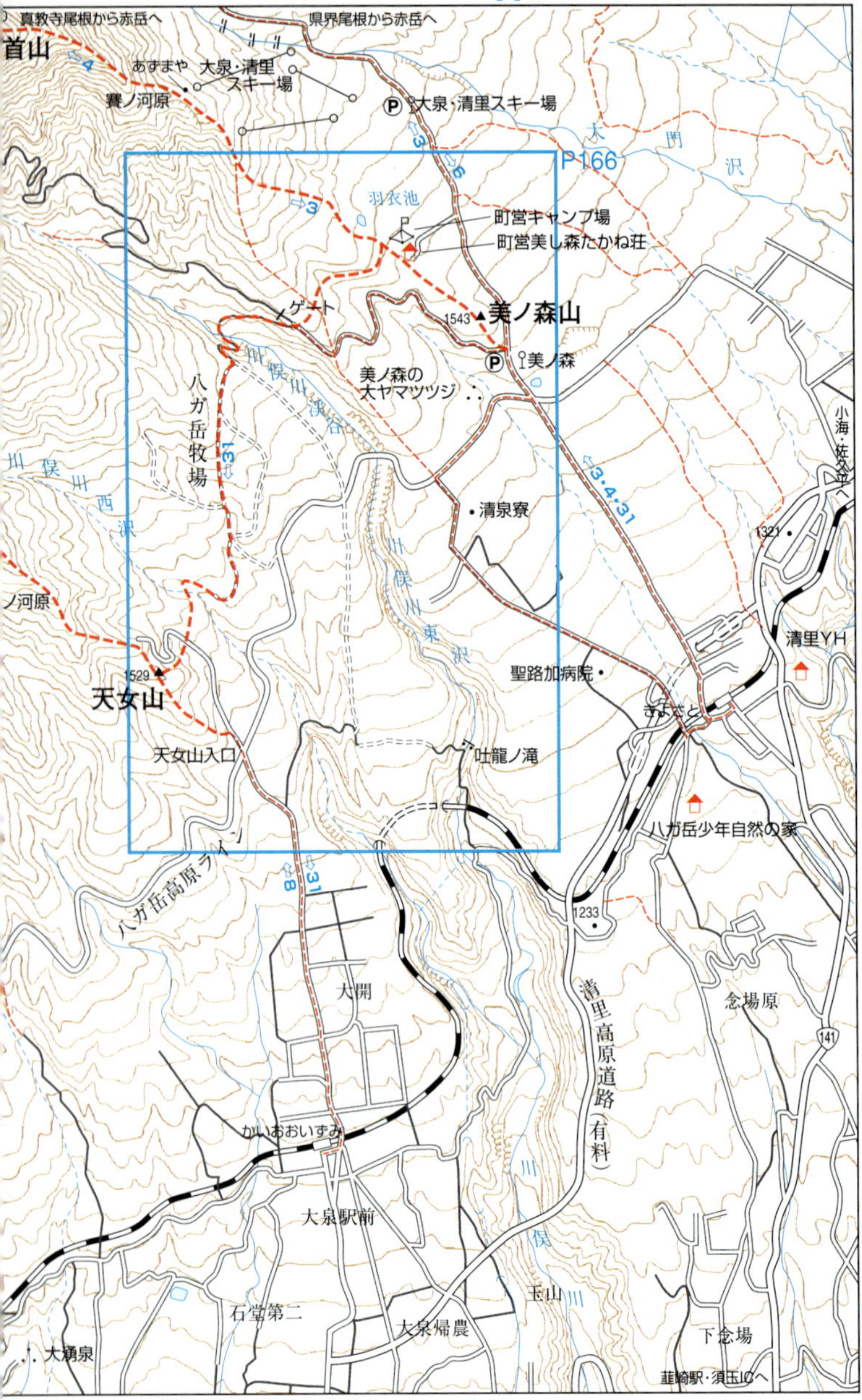

真教寺尾根から赤岳へ
県界尾根から赤岳へ
首山
あずまや
大泉・清里スキー場
賽ノ河原
大泉・清里スキー場
P166
大門沢
羽衣池
町営キャンプ場
町営美し森たかね荘
ゲート
1543
美ノ森山
美ノ森
美ノ森の大ヤマツツジ
川俣川渓谷
八ガ岳牧場
川俣川西沢
清泉寮
川俣川東沢
小海・佐久平へ
1321
ノ河原
清里YH
聖路加病院
1529
天女山
きよさと
天女山入口
吐龍ノ滝
八ガ岳少年自然の家
八ガ岳高原ライン
1233
大開
清里高原道路（有料）
念場原
141
かいおおいずみ
大泉駅前
川俣川
玉山
石堂第二
大泉帰農
下念場
大湧泉
韮崎駅・須玉ICへ

25・24
78・79

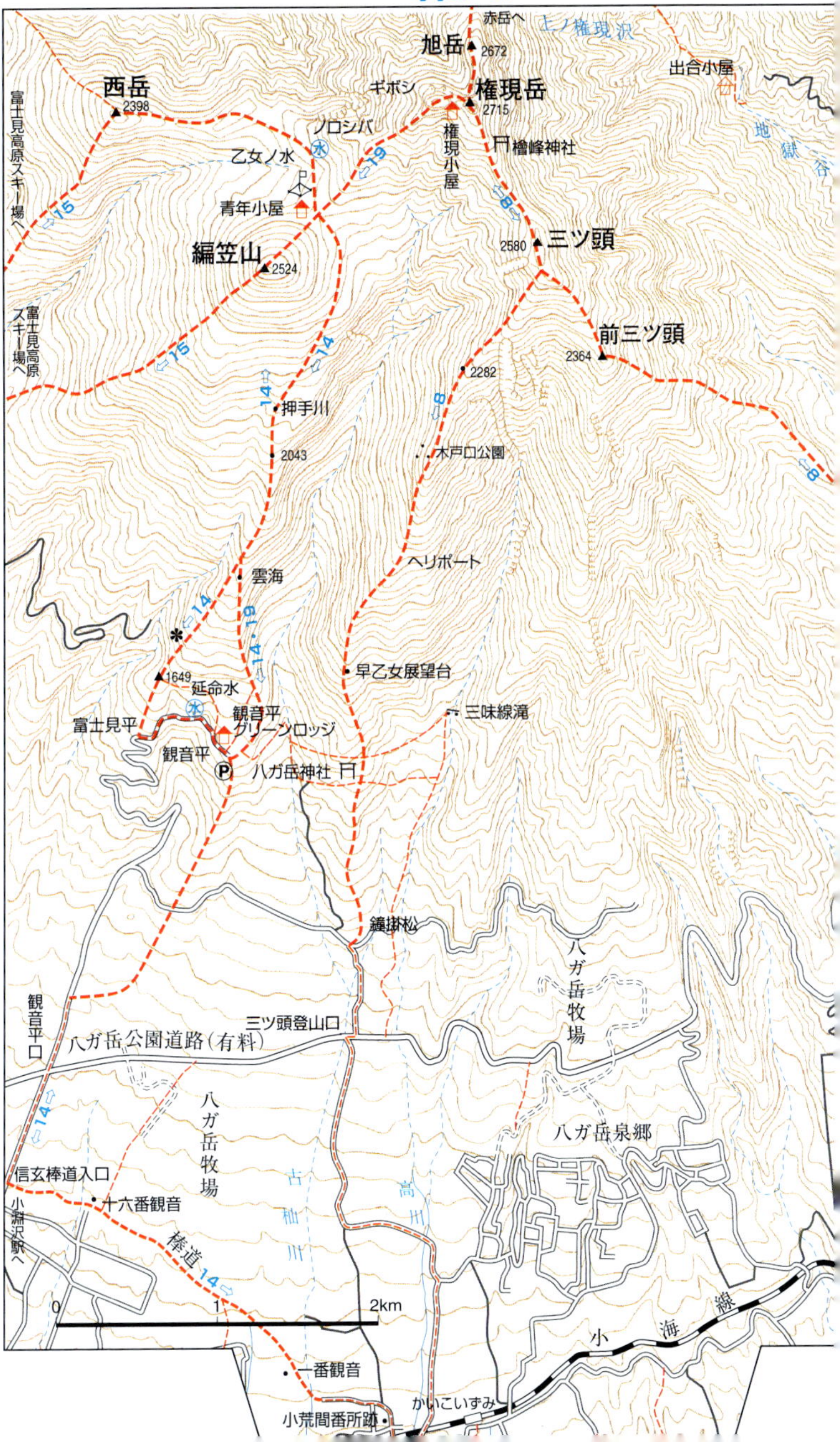

赤岳へ
上ノ権現沢
旭岳
2672
出合小屋
西岳
2398
ギボシ
権現岳
2715
ノロシバ
権現小屋
檜峰神社
地獄谷
富士見高原スキー場へ
乙女ノ水
19
青年小屋
15
8
三ツ頭
2580
編笠山
2524
前三ツ頭
2364
富士見高原スキー場へ
15
14
2282
14
押手川
8
2043
木戸口公園
8
ヘリポート
雲海
14
14・19
1649
早乙女展望台
延命水
観音平
グリーンロッジ
三味線滝
富士見平
観音平
八ガ岳神社
鐘掛松
八ガ岳牧場
観音平口
三ツ頭登山口
八ガ岳公園道路(有料)
八ガ岳牧場
14
八ガ岳泉郷
信玄棒道入口
十六番観音
古杣川
高川
小淵沢駅へ
棒道
14
0
1
2km
小海線
一番観音
かいこいずみ
小荒間番所跡

99,114

46・47

22

58,115

59

唐沢鉱泉へ
唐沢鉱泉入口
広見へ
上槻木へ
河原木場沢
鳴岩川
ショーユダル
2339
西天狗
天狗岳
根石山荘
桜平
ゲート
ウスナギ沢
(次郎兵衛沢)
舟石
1830
夏沢鉱泉
オーレン小
夏沢
峰ノ松目
2567
美濃戸口
茅野駅へ
柳川
北沢
赤岳山荘
美濃戸
美濃戸高原
やまのこ村
美濃戸山荘
八ヶ岳山荘
美濃戸中山
2387
白河原
弓振川
南沢
御小屋山
(御柱山)
2137
御小屋尾根
不動清水
中央稜
南稜
舟山十字路
可
ゲート
広河原沢
ゲート
鹿ノ角
立場山
2370
立場川本谷
西岳
2398
ギボシ
富士見高原へ
編笠山へ
0
1
2Km

78

体★★☆ 技★★ 危★★

MAP 24～25・33P

展望壮大な岩尾根をたどる主峰登頂のポピュラーコース

1 柳川南沢から赤岳・阿弥陀岳

●美濃戸口→行者小屋🏠→地蔵尾根→赤岳→阿弥陀岳→行者小屋→美濃戸口
●1泊2日（東京早朝発）　適期 7中～9下
●5万図 八ケ岳　2・5万図 八ケ岳西部、八ケ岳東部

赤《あか》岳は二八九九㍍の標高をもつ八ガ岳連峰の主峰。東面・佐久側に二本、西面の諏訪側に二本、計四本の直登コースをもつが、そのうちもっともよく使われているのが、西面の、柳川《やながわ》南沢をアプローチとする地蔵尾根コース。急峻な岩稜コースだが、鎖、鉄梯子等、要所には安全のための策が施されている。

赤岳とともにその頂を踏む阿弥陀《あみだ》岳は、赤岳の西にそびえる同じ峻峰。二八〇五㍍と標高こそ赤岳に及ばないものの、山容の険しさでは一歩もひけをとらず、両者が東西に並び立つ様子は、まさに横綱と大関だ。

登山口の美濃戸口《みのとぐち》までは、JR中央本線茅野《ちの》駅の駅前からバスが通年運行されている。一日目は行者《ぎょうじゃ》小屋までの約3時間の歩行であり、少し急げば赤岳頂上まで足を伸ばすこともできる。また、二日間の総歩行時間は9時間ほどなので、健脚者であれば前夜発日帰りも無理ではない。阿弥陀岳～赤岳の逆コースも、所要時間、難易度ともにほぼ同じ。

第1日 美濃戸口から行者小屋へ

●歩行3時間10分
●標高差八四〇㍍（美濃戸口―行者小屋）

茅野駅（諏訪バス45分）美濃戸口（1時間↓↑45分）美濃戸（1時間40分↓↑1時間10分）白河原（30分↓↑20分）行者小屋

美濃戸口で茅野からのバスを降りたら、バス停の先で、上方の別荘地へとさらに続く広い車道と別れ、左へ、カラマツ林に通ずる細い車道に入る。カラマツ林を出ると下り坂になり、柳川を渡る。美濃戸まで、あとはずっと、ゆるい登り坂。両側はカラマツ林で、初夏にはレンゲツツジがよく咲く。柳川を渡った先の、車道が大きく迂回する箇所と、美濃戸も近くなったあたりとの二カ所に、遠回りをする車道を避ける近道がある。

美濃戸口から1時間、阿弥陀岳が前方に大きく望まれるようになると**美濃戸**である。美濃戸は柳川南沢と北沢との出合。美濃戸高原やまのこ村、赤岳山荘と小屋が左右に続き、北沢を渡った先にもう一軒、美濃戸山荘がある。この小屋の前が、行者小屋への南沢コースと、赤岳鉱泉への北沢コースの分岐点になっている。

行者小屋への南沢コースは沢づたいの道。流れを頻繁に渡り返しながら樹林帯を行く。橋が整備されているので難渋することはない。コースに入るとすぐに堰堤を越え、右岸から左岸へ、左岸から右

柳川南沢・白河原の上空から見た赤岳の西面　撮影＝内田修

岸へと続いて渡り返したのち、小1時間ほどは右岸の高みを行く。ゆるい登りから、ジグザグのややきつい登りに変わり、瀬音を足もと遠くに聞きながら行く。再び左岸へ移る地点まで登り進むと、流れは細々としたものになり、そのうち涸れ沢に変わる。**白河原**《しらつかわら》とよばれる広い河原に出ると、横岳が、前方に威容を現わす。阿弥陀岳は、と右手を見ると、頂ははるか上だ。そのうち赤岳も見えだす。これらの山に目をはせつつ荒れた河原を進むと**行者小屋**に着く。小屋は赤岳西壁を間近に見る勝地にあり、付近はキャンプ指定地になっている。

赤岳西壁を間近に望む景勝地に建つ行者小屋

第2日 赤岳・阿弥陀岳から美濃戸口へ

●歩行5時間55分
●累積標高差七三〇㍍（行者小屋—赤岳、阿弥陀岳）

行者小屋（1時間10分↓↑50分）地蔵ノ頭（30分↓↑20分）赤岳（40分↓↑1時間）阿弥陀岳・中岳の鞍部（25分↓↑20分）阿弥陀岳（20分↓↑25分）阿弥陀岳・中岳の鞍部（35分↓↑50分）行者小屋（20分↓↑30分）白河原（1時間10分↓↑1時間40分）美濃戸（45分↓↑1時間）美濃戸口（諏訪バス45分）茅野駅

行者小屋で水を充分に用意し、まず地

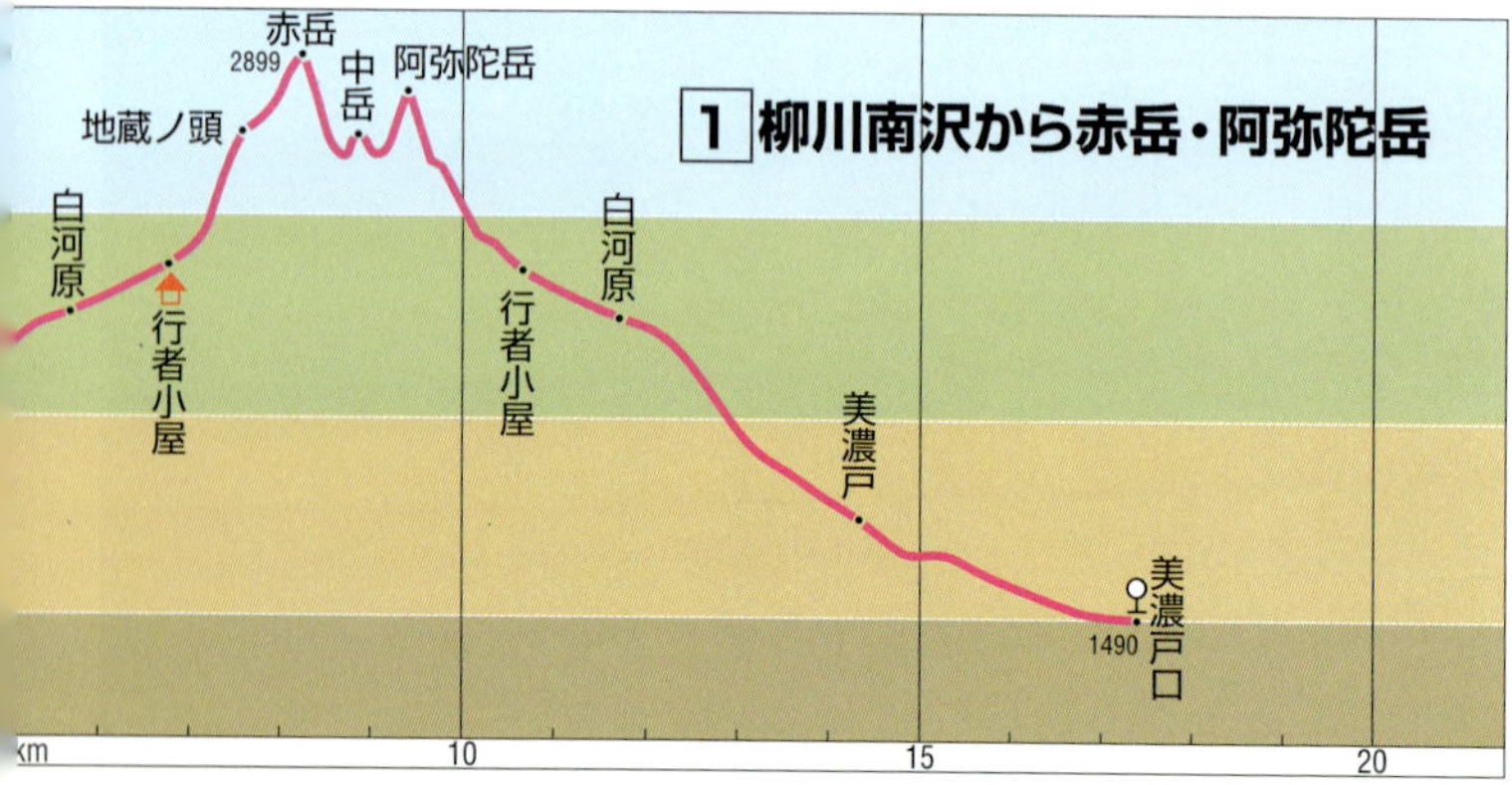

蔵尾根から主稜線をめざす（27頁写真）。行者小屋の入口前の三差路から赤岳鉱泉方面（北）へ三〇㍍ほど行ったところが地蔵尾根分岐。最初はシラビソ林のおだやかな登りが続くが、三分の一ほど登った地点、ダケカンバの林に変わるあたりから険しい岩道になる。

登山者で賑わう赤岳山頂（南峰）

鎖場を二カ所ほど通過したのち鉄梯子の登りがあり、その付近からはハイマツ帯となって尾根も岩稜らしさを増す。鎖場が断続する。両側とも切れ落ちているので、とくに強風のときは、体のバランス保持に充分注意したい。

登り出た主稜線上の分岐（**地蔵ノ頭**）には一体の石地蔵が置かれ、そこから稜線を南へ向かうと、2～3分で赤岳天望荘を通過、赤岳の登りになる。この登りは「肩」と称される突起を境に二段に分かれ、下半は岩の急斜面で、上半はやせた岩稜。下半は、岩屑が足をさらい、登りづらく、鎖がつけられている。

赤岳山頂は南北二峰に分かれ、出たところは北峰の頂、赤岳頂上小屋が建っている。前方、間近に見える突起が最高点の南峰で、そこには一等三角点のほか、赤岳神社の石の祠などが置かれている。

北峰からは、横岳、硫黄《いおう》岳、天狗岳、さらに蓼科《たてしな》山へと延びる八ガ岳北部の眺めがことによく、南峰からは、キレットを隔てた権現岳とその背後に連なる北岳、仙丈岳、甲斐駒ガ岳など、南アルプスの巨人群との組み合わせが好景。西に見る阿弥陀岳とともに被写体としても逸品だ。

諏訪盆地のかなたに目をやれば、北アルプスから乗鞍《のりくら》岳、御嶽《おんたけ》山、中央アルプスが、また佐久盆地、甲府盆地の向こうには、浅間山から西上州・南佐久の山々、金峰山を目立たせた奥秩父連山、そして富士山が望まれる。

赤岳から阿弥陀岳へ向かう。南峰から南へ、主稜線の急な岩稜を3～4分下ったところが分岐点。ここで主稜線をはなれ西へ向かう。濃霧の時は迷いやすいので注意（30頁図参照）。鎖のかかる凹状の急な岩場を下降したのち、途中、文三郎道

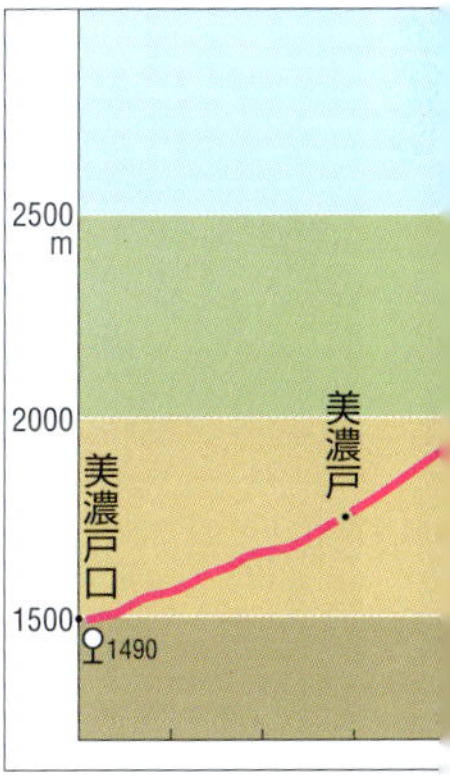

分岐を見て岩礫の急斜面をジグザグに下ると中岳との鞍部に着く。このあたり、立場川側にはコマクサが多い。

中岳は岩尾根のわずかな登り下りで越えられ、阿弥陀岳は、それを越えた**鞍部**から往復する。阿弥陀岳の登りは、距離は短いが、きわめて急峻。足元が不安定な箇所も多く、慎重な足はこびが必要だ。帰路、下降の際、とくに注意したい。

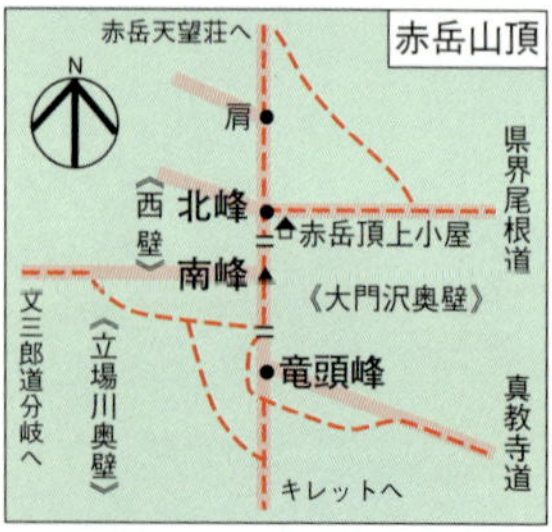

赤岳から見る阿弥陀岳と手前の中岳。背後に諏訪盆地がひらける

阿弥陀岳山頂は、山頂への道の険しさとは逆に、いたってのどか。小広い平坦地には石仏や石碑が多数立ち並び、往時の山岳信仰を今につたえている。赤岳の眺めがひときわよく、蓼科山から編笠《あみがさ》山へと続く八ガ岳主脈も一望だ。オコジョの姿を見かけることがある。

鞍部に引き返したら行者小屋へと下る。阿弥陀岳北東面の山腹、夏には多くの花が咲く草地を横切って下ったのち、気分のいいダケカンバ林をジグザグに下降する。木の間越しの赤岳、横岳が好景だ。樹林がシラビソに変わると南沢の源流も近く、文三郎道分岐の手前でそれを渡り、シラビソの若木が茂る緩斜面を5分も下ると**行者小屋**に帰り着く。

行者小屋から**美濃戸口**へは往路をそのまま戻り、バスで茅野駅に出る。

交通アクセス

●バス　茅野駅〜美濃戸間は一日六往復。一日目は行者小屋まで約3時間の歩行なので、茅野駅発10時台の便で充分。諏訪バス茅野駅前案内所☎〇二六六72二一五一一。7月中旬〜8月下旬には、新宿・大阪・京都から美濃戸口間に「さわやか信州号」が一日一便運行される。問合せは諏訪バス☎〇二六六53〇一一一、アルピコ東京☎〇三332〇〇二一〇、アルピコ大阪☎〇六6346二二〇〇。

●タクシー　茅野駅〜美濃戸口（所要約25分・約五〇〇〇円・下山時要予約）アルピコタクシー（六七台）☎〇二六六71一一八一一、高島タクシー☎〇二六六72四一六一、中山タクシー☎〇二六六72七一八一他〈茅野市〉。

宿泊

美濃戸高原やまのこ村（八〇人収容）通年営業・要予約、二食付、弁当可、素泊り可。

赤岳山荘（一三〇人収容）通年営業、二食付・弁当可、素泊り可。

美濃戸山荘（二〇〇人収容）通年営業、二食付・弁当可、素泊り可。

行者小屋（二〇〇人収容）4月上〜10月下・年末年始営業、二食付・弁当可、素泊り可。

赤岳天望荘（三〇〇人収容）4月下〜11月下・年末年始営業、二食付・弁当可、素泊り可。

赤岳頂上小屋（二〇〇人収容）4月下〜11月上・年末年始営業、二食付・弁当可、素泊り可。

美濃戸高原ロッジ（美濃戸口／二〇人収容）通年営業、二食付・弁当可、素泊り可。

太陽館（太陽館前バス停下車／三五人収容）通年営業、二食付・弁当可、素泊り可、入浴のみ可。

八ガ岳山荘（美濃戸口／五〇人収容）通年営業、二食付・弁当可、素泊り可。

＊宿泊料金、営業状況等は事前に確認のこと。予約・連絡先は巻末193頁参照。

キャンプ地

行者小屋キャンプ指定地（行者小屋付近、一〇〇張、給水施設あり）。管理・連絡先は行者小屋☎〇二六六74二二八五（太陽館）。

コースメモ

＊稜線上には水場はないので、二日目は行者小屋で充分に用意すること。

＊赤岳南峰からの下りはコースをよく確かめて、道を外さないよう注意。

体★★★ 技★★ 危★★

MAP 24〜25・33P

西面山腹を基地に南八ガ岳の核心部をめぐる岩稜縦走

2 柳川北沢から硫黄岳・赤岳

● 美濃戸口→赤岳鉱泉⌂→硫黄岳→赤岳→文三郎道→赤岳鉱泉→美濃戸口
● 1泊2日（東京早朝発）　適期 7中〜9下
● 5万図 八ケ岳　2・5万図 八ケ岳西部、八ケ岳東部

赤岳鉱泉は、行者小屋と並ぶ、八ガ岳核心部の好登山基地。そこをベースに硫《い》黄《おう》岳—横岳—赤岳と歩く主稜線の小縦走は、八ガ岳の人気コースのひとつだ。

硫黄岳は、北面、湯《ゆ》川の源頭に爆裂火口をみせる、八ガ岳にあって火山地形をもっとも顕著に残存させる山。横岳は、多くの岩峰を連ねる険阻な岩山で、連峰随一の花の山でもある。最後を締めくくる赤岳は、いわずと知れた八ガ岳の主峰。頂きからの四囲の壮観は最高峰ならではのものだ。

このコースの登山口となる美濃戸口《みのとぐち》へは、JR中央本線茅野《ちの》駅の駅前から、一年を通じてバスが出ている。一日目は3時間たらずの歩行である。一日目に硫黄岳山荘まで足を進めておけば（プラス約2時間）翌日の行動が楽になり、阿弥陀《あみだ》岳を加えることもできるが、その場合は当然、全装備を持っての行動となる。赤岳からの逆回りのほうが所要時間は25分ほど少ないが、難易度は変わらない。

登山の適期は7月中旬から9月下旬。横岳周辺の花を目的とするなら6月下旬から7月中旬がよい。

第1日 美濃戸口から赤岳鉱泉へ

● 歩行3時間
● 標高差七三〇㍍（美濃戸口—赤岳鉱泉）

茅野駅（諏訪バス45分）美濃戸口（1時間→←45分）美濃戸（1時間→←40分）車道終点（1時間→←40分）赤岳鉱泉

美濃戸口から、1時間ほど先の美濃戸までは前項「1柳川南沢から赤岳・阿弥陀岳」と同じなので、そちらを見ていただきたい。

柳川《やながわ》南沢と北沢との合流点が**美濃戸**。そこで行者小屋への南沢コースを分け、赤岳鉱泉へは美濃戸口から続く車道をそのまま進む。相変わらずゆるやかな登りが続き、南沢コースとの分岐点から10分ほど進むと、遠回りをする車道を避ける近道が左に分かれる。この近道は5〜6分の登りで終わり、再び車道に出てなおも登り続けると、左手に北沢が近づき、それを右岸へと渡る。

車道はさらに10分ほど登った地点まで続き、**終点**から北沢を左岸へ渡ると登山道になる（渡ったすぐ先で、

硫黄岳大ダルミに咲くコマクサ

オーレン小屋へ
夏沢峠へ
硫黄岳
2760
峰ノ松目
2567
7
7-a
360度の展望
視界不良時注意
硫黄岳山荘
2656
赤岩ノ頭
大ダルミ
駒草神社
花が多い
急坂
2・19
美濃戸口へ
台座ノ頭
2795
コマクサの群落
大同心
2
鎖場が続く険路
北沢
赤岳鉱泉
増水時の迂回路
小同心
2829
奥ノ院
横岳
2300
三叉峰
2825
美濃戸中山
2387
海ノ口自然郷へ
中山乗越
南沢
日ノ岳
美濃戸口へ
白河原
1
行者小屋
地蔵尾根
1
5
二十三夜峰
2350
鎖
地蔵ノ頭
文三郎道
赤岳天望荘
御小屋尾根
阿弥陀岳
美濃戸口へ
5
2805
鎖
大天狗へ
中央稜（険路）
摩利支天
展望良好
急峻
中岳
赤岳
県界尾根
2899
赤岳頂上小屋
急坂・険路
2600
360度の展望
真教寺尾根
竜頭峰
広河原沢
大門沢
牛首山へ
急坂・険路
南稜（険路）
19
無名峰
1:25,000
0
500m
2504
天狗尾根（険路）
キレット・権現岳へ

横岳稜線から見た赤岳(左)と阿弥陀岳(右)。赤岳の右後ろは権現岳、さらに後方には南アルプスの山々

増水時の高巻き道が山側に分かれる）。赤岳鉱泉まで、流れを丸木橋で何回も渡り返しながら、ずっと沢沿いを行く。ゆるい登り道だ。再び右岸に移ると、横岳がその一角（北端付近）をはじめて見せ、

赤岳から見た横岳（右）、硫黄岳（中央）、天狗岳（中央左）。左奥は蓼科山

時をおかず、西壁のシンボル、大同心や小同心の岩峰が現れる。高巻き道を合わせ、左手から流れこむ大きな沢（ジョーゴ沢）を渡れば、10分ほどで**赤岳鉱泉**だ。小屋は横岳西壁の直下に位置し、居ながらにして雄壮な岩壁を望むことができる。

第2日 硫黄岳・赤岳から美濃戸口へ

●歩行8時間

●標高差九三〇㍍（赤岳鉱泉—硫黄岳、赤岳）

赤岳鉱泉（1時間20分↓↑45分）赤岩ノ頭下（20分↓↑15分）硫黄岳（20分↓↑30分）大ダルミ（1時間↓↑40分）横岳・奥ノ院（50分↓↑1時間）地蔵ノ頭（30分↓↑20分）赤岳（20分↓↑30分）文三郎道分岐（45分↓↑1時間）行者小屋（30分↓↑40分）赤岳鉱泉（40分↓↑1時間）車道終点（40分↓↑1時間）美濃戸（45分↓↑1時間）美濃戸口（諏訪バス45分）茅野駅

赤岳鉱泉の玄関前が硫黄岳の登り口。林の中を進んだのちジョーゴ沢を渡り、赤岩ノ頭から落ちる樹林の尾根に取り付く。つづら折りの急坂が続き、眺めらしい眺めはない。登り出たところは**赤岩ノ頭**の東方直下。見晴らしのいい平坦地で、オーレン小屋への道がすぐ先で反対側に下っている。ここまで来れば硫黄岳山頂は間近、岩礫の尾根を20分ほどだ。

硫黄岳の頂は広々とした岩原をなし、赤岳鉱泉からの道はその西端に登り出ている。眺望は南北にことによく、横岳、赤岳、阿弥陀岳が並び立つ南方の景観、天狗岳と蓼科《たてしな》山とをきわだたせた北方の山並み、いずれもが八ガ岳を代表する佳景だ。崩れやすいので火口壁の縁には近寄らないほうがよい。その火口縁を北東へ進んだところに三角点がある。

山頂も広いし、下る斜面も広い。大ダルミへの下りは、視界の悪いときは進路に充分注意したい。点々と置かれた大ケルンを結んで縦走路はつけられている。

大ダルミはキバナシャクナゲ（6月）の群生地として知られるところ。また、盛夏には多くの花が咲き、横岳の北端にか

けてはコマクサの見事な群落が見られる（7月中・下旬）。鞍部の底、東側に硫黄岳山荘がある。

大ダルミから横岳に登る。岩礫斜面の登りがまずあり、ついで砂礫地を行く。横岳北端の無名峰（台座ノ頭とよぶ人もいる）を巻き終えると岩尾根に変わり、主峰・奥ノ院が目前に迫ったところで悪場にぶつかる。鎖や鉄梯子の掛かるやせた岩稜は足元が切れ落ち、高度感満点だ。主峰とはいえ、**横岳・奥ノ院**の頂は、木の標識が立つだけの平凡なところだ。

奥ノ院から、杣添《そまぞえ》尾根を分ける三叉《さんじゃ》峰、石尊《せきそん》峰にかけては快適な岩稜が続く。その先の鉾《ほこ》岳は諏訪側を巻く。この巻き道は鎖場が断続し、足元は懸崖、少々気味が悪い。が、花の横岳でもこのあたりはいちばん花の多いところだ。次の日ノ岳には一枚岩を下る鎖場があり、そこを通過すると、道は岩稜上に戻る。険路はその先もまだ続き、最南端の二十三夜《にじゅうさんや》峰を巻いて横岳の領域が終わると、やっと影をひそめる。**地蔵ノ頭**を越え、赤岳天望荘を過ぎると赤岳の登りになる。

この登りは、下半の、鎖の掛かる急な岩場が、岩屑に足をとられて登りづらい。それに続く岩稜は快適、登りつめると北峰の頂に出る。ここには赤岳頂上小屋が建ち、隣の最高点・**赤岳**南峰には一等三角点や赤岳神社の祠が置かれている（赤岳については前項に詳述）。

下山路の文三郎道は、阿弥陀岳方面へ、20分ほど行ったところから下る。赤岳南峰から南へ縦走路を3～4分下った地点で主稜線と別れ、急な岩場を鎖づたいに下る（30頁図参照）。岩場が終わると今度は岩礫の斜面、そこをひと下りしたところが分岐点だ。

分岐点から**文三郎道**に踏み入ると、まず赤岳西壁直下の岩とハイマツの急斜面を横切るように下り、その後、鎖や鉄製階段の連なる、岩屑で滑りやすい岩稜を急下降する。お世辞にもいい

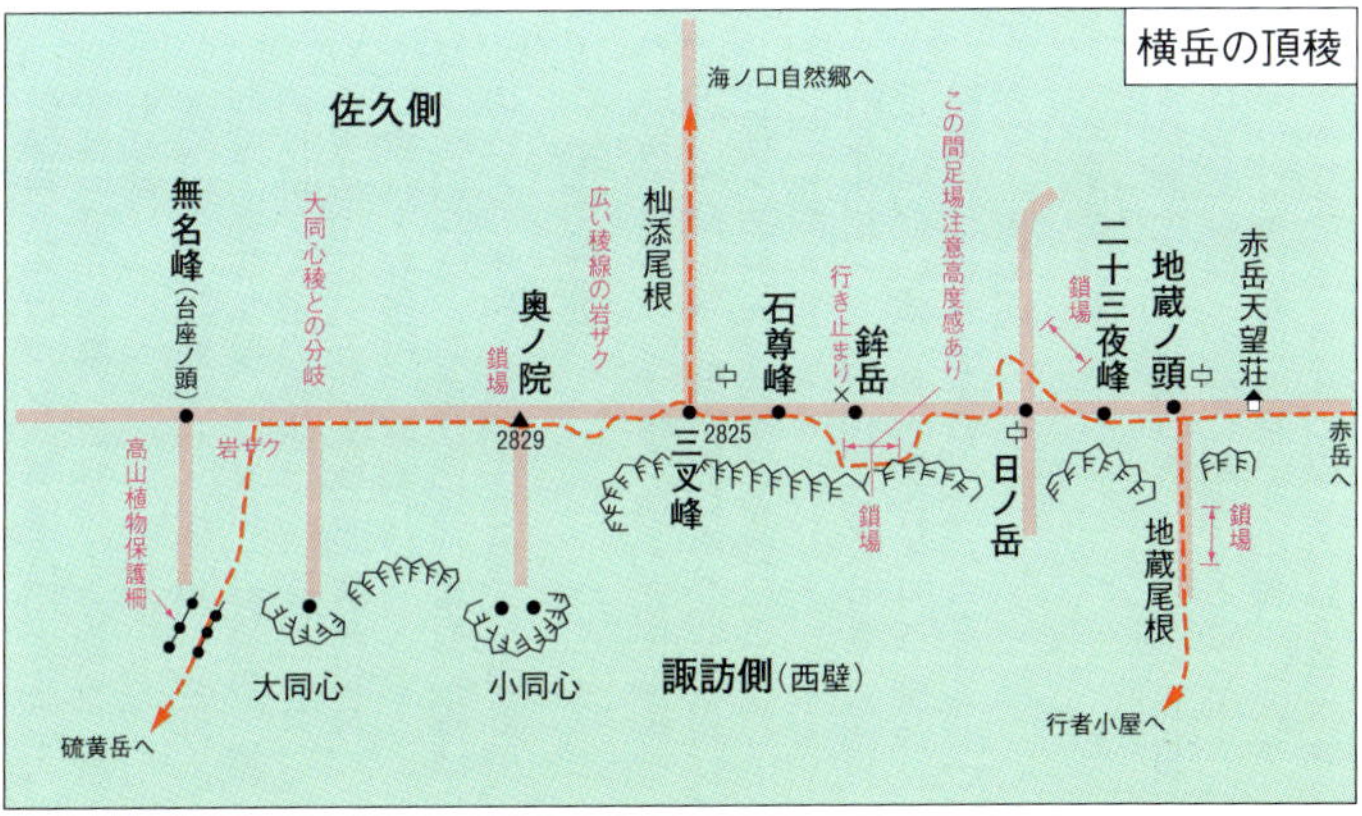

道とはいえない。

文三郎道は赤岳と行者小屋とを結ぶ最短路だが、風雨のときなどは、やや遠回りになっても、阿弥陀岳との鞍部を回るようすすめる。下部の樹林帯を下り終えて、阿弥陀岳方面からの道を合わせると5分ほどで**行者小屋**に着く。

行者小屋から赤岳鉱泉へは、中山乗越を越えて30分ほど。木の間に横岳西壁を見ながら樹間を行く。**赤岳鉱泉**からは、往路の北沢コースをそのまま**美濃戸口**へと戻り、バスで茅野駅に出る。

交通アクセス

●バス　茅野駅〜美濃戸口間は一日六往復。一日目は赤岳鉱泉まで約3時間の歩行なので、茅野駅発10時台の便で充分。諏訪バス茅野駅前案内所☎〇二六六７２二一五一。7月中旬〜8月下旬には、新宿・大阪・京都から美濃戸口間に「さわやか信州号」が一日一便運行される。問合せは諏訪バス☎〇二六六５３〇一一一、アルピコ東京☎〇三３３２０〇二一〇、アルピコ大阪☎〇六３４６二二〇〇。

●タクシー　茅野駅〜美濃戸口（所要約25分・約五〇〇〇円・下山時要予約）アルピコタクシー（六七台）☎〇二六六７１一一八一、高島タクシー☎〇二六六７２四一六一、中山タクシー☎〇二六六７２七一八一他〈茅野市〉。

宿泊

美濃戸高原やまのこ村（八〇人収容）通年営業・要予約、二食付、弁当可、素泊り可。

赤岳山荘（一三〇人収容）通年営業、二食付・弁当可、素泊り可。

美濃戸山荘（二〇〇人収容）通年営業、二食付・弁当可、素泊り可。

赤岳鉱泉（二五〇人収容）通年営業、二食付・弁当可、素泊り可。

硫黄岳山荘（三〇〇人収容）4月下〜11月下・年末年始営業、二食付・弁当可、素泊り可。

赤岳天望荘（三〇〇人収容）4月下〜11月下・年末年始営業、二食付・弁当可、素泊り可。

赤岳頂上小屋（二〇〇人収容）4月下〜11月上・年末年始営業、二食付・弁当可、素泊り可。

行者小屋（二〇〇人収容）4月上〜10月下・年末年始営業、二食付・弁当可、素泊り可。

美濃戸高原ロッジ（美濃戸口／二〇人収容）通年営業、二食付・弁当可、素泊り可。

太陽館（太陽館前バス停下車／三五人収容）通年営業、二食付・弁当可、素泊り可、入浴のみ可。

八ガ岳山荘（五〇人収容）通年営業、二食付・弁当可、素泊り可。
＊宿泊料金、営業状況等は事前に確認のこと。予約・連絡先は巻末193頁参照。

キャンプ地

赤岳鉱泉キャンプ指定地（赤岳鉱泉付近、一〇〇張、給水施設あり、入浴可）。管理・連絡先は赤岳鉱泉☎〇二六六７２三九三九。

行者小屋キャンプ指定地（行者小屋付近、一〇〇張、給水施設あり）。管理・連絡先は行者小屋☎〇二六六７４二二八五（太陽館）。

コースメモ

＊稜線上には水場はないので、二日目は赤岳鉱泉で充分に用意すること。
＊ツクモグサは6月上・中旬。キバナシャクナゲ、ウルップソウは6月下旬〜7月上旬。コマクサは7月中・下旬。

主峰めざして一直線。東面を代表する古典的ハードコース

3 県界尾根から赤岳

●清里駅→大泉・清里スキー場→小天狗→大天狗→赤岳🏠→真教寺尾根→牛首山→美ノ森→清里駅
●1泊2日（東京前夜発）　適期 7中～9下
●5万図 八ケ岳　2.5万図 谷戸、八ケ岳東部、八ケ岳西部

体★★★☆　技★★　危★★☆

MAP 22～23・24～25P

県界《けんかい》尾根（長野・山梨の県境をなすところからこの名がある）は、赤岳北峰から野辺山《のべやま》原に向かって落ちる長大な尾根。樹林部分が大半を占めるが、最上部は急峻な岩場をなしている。主峰をめざして一直線、登り出たところがその絶頂という小気味よさこそ、県界尾根コースの真髄であろう。小天狗から下は清里《きよさと》道と野辺山道とに分かれるが、清里道のほうが一般的。野辺山道は、どちらかというと「下り」向きだ（本書でも、下山路として次項で紹介している）。

　JR小海《こうみ》線の清里駅が起点。そこから歩くのがふつうだが、車道終点の大泉・清里スキー場まではタクシーが使える。清里駅～大泉・清里スキー場間には夏期を中心にバスが運行されるが、早朝の便はない。健脚者であれば前夜発日帰りも可能。ただし10時間を超える行程となり、急ぎ足を強いられる。タクシーを利用して所要時間の短縮をはかりたい。夜行列車や駅での仮眠が嫌いな人は、前夜、清里あたりに泊まっておくとよかろう。逆コースも、所要時間、難易度ともに大差ない。適期は7月中旬から9月下旬。

第1日 清里から県界尾根を赤岳へ

●歩行5時間50分
●標高差一六三〇㍍（清里駅－赤岳）
清里駅（1時間↓↑50分）美ノ森（40分↓↑30分）大泉・清里スキー場（40分↓↑30分）登山道入口（50分↓↑30分）小天狗（1時間↓↑45分）大天狗（1時間40分↓↑1時間20分）赤岳

小淵沢《こぶちざわ》方面から小海線を利用した場合、**清里駅**に着くすぐ手前で踏切を通る。この踏切を渡って山側へ延びている車道が美《うつくし》ノ森《もり》への道だ。駅前広場からわずか下った先で右折、山梨交通のバスターミナルを右に見て繁華街を行けば、自然と踏切に出る。

　美《うつくし》ノ森《もり》への道は、カラマツ林や雑木林を割って一直線に延び、ゆるい登り勾配が続く。めざす赤岳が前方遠くに望まれる。八ガ岳高原ラインにぶつかり、それを渡ると4～5分で**美ノ森**だ。広い駐車場のまわりには食堂や売店が並んでいる。美ノ森はレンゲツツジの名所。6月なかばには、一帯は赤橙色に彩られる。美ノ

後立山・白馬連峰
鉢伏山
車山
峰ノ松目
日ノ岳
赤岳天望荘
地蔵ノ頭
尾根
大門沢

大門沢上空から見た赤岳の東面。どのコースも登りの高度差は西面のそれをしのぐ（10月上旬）　撮影＝瀬尾

森からも、清里からの車道をひき続きたどる。美ノ森山の裾を回り、町営美し森たかね荘への道を左に分けて、ゆるい登り坂を進む。40分ほどで車道の終点、**大泉・清里スキー場**に着く。ここからは大《だい》門《もん》沢沿いの林道となり、4〜5分行った先で流れを渡った後、左岸を登り進むと**登山道入口**に出合う。前方に見る赤岳は、もうかなり大きい。

　分岐から小天狗に登る。尾根の腹を直登するこの登りは、ほぼ黒木の林に続き、中間の、カラマツの若木が茂る斜面でややゆるむものの、概して傾斜はきつい。尾根に出ると野辺山道が合わさり、合流点から2〜3分登ると**小天狗**の上に出る。細長い平地をなし、木立に囲まれてはいるが明るく、権現岳、赤岳、横岳と並ぶ主稜線や、富士山、北岳が望まれる。

　小天狗から尾根歩きになる。大天狗の手前までは、平坦にも近い登りだ。植林地のため樹の背が低く、まわりがよく見晴らせる。**大天狗**は樹林に包まれた変てつもない突起。その登りはちょっときついが、わずかな距離だ。越えると、ヘリポートに使われる小さな平地に出、枯木を前景にして赤岳が姿よく眺められる。ここから傾斜は一気に増し、シラビソ林を登り、それに続くダケカンバ林をぬけると、下の平地からも見えていた岩壁の直下に出る。いよいよ険路のはじまりだ。

　この岩壁は、鉄板敷きの足場や鎖、鉄梯子の助けを借りながら、巻くようにして右手から越える。越えたところには小さな岩穴があり、ムシトリスミレ（7月）が見られる。その先の、四〇〜五〇メートルはあろうかという、岩溝の長い鎖場は、急なうえに岩屑が足をさらい、いやなところだ。この悪場を登りきるとハイマツ帯となり、横岳との鞍部へ通ずる山腹道を右に分ける。なおも鎖場は断続し、胸を突くような岩礫の急斜面を登り進むと、赤岳頂上小屋の前にとび出す。その上が**赤岳**北峰頂上だ。

　いままで見えなかった西方、北方の景観が、ここにいたってはじめてひらける。目の前に阿弥陀《あみだ》岳があり、北上する主稜線には横岳、硫黄《いおう》岳、天狗岳、蓼科《たてしな》山と並び、遠い空には、北アルプスから乗鞍《のりくら》岳、御嶽《おんたけ》山、中央アルプスと続く山並みが浮かんでいる。隣の最高点・南峰の頂に立てば、長くきつい登りだった県界尾根がよく俯瞰される。山頂下、西面の岩場にはニホンカモシカが出没する（赤岳山頂については26頁の「1柳川南沢から赤岳・阿弥陀岳」の項に詳述）。

第2日

赤岳から真教寺尾根を清里へ

●歩行4時間25分

赤岳（10分↓↑15分）真教寺尾根分岐（1時間30分↓↑2時間10分）扇山（15分↓↑15分）牛首山（35分↓↑1時間）賽ノ河原（45分↓↑1時間）羽衣池（20分↓↑30分）美ノ森（50分↓↑1時間）清里駅

　前日、県界尾根を登るさい、常に左手に見えていた真教寺《しんきょうじ》尾根、この日はこの尾根を下って清里に戻るが、真教寺尾根は次項に詳しいのでここでは概略を記す。

真教寺尾根の下り口は、赤岳南峰頂上から南へ、主稜線の鎖の掛かる岩稜を10分ほど進んだところ。竜頭《りゅうとう》峰の南側の基部だ(30頁図参照)。そこで縦走路をはなれるとすぐに、足元の悪い岩礫斜面の急な下りとなり、森林限界付近まで続く。鎖場の連続だ。ハイマツ帯が終わり、ダケカンバ林に入ると、まだ急斜面ではあるものの険しさは消え、そのうち針葉樹林に入る。急坂が終わり、平坦な尾根を行くようになる。**扇《おうぎ》山**を越え、牛首《うしくび》山を越える。どちらも、林の中の小さなコブだ。

牛首山を過ぎると再び急坂に転じ、針葉樹林から、カラマツの茂る笹原へと下って**賽《さい》ノ河原**に出る。ここは砂礫の平坦地で、振り返ると赤岳が見える。その先、もう急坂はなく、大泉・清里スキー場の上端をたどったのち、ときおり草地に花を見ながら針葉樹林、防火帯、カラマツ林と下ると**羽衣池**に着く。湿性植物におおわれた、湿原状の小さな池だ。

羽衣池からは階段状の長い下りとなり、下り終えると、左手、木の間に町営美ノ森たかね荘が見える。道は石敷きの平坦なものにかわり、明るい林を直進すると美ノ森山の上に出る。四方に好展望がひろがる頂からジグザグの石道をいっとき下ったところが、前日通った**美ノ森**の駐車場だ。

交通アクセス

●**バス**　清里駅〜大泉・清里スキー場間には、5月連休、7月21日〜8月31日までの毎日と9月1日〜11月上旬の日・祝日に一日六〜七便（所要15分）運行される。山梨交通☎〇五五二23〇八二一。

●**タクシー**　清里駅〜大泉・清里スキー場（所要約10分・約一八〇〇円・下山時要予約）八ガ岳観光タクシー（三台）☎〇五五一ー48ー二〇二五、高根タクシー☎〇五五一ー48ー二二一一、山交タクシー☎〇五五一ー48ー二〇〇〇、清里観光タクシー☎〇五五一ー48ー二〇二一〈高根町〉。

宿泊

赤岳頂上小屋（二〇〇人収容）4月下〜11月上・年末年始営業、二食付・弁当可、素泊り可。町営美し森たかね荘（六〇人収容）通年営業、二食付、素泊り可。清里には旅館、民宿、ペンション等が多数ある。問合せは、高根町役場産業観光課☎〇五五一ー47ー三一一一、高根町観光案内所☎〇五五一ー48ー二一七九。

＊宿泊料金、営業状況等は事前に確認のこと。予約・連絡先は巻末192、193頁参照。

キャンプ地

コース上にキャンプ指定地はない。山麓には町営美し森たかね荘に接して高根町営キャンプ場（二〇張、ケビン32棟併設）がある。申込みは高根荘☎〇五五一ー48ー二三一一へ。

コースメモ

一日目の水は山麓で用意すること。赤岳頂上小屋でも宿泊者には分けてくれるが、天水のため、水不足のときは断わられることもある。コース上には水場はない。

体★★★☆ 技★★ 危★★☆

MAP 24~25・46~47P

上部の岩稜がスリリング、県界尾根と並ぶ赤岳東面の看板コース

4 真教寺尾根から赤岳

●清里駅→美ノ森→賽ノ河原→牛首山→赤岳→県界尾根→大天狗→小天狗→野辺山駅
●1泊2日（東京前夜発） 適期 7中~9下
●5万図 八ケ岳 2・5万図 谷戸、八ケ岳東部、八ケ岳西部

真教寺《しんきょうじ》尾根（赤岳南方の竜頭《りゅうとう》峰から派生）と県界尾根、よく似た様相をもつこれら赤岳東面の二大コースを比べてみるなら、真教寺には、車道歩きが少なく、下部にさわやかな草原をもつ等の利点があり、県界には、山頂に直接登る、途上の展望がよい、そしてわずかながら（20分ほど）所要時間が少ない等の長所がある。全体的なきつさ、上部岩稜の険しさは同等であろう。ただし「最後の急坂」に関していえば、県界が標高二四五〇メートル付近からはじまるのに対し、真教寺は二三五〇メートル付近からはじまり、真教寺のほうが急坂部分が長い。

ここでは真教寺尾根を登り、県界尾根の野辺山《のべやま》道を下る。清里《きよさと》へ帰りたい人は前項を見ていただきたい。また、JR小海線清里駅~美ノ森間の交通、日程の取り方などについても県界尾根（清里道）を登り、真教寺尾根を下る場合と変わりないので、同様に前項を見ていただきたい。逆コースは、入山時に長い山麓歩きを強いられることからすすめられない。

登山の適期は7月中旬から9月下旬。

第1日 清里から真教寺尾根を赤岳へ

●歩行6時間10分
●標高差一六三〇メートル

清里駅（1時間↓↑50分）美ノ森（30分↓↑20分）羽衣池（1時間↓↑45分）賽ノ河原（1時間↓↑35分）牛首山（15分↓↑15分）扇山（2時間10分↓↑1時間30分）主稜線真教寺尾根分岐（15分↓↑10分）赤岳

清里駅から真教寺尾根の登り口、美ノ森までは県界尾根の清里道と同じコースなので、前項を見ていただきたい。

美ノ森の駐車場から、ジグザグの石道を踏んで目の前の美ノ森山に登る。頂上には休憩所を兼ねた展望台が建ち、周辺は灌木まじりの草原で見晴らしがよい。目的の赤岳も、むろん望まれる。そこへ向かってゆるやかに下っている石敷き道が真教寺尾根へのものだ。

頂上をあとに林間の平らな石敷き道を10分も進むと右手、木の間に町営美し森たかね荘を見、通り過ぎたところから登り坂になる。羽衣池に通ずるこの道は階段状で歩きづらく、傾斜もあって少々苦しめられる。階段道の取付点近くで右手の笹原に分かれる旧道は、荒廃がひどく通行できない。

登り着いた**羽衣池**は、池というより小

湿原で、南岸にあづまやが建ち、付近からは赤岳や横岳の頭が望まれる。川俣川・八ガ岳牧場方面への道が分かれ、それを左手に見て、木道で池畔を進むとカラマツ林の登りになる。カラマツ林をぬけると、防火帯をなす草地だ。さらに針葉樹林へと道は続く。標高一七五〇㍍付近でひととき歩く草原は明るく、夏には色とりどりの花が咲き、じつに気分がよい。

真教寺尾根上部の鎖場。高度感も出て厳しい

大泉・清里スキー場の上縁を通り過ぎると**賽《さい》ノ河原《かわら》**。南方がひらけた砂礫の平坦地からは、山麓の八ガ岳牧場や南アルプスがよく眺められ、赤岳も見える。

賽ノ河原から牛首《うしくび》山の登りになる。カラマツの茂る笹原から針葉樹林へと進むが、後半の針葉樹林部がとりわけきつい。登るにつれて尾根は細まり、左手、地獄谷側に崩壊地が再三現れる。**牛首山**は三角点の置かれた山だが、山頂の小さな平地は樹々に包まれ、眺めといえるほどのものはない。そのすぐ先の**扇山**も平凡な出っ張りだ。先ほどの急坂とはうって変わり、牛首山からは起伏おだやかな尾根に林間漫歩が続く。林床にはセリバシオガマ（8～9月）が多い。時折、木の間に赤岳が見える。

しかし、その平穏もそう長くは続かず、30～40分で、主稜線めざしての急坂に変わる。ひき続き樹林帯を進むが、途中に一カ所、裸の岩地を行くところがあり、束の間、展望が楽しめる。針葉樹が退き、ダケカンバが濃くなると森林限界は近く、それをぬけると、あたりの様相がにわかに険しくなる。足元の危い、岩礫の急斜面。落石、滑落に要注意だ。五〇㍍、三〇㍍といった長い鎖場が、縦走路に出るまで断続する（写真）。見上げる赤岳東面、大門沢の奥壁がすさまじい。道端にはチシマギキョウ（7～8月）の紫が目立つ。

竜頭峰の南側で**主稜線**に出る。赤岳へは、縦走路を北へ進んで15分ほどだ。鎖場の断続する岩稜が続くが、真教寺尾根上部の険路を経験した身には「なんでもない」かもしれない。しかし気をゆるめずに行こう。登り着いた頂は、**赤岳**の最高点、一等三角点の置かれた南峰の頂上

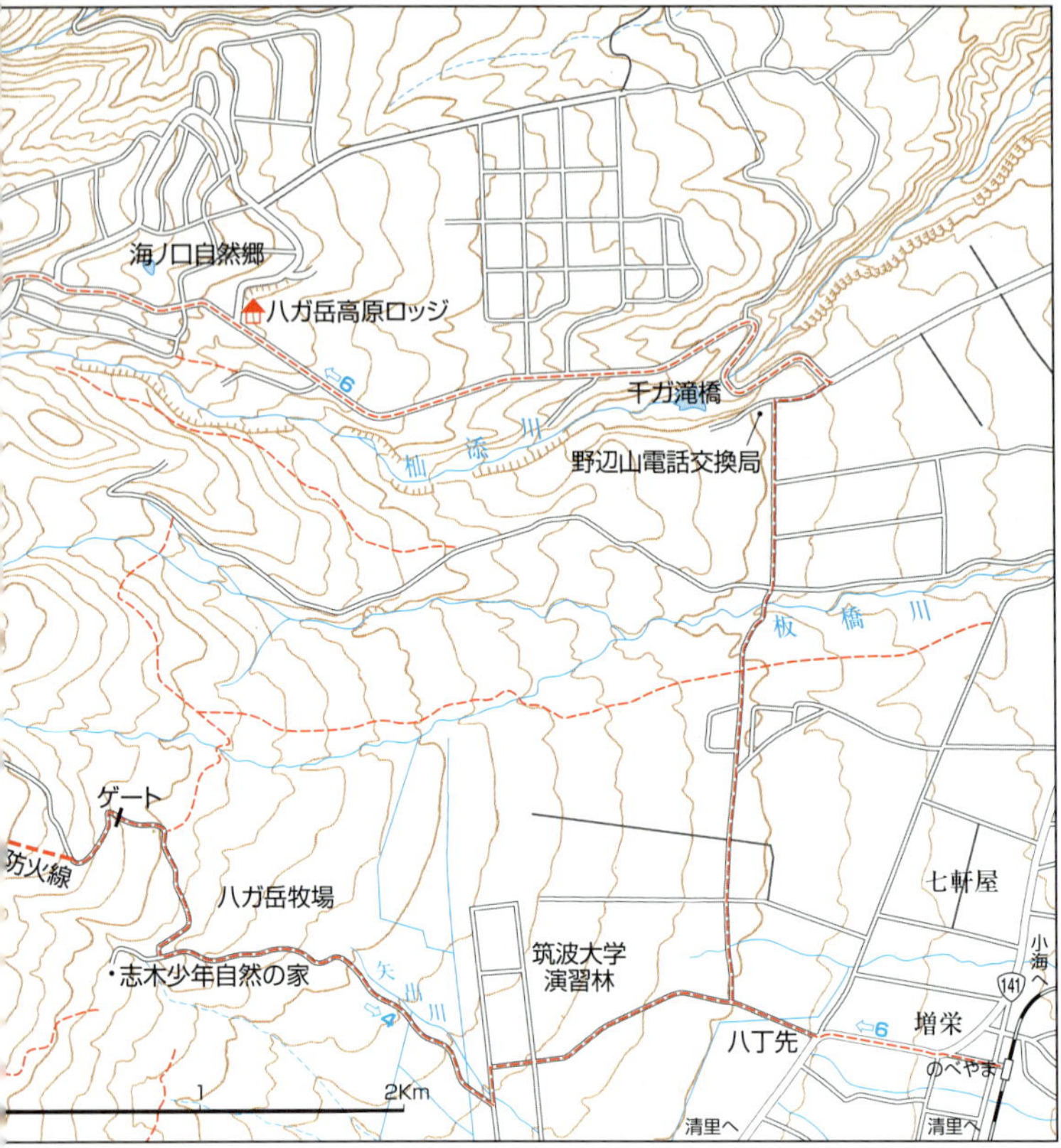

だ。展望雄大、苦労も一気に吹きとぶ爽快さ。登り来た真教寺尾根が、翌日下る県界尾根とともによく見える。向かいの、赤岳頂上小屋の建つ峰が赤岳北峰だ。（赤岳山頂については26頁の「1柳川南沢から赤岳・阿弥陀岳」の項に詳述）

第2日 赤岳から県界尾根を野辺山へ

●歩行4時間50分

赤岳（1時間20分↓↑1時間40分）大天狗（45分↓↑1時間10分）防火線ノ頭（20分↓↑30分）南八ガ岳林道（1時間↓↑1時間20分）農道丁字路（25分↓↑25分）八丁先（15分↓↑15分）野辺山駅

赤岳から小天狗までは前項を見ていただきたい。ここでは、小天狗から野辺山までを記す。

小天狗の先で清里道を分け、防火線ノ頭へと向かう。樹林の尾根を行き、上半はかなり急だ。清里道分岐を過ぎると黒木やダケカンバの茂る、倒木の多い下り

114,99

25

23・22

となり、右手に大きな崩壊地を見るあたりは傾斜がとくにきつい。が、その急坂を下り終えたあたりからは徐々にゆるみ、深い笹をかき分けながら進むようになる。ときに、あまりに深くて道を見失いそう

大天狗付近から見る真教寺尾根の扇山（後方に牛首山）と富士山

だ。**防火線ノ頭**は三角点ピークだが、頂の平地は木立の中で眺望はない。

ここからは、東へ向かって一直線に切り開かれた千間防火線を下る。明るい笹原にはカラマツやズミが生え、金峰山が正面に眺められる。下りきると林道（**南八ガ岳林道**）に出、以後1時間ほどは、八ガ岳牧場の中に通ずるこの砂利道を行く。牧舎やサイロの立ち並ぶ一角を左に見て通り過ぎると林道歩きもフィナーレ、高原野菜の畑に変わり、南北にまっすぐに伸びる農道（舗装道路）にぶつかる。この**丁字路**には「少年自然の家2km」の標識が立ち、左手に矢出川が流れている。

丁字路で農道を左折、二〇〇メートルほど進んで出合った最初の三差路で今度は右折し、直進する。野菜畑の農道は、三〇〇メートルほど進んだところからは広葉樹の林（筑波大学の演習林）に通ずる砂利道になり、林を出て右（東）へ5分も行くと**八丁先**に着く。ここは国道一四一号線（佐久甲州街道）が南から東へとほぼ直角に曲がる地点で、不規則な十字路をなしている。その国道を東（前方）へ進み、途中で左へカーブするそれと別れてなおも直進すると、JR小海線の**野辺山駅**が前方に見えてくる。

交通アクセス

●バス　清里駅〜美し森間には、5月連休、7月21日〜8月31日までの毎日と9月1日〜11月上旬の日・祝日に一日九〜一一便（所要10分）運行される。山梨交通☎〇五五二２３〇八二一。
●タクシー　清里駅〜美し森（所要約5分・約一〇〇〇円・下山時要予約）八ガ岳観光タクシー（三台）☎〇五五一４８二〇二五、高根タクシー☎〇五五一４８二二一一、山交タクシー☎〇五五一４８二〇〇〇、清里観光タクシー☎〇五五一４８二〇二一〈高根町〉。

宿泊

赤岳頂上小屋（二〇〇人収容）4月下〜11月上・年末年始営業、二食付・弁当可、素泊り可。
町営美し森たかね荘（六〇人収容）通年営業、二食付、素泊り可。
野辺山には旅館、民宿、ペンション等が多数ある。問合せは、南牧村役場企画商工課☎〇二六七９６二二一一、野辺山観光案内所☎〇二六七９８二〇九一。
＊宿泊料金、営業状況等は事前に確認のこと。予約・連絡先は巻末192、193頁参照。

キャンプ地

コース上にキャンプ指定地はない。山麓には、町営美し森高根荘に接して高根町営キャンプ場（二〇張、ケビン三二棟併設）がある。申込みは高根荘☎〇五五一４８二三一一へ。

コースメモ

＊一日目の水は山麓で用意すること。赤岳頂上小屋でも宿泊者には分けてくれるが、天水のため、水不足のときは断わられることもある。コース上には水場はない。
＊賽ノ河原までは、大泉・清里スキー場のリフトを利用して登ることもできる（所要10分、通年運行、ただし運休日あり）。問合せは、キッツメドウス☎〇五五一４８四一一一。

体★★★☆ 技★★ 危★★☆

MAP 24〜25・33P

諏訪大社御柱祭ゆかりの尾根を登るひと味違う山旅

5 御小屋尾根から阿弥陀岳・赤岳

● 美濃戸口→御小屋尾根→阿弥陀岳→赤岳🏠→地蔵尾根→行者小屋→美濃戸口
● 1泊2日（東京前夜発） 適期 7中〜9下
● 5万図 八ケ岳 2・5万図 八ケ岳西部、八ケ岳東部

ひろやかな阿弥陀岳の山頂だが、ここからの下りは実に急峻だ

阿弥陀《あみだ》岳から西へ落ちる長大な尾根が御小屋《おこや》尾根である。「御小屋」とは、この尾根の西端近くにある諏訪大社の奥宮のこと。七年に一度行なわれる諏訪大社の御柱《おんばしら》祭に引かれるモミの大木は、尾根の中ほどにある御小屋山（別名、御柱山）から伐り出されてきた。

ほかに比較的楽な行者小屋経由の柳川南沢コースがあるため、長いうえに上部が急峻なこの尾根を登って阿弥陀岳に立つ登山者はさほど多くなく、下降路としての利用度のほうがはるかに高いのが現状だ。が、登りでじっくり歩いてみるなら、静かな登高の中に、なにか「発見」があるに違いない。

登・下山口となる美濃戸口へは、ＪＲ中央本線茅野駅前から、通年でバスが出ている。ここでは主峰・赤岳の登山を組み合わせたが、阿弥陀岳だけならば前夜発日帰りも可能だ。また、赤岳まで行った場合は、横岳方面へ、権現岳方面へ、

佐久側へ下山等、その先、どのようにもコースがとれる。御小屋尾根が下りになる逆コースのほうが全体としては体力的にいくらか楽である。

登山の適期は7月中旬から9月下旬。

第1日 御小屋尾根を阿弥陀岳・赤岳へ

●歩行6時間
●累積標高差一五四〇㍍（美濃戸口―阿弥陀岳、赤岳）

茅野駅（諏訪バス45分）美濃戸口（30分↓↑20分）車道終点・登山口（1時間30分↓↑1時間）御小屋山（1時間↓↑50分）不動清水入口（1時間40分↓↑1時間）阿弥陀岳（20分↓↑25分）阿弥陀岳・中岳の鞍部（1時間↓↑40分）赤岳

美濃戸口《みのとぐち》のバス停に建つ八ガ岳山荘の売店横から、バス道路に続く車道に入って上方へ向かう。この道は美濃戸別荘地の中に通ずるもので、30分ばかり、ゆるい登りの舗装道路歩きを強いられる。バス停から7～8分（三〇〇㍍ほど）行った丁字路（別荘地の案内図がある）で右折、その先の十字路（ここにも案内図がある）では左折し、道なりに進む。何度か出合う二股道は上方へ向かう道を選ぶ。砂利道に変わって一〇〇㍍ほど進んだところが**登山口**。ここから、まず御小屋山に登る。御小屋尾根は、御小屋山から下は南尾根と北尾根とに別れ、これから登るのは北尾根だ。

登りはじめは明るいカラマツ林。上へ行くにつれ黒木が目立つようになり、そのうち暗い針葉樹林に変わる。弓振川源頭に大きな崩壊地を見てその縁をたどり終えるとシャクナゲの林となり、そのあたりから傾斜が強まる。頂上の近い証しだ。八ガ岳中央農業実践大学校方面からの南尾根の道（荒れている）を合わせた先に**御小屋山**の三角点があり、その先が、樹間にひらけた細長い平坦地になっている。まったく頂上らしくない頂上だ。

御小屋山からは、起伏ゆるやかな樹林の尾根が続く。針葉樹にサルオガセがからみ、林床を苔が埋めて、まるで北八ガ岳の雰囲気だ。シャクナゲが随所で茂みをつくっている。時折、木の間に、阿弥陀岳南稜越しに権現岳が見える。地形図の二一八〇㍍の等高線で囲まれたコブを越え、鞍部から15分ほど登ると**不動清水入口**（接して二カ所ある）に着く。不動清水は広河原沢源頭にある水場（渇水のことがある）で、入口から往復7～8分だ。

不動清水の入口から急な登りになる。オオシラビソやシャクナゲのまざるダケカンバ林に急坂が続く。が、この林間の急坂は、森林限界上のそれに比べたら、まだおとなしい。ハイマツ帯に入ると、ぐんと斜度が増す。岩屑の急斜面は足元が安定せず歩きづらい。

この急な登りは阿弥陀岳の西の肩（摩利支天）から派生する岩稜に出るまで続き、岩稜に出たら北（左）へ九〇度折れ、西の肩を巻く。屈折点で右へ行かぬよう、視界の悪いときは充分注意したい（御小屋尾根を下山路として使う場合、そのまま下り進むことのないよう注意が必要）。

阿弥陀岳から見た赤岳。豪壮な西面岩壁群が一望になる

西の肩の先で、両側とも懸崖をなす、鎖の掛かる岩場を越え、ハイマツ帯を進むと**阿弥陀岳**山頂の西端に出る。石仏や石碑の立ち並ぶ山頂はおだやかな気分に満ち、赤岳を頂点として南北に連なる八ガ岳連峰が壮観。連峰をひと目で望むことのできる頂は「八ガ岳の頂」では阿弥陀岳だけだ。ここから中岳との鞍部に下るが、濃霧のときなど、誤って南稜に踏み入らぬよう気をつけたい。中岳との鞍部への下りは、先ほどの登りにもまして急坂だ。岩礫の尾根で足元が悪く、「下り」というハンデもあるので、足場をよく選んで歩を進めよう。しかし距離は短く、20分ほどで、行者小屋への道を分ける**鞍部**に着く。その先の中岳は小さな岩山で、なんなく越えられる。

中岳を越えた鞍部から赤岳の登りになる。砂礫斜面にジグザグ道が続き、しだいに傾斜が強まる。文三郎道分岐の先で岩場に変わると道は二分し、竜頭峰直下への巻き道を右に見て、長々と鎖の掛かる急な岩礫斜面に取り付く。主稜線縦走路に出て北（左）へ岩稜を5分ほど登ると**赤岳**の最高点、南峰の頂上だ。赤岳頂上小屋の建つ北峰が隣に見える。のんびりするには、小広い平地をもつ北峰がいい。阿弥陀岳が姿よく眺められる。（赤岳山頂については26頁の「1柳川南沢から赤岳・阿弥陀岳」の項に詳述）

第2日 赤岳から美濃戸口へ

●歩行3時間25分

赤岳（20分↓↑30分）地蔵ノ頭（50分↓↑1時間10分）行者小屋（20分↓↑30分）白河原（1時間10分↓↑1時間40分）美濃戸

（45分→←1時間）美濃戸口（諏訪バス45分）
茅野駅

地蔵尾根～柳川南沢経由で美濃戸口へ戻るが、同コースについては26頁の「1柳川南沢から赤岳・阿弥陀岳」に詳しい。

まず赤岳北峰から主稜線を北へ、地蔵ノ頭へと下る。やせた岩稜、岩の急斜面と下り、赤岳天望荘を通り過ぎたところが**地蔵ノ頭**だ。ここで縦走路をはなれ、地蔵尾根に下る。森林限界付近までは急峻な岩稜で足場が悪く、鎖や鉄梯子が続いて現われる。樹林帯に入ると安穏な道になり、下り進むと**行者小屋**に着く。

行者小屋から美濃戸口までは、樹間を流れる柳川南沢を渡り返しながら下る。これといった急坂もなく、おだやかな道だ。美濃戸で赤岳鉱泉からの北沢コースを合わせると車道歩きに変わり、砂利道を踏んでカラマツ林を行く。柳川の流れを渡った先が**美濃戸口**だ。

交通アクセス

●**バス**　茅野駅～美濃戸口間は一日六往復。諏訪バス茅野駅前案内所☎〇二六六７２二一五一。７月中旬～８月下旬には、新宿・大阪・京都から美濃戸口間に「さわやか信州号」が一日一便運行される。問合わせは諏訪バス☎〇二六六５３〇一一一、アルピコ東京☎〇三３３２０〇二一〇、アルピコ大阪☎〇六６３４６二二〇〇。

●**タクシー**　茅野駅～美濃戸口（所要約25分・約五〇〇〇円・下山時要予約）アルピコタクシー（六七台）☎〇二六六７１一一八一、高島タクシー☎〇二六六７２四一六一、中山タクシー☎〇二六六７２七一八一他〈茅野市〉。

宿泊

美濃戸高原やまのこ村（八〇人収容）通年営業・要予約、二食付、弁当可、素泊り可。

赤岳山荘（一三〇人収容）通年営業、二食付・弁当可、素泊り可。

美濃戸山荘（二〇〇人収容）通年営業、二食付・弁当可、素泊り可。

行者小屋（二〇〇人収容）４月上～10月下・年末年始営業、二食付・弁当可、素泊り可。

赤岳天望荘（三〇〇人収容）４月下～11月下・年末年始営業、二食付・弁当可、素泊り可。

赤岳頂上小屋（二〇〇人収容）４月下～11月上・年末年始営業、二食付・弁当可、素泊り可。

美濃戸高原ロッジ（美濃戸口／二〇人収容）通年営業、二食付・弁当可、素泊り可。

太陽館（太陽館前バス停下車／三五人収容）通年営業、二食付・弁当可、素泊り可、入浴のみ可。

八ガ岳山荘（美濃戸口／五〇人収容）通年営業、二食付・弁当可、素泊り可。

＊宿泊料金、営業状況等は事前に確認のこと。予約・連絡先は巻末192頁参照。

キャンプ地

行者小屋キャンプ指定地（行者小屋付近、一〇〇張、給水施設あり）。管理・連絡先は行者小屋☎〇二六六７４二二八五（太陽館）。

コースメモ

コース上の水場は、御小屋尾根の不動清水と行者小屋の二カ所。ただし、不動清水は渇水のことがあるので、一日目、水は山麓で充分に用意すること。

体★★★☆ 技★★ 危★★

MAP 24～25・46～47P

林間の静かな道を花の山・横岳へ、そして主峰・赤岳へ

6 杣添尾根から横岳・赤岳

●野辺山駅→横岳登山口→杣添尾根→横岳→赤岳⌂→県界尾根→美ノ森→清里駅
●1泊2日（東京前夜発） 適期 7中～9下
●5万図 八ケ岳 2・5万図 八ケ岳東部、八ケ岳西部、谷戸

杣添《そまぞえ》尾根は、多くの小岩峰を連ねる横岳のその一峰、三叉峰《さんじゃ》から東下する樹林の尾根。横岳に直接通ずる唯一のコースではあるが、変化の乏しさと、アプローチの長さが禍してか、同じく東面にある赤岳の県界尾根や真教寺尾根に比べると、迎える登山者の数は少ない。が、アプローチにタクシーを使うなら横岳山頂まで約3時間半の登り、八ガ岳の主要峰のひとつに短時間で立つことのできる、効率のよいコースに一変する。ほどよい傾斜がほぼ一定して続き、悪場もなく、歩きやすいコースだ。利用者が少ないだけに、静かな山歩きが楽しめる。

ここでは赤岳と組み合わせているが、硫黄岳方面へ向かうのも、また、赤岳から権現岳、編笠山へと縦走するのもよい。杣添尾根を下山路とする逆コースもいいだろう。

起点はJR小海線の野辺山駅。ここから、海ノ口自然郷（別荘地）上部の横岳登山口までは徒歩あるいはタクシー利用となる。徒歩で3時間ほど、タクシーで約20分。自然郷内の八ガ岳高原ロッジまでは、同ロッジの送迎バスが野辺山駅から一日五便通年で運行されている。便乗できるが、予約制のうえ始発時刻が遅く（午前10時台）利用価値は低い。

登山の適期は7月中旬から9月下旬。横岳周辺の花を目的とするなら6月下旬から7月中旬にかけてがよい。

南八ガ岳林道の杣添尾根取付点付近

第1日 杣添尾根と横岳・赤岳へ

●歩行8時間5分（野辺山駅から）

●累積標高差一二六〇㍍（横岳登山口—赤岳）
野辺山駅（15分↓↑15分）八丁先（1時間20分↓↑1時間20分）千ガ滝橋（1時間35分↓↑1時間10分）横岳登山口（25分↓↑20分）南八ガ岳林道（3時間↓↑2時間）三叉峰下（10分↓↑10分）横岳・奥ノ院（50分↓↑1時間）地蔵ノ頭（30分↓↑20分）赤岳

　野辺山駅から横岳登山口まではタクシーを利用、それで浮いた3時間で山中をゆっくり楽しんだほうが得策と思うが、歩く人のために、ここでは**野辺山駅**から記述してゆく。

　バスやタクシーは国道一四一号線（佐久甲州街道）経由で海ノ口自然郷へ向かう。歩く場合、これは遠回りになり、車の往来もはげしいので、野辺山原の中央を南北に通ずる間道を行ったほうが得策だ。野辺山駅からまっすぐ八ガ岳（西）に向かって進み、国道に出て八丁先までそれをたどる。**八丁先**は、大きくカーブする国道に二本の車道が交わる十字路。そこで国道を横切り、細い車道をさらに西へ進む。5分ほど進んだところで北（右）から一本の車道が直角に交わるが、これが目的の道だ。そのまま直進すると道は筑波大学の演習林へと入りこむ。

　野辺山原の道は、牧歌的気分の濃い開拓地にほぼ一直線をなして伸び、めざす横岳や赤岳が左手によく望まれる。板橋川を渡るあたりに小さな上下があるほかは坦々とした道で、車の往来も少ない。分岐から1時間ほど歩いてぶつかった丁字路（左側の角に野辺山電話交換局の建物がある）で右折、5分も行くと海ノ口自然郷への広い車道に出る。以後、ずっとこの道を行く。すぐに杣添川を**千ガ滝橋**で渡る。途中、右手に八ガ岳高原ロッジを見て、ゆるやかな登り坂を進む。

　別荘地内をほぼ通り過ぎたところで出合う丁字路、それを右に折れたところが**横岳登山口**だ。ここから実際の登り口である杣添尾根の取付点までは別荘地の最上部を行くが、枝道が多く、わかりにくい。山（西）へ向かって進み、二度ほど出合う幅広道では、その都度左（南）へ折れるようにする。二本目の幅広道を進んで杣添川北沢を渡り、やがて**南八ガ岳林道**に出る。北沢に平行する細い流れに架かる橋のたもと（左岸）に杣添尾根の取付点がある。わずかに登ったところでこの流れを渡るが、ここが最後の水場だ。

　コースは暗い針葉樹林に続く。登るにつれて尾根道らしくなり、時折、樹々の間に赤岳がのぞかれる（55頁写真）。このコースは途中にこれといった目標地点がひとつもないので、歩行時間ででも区切をつけながら登るようにするといい。

　針葉樹にダケカンバが多くまざるようになると、そこはもう標高二五〇〇㍍付

横岳の頂稜に咲くツクモグサ（6月中旬）

杣添尾根の背に出ると樹間に赤岳が見えてくる

近、あと三〇〇メートル（高度差）の登りを残すだけとなる。樹林はそのうちダケカンバ一色となり、横岳北端付近の稜線をかいま見ながら行く。ダケカンバ林をぬけると稜線は頭上に迫り、ハイマツの急斜面をひと登りすると**三叉峰**直下で縦走路に出る。**横岳**主峰・奥ノ院は、縦走路を北（右）へ進み、ふたつ目のピークだ。いたって簡素な頂上だが、四囲に得られる展望は雄大だ。たどってきた野辺山原が一望され、目指す赤岳が颯爽たる山容をもって間近に望まれる。

　赤岳へは、縦走路を三叉峰直下まで戻り南進する。三叉峰から石尊峰《せきそん》にかけてはおだやかな岩尾根だが、鉾《ほこ》岳―日ノ岳あたりは山容険しく、鎖場が断続する（37頁図参照）。鉾岳の諏訪側斜面や日ノ岳付近には、その季節になると数多くの花々が咲く。最南の二十三夜峰を巻いたところで横岳は終わり、**地蔵ノ頭**を越えると赤岳天望荘に着く。赤岳の登りは、下部が岩礫の急斜面で、上部が細い岩稜だ。**赤岳**山頂は二峰に分かれ、登り出た北峰には赤岳頂上小屋があり、最高点の南峰には一等三角点が置かれている（横岳から赤岳にかけては32頁の「2柳川北沢から硫黄岳・赤岳」の項に、赤岳山頂については26頁の「1柳川南沢から赤岳・阿弥陀岳」の項に詳述）。

第2日　赤岳から県界尾根を清里へ

●歩行4時間25分

赤岳（1時間20分↓↑1時間40分）大天狗（45分↓↑1時間）小天狗（30分↓↑50分）県界尾根登山道入口（30分↓↑40分）大泉・清里スキー場（30分↓↑40分）美ノ森（50分↓↑1時間）清里駅

県界尾根清里道については39頁の「3県界尾根から赤岳」の項に詳しいので、ここでは概略を記す。

　県界尾根は、前日登った杣添尾根と異なり、最上部に急峻な岩場を持っている。

赤岳北峰の下り口をあとにするとすぐ足場の悪い下りとなり、鎖や鉄梯子の掛かる険路が断続する。こうした悪場は登りよりも下りのほうがやっかいなもの、慎重に行動したい。切り立った岩壁を鎖や鉄梯子を頼りに巻く箇所が最後の悪場、そこからは樹林帯のやさしい道になる。**大天狗**の手前の平坦地までは、まだ傾斜がきついが、その先、大天狗―小天狗とたどる尾根道はおだやかだ。

小天狗の先で野辺山道を分け、大門沢左岸の登山道入口に下る。大泉・清里スキー場までは沢沿いの林道を行く。その先は車道となり、美ノ森を通り**清里駅**へと向かう。観光シーズンには大泉・清里スキー場―清里駅間にバスが運行される。

交通アクセス

●バス　大泉・清里スキー場～清里駅間は、5月連休、7月21日から8月31日までの毎日と9月1日から11月上旬の日・祝日に一日六～七便（所要15分）運行される。山梨交通☎〇五五二―23〇八二一。

●タクシー　野辺山駅～横岳登山口（所要約20分・約三七〇〇円）野辺山観光タクシー（三台）☎〇二六七98二八七八〈南牧村〉。大泉・清里スキー場～清里駅（所要約10分・約一八〇〇円・要予約）高根タクシー☎〇五五一―48二一一一、山交タクシー☎〇五五一―48二〇〇〇、清里観光タクシー☎〇五五一―48二〇二一、八ガ岳観光タクシー☎〇五五一―48二〇二五〈高根町〉。

宿泊

赤岳天望荘（三〇〇人収容）4月下～11月下・年末年始営業、二食付・弁当可、素泊り可。

赤岳頂上小屋（二〇〇人収容）4月下～11月上・年末年始営業、二食付・弁当可、素泊り可。

町営美し森高根荘（六〇人収容）通年営業、二食付、素泊り可。

八ガ岳高原ロッジ（仙添尾根取付／五〇人収容）通年営業、二食付・弁当可、素泊り可。

野辺山、清里には旅館、民宿、ペンションなどが多数ある。問合せは南牧村役場企画商工課☎〇二六七96二一一一（野辺山）、高根町役場産業観光課☎〇五五一―47三一一一（清里）。

＊宿泊料金、営業状況等は事前に確認のこと。予約・連絡先は巻末192頁参照。

キャンプ地

コース上にキャンプ指定地はない。山麓には、町営美し森たかね山荘に接して高根町営キャンプ場（二〇張、ケビン三二棟併設）がある。申込みはたかね荘☎〇五五一―48二三一一へ。

コースメモ

＊コース上に水場はないので、山麓で充分に用意すること。赤岳頂上小屋で宿泊者には分けてくれるが、天水のため、水不足のときは断わられることも。

＊横岳周辺の花は6月末、7月はじめが最盛期。主な花とその見ごろは、ツクモグサ（6月上・中旬）、イワウメ、オヤマノエンドウ、チョウノスケソウ（以上6月中・下旬）、ウルップソウ、キバナシャクナゲ、コイワカガミ、ツガザクラ、ハクサンイチゲ、ミヤマシオガマ（以上6月下旬～7月上旬）、ミヤマオダマキ、ヤツガタケキスミレ（以上7月上・中旬）コマクサ、タカネシオガマ（以上7月中・下旬）。開花状況の問合せは硫黄岳山荘へ。

体★★★ 技★★ 危★★

MAP 24～25・58～59P

南八ガ岳主稜線への最短路を使った展望の山・硫黄岳往復

7 桜平から夏沢峠・硫黄岳

●広見→桜平→オーレン小屋⌂（夏沢峠→硫黄岳→赤岩ノ頭）→上槻木
●1泊2日（東京早朝発）適期 7中～9下
●5万図 蓼科山、八ヶ岳 2.5万図 蓼科、八ヶ岳西部

夏沢峠越え、といえば、諏訪と佐久とを結ぶ昔日の要路。その諏訪側の上槻木《かみつきのき》道は永年、八ガ岳登山の中心的なアプローチでもあった。が、長い行程が嫌われてか昨今は利用者も少なく、逆に人気の高まりつつあるのが桜平経由の道。上槻木道と同じく車道で、バス停のある広見《ひろみ》から歩くとなると同様の長丁場になるが、桜平まで車で入るなら夏沢峠まで2時間弱、南八ガ岳主稜線への最短路に一転する。この道を登路に、上槻木道を下山路に、硫黄岳に登ってみよう。一泊二日の日程は広見から歩いた場合のもので、唐沢鉱泉入口あるいは桜平までタクシーを使えば前夜発日帰りも可能だ。

起点はJR中央本線の茅野駅。広見から徒歩の場合は、駅前から尖石考古館経由の奥蓼科・渋ノ湯行のバスに乗り、広見停留所で下車する。下山地の上槻木からは茅野駅行のバスがある。赤岩ノ頭―硫黄岳―夏沢峠の逆回りは、オーレン小屋から赤岩ノ頭までがきつい登りになる。天狗岳往復（約3時間）を加えるのもいい。登山適期は7月中旬から9月下旬。

第1日 広見・桜平からオーレン小屋へ

●歩行5時間5分
●標高差一一九〇㍍（広見―オーレン小屋）

茅野駅（諏訪バス23分）広見（1時間50分↓↑1時間10分）唐沢鉱泉入口（1時間10分↓↑45分）河原木場沢（40分↓↑25分）桜平（25分↓↑20分）上槻木道分岐（10分↓↑10分）夏沢鉱泉（50分↓↑30分）オーレン小屋

広見のバス停は広い舗装道路が交わる十字路にあり、桜平方面へは、そこからまっすぐ八ガ岳（東）へ向かって進む。天狗岳が正面に見える。道は少しの間畑中に続くが、いったん別荘地（三井の森）内に入り込むと、唐沢鉱泉入口近くまであとはずっとその中を進むようになる。距離五㌔、標高差四〇〇㍍のゆるい登りだが、固い舗装道路の2時間にもおよぶ歩行は足にはかなりの負担、できたら唐沢鉱泉入口あるいは桜平までタクシーを利用したい。別荘地が終わると砂利道に変わり、3～4分で**唐沢鉱泉入口**に着く。

唐沢鉱泉入口から桜平にかけては、歩くのも悪くない。鳴岩川の水音を聞くおだやかな登りが、カラマツ林、シラカバ林に続く。やわらかな緑の間にズミやツ

114

99

25

ツジ類が咲く初夏や、もみじの季節がとくにいい。**河原木場沢**《わらこばさわ》を渡ると傾斜がやや強まり、カラマツ林に通ずる砂利道をたどっていくと、キャンプ場跡地のある**桜平**に着く。その先3〜4分歩いたところにゲートが設けられ、一般車の前方への進入を制限している。

　ゲートからシラナギ沢（次郎兵衛沢）に下ってそれを渡り、続いて夏沢を渡ると、右手から**上槻木道**が合わさる。合流点から10分ほど登ると**夏沢鉱泉**に着き、ここで車道は終わる。小屋の前の広場からは、谷の上に槍・穂高が見える。夏沢鉱泉からは沢づたいの山道。右岸を進んだのち、いっとき左岸を行き、再び右岸に移って樹間の広い岩道を登ってゆく。傾斜はゆるい。樹林が切れ、硫黄岳の堂堂たる山体が仰がれるようになると**オーレン小屋**である。この日の日程はここまでだが、時間があれば夏沢峠まで足を伸ばしてもいい。流れを渡った左岸にキャンプ指定地がある。

第2日 夏沢峠・硫黄岳から上槻木へ

●歩行5時間45分
●標高差四五〇㍍（オーレン小屋―硫黄岳）

オーレン小屋（20分↓↑15分）夏沢峠（1時間↓↑40分）硫黄岳（15分↓↑20分）赤岩ノ頭下（40分↓↑1時間）オーレン小屋（30分↓↑50分）夏沢鉱泉（10分↓↑10分）上槻木道分岐（30分↓↑40分）舟石（1時間20分↓↑2時間）古田堤（1時間↓↑1時間20分）上槻木（諏訪バス24分）茅野駅

オーレン小屋から**夏沢峠**までは、シラビソ林のゆるやかな登り。涸れ沢のような岩道をたどって20分ほどだ。峠上は樹林が切れ、荒々しい火口壁を掲げた硫黄岳が南方、近くに眺められる。これから登る岩礫の斜面もよく見え、きつそうな傾斜に、ちょっとたじろがされるかもしれない。縦走路をはさんで、山びこ荘、ヒュッテ夏沢と二軒の小屋が建ち、山びこ荘の南側から夏沢峠越えの佐久側の道が下っている。

峠をあとにひと登り、樹林帯をぬけると、下から見えていた岩礫斜面の登りになる。急は急だが、歩きやすいジグザグ道だ。振り返るたびに箕《み》冠《かぶり》山がせり上がり、天狗岳の双頭がその上に見えてくる（88・89頁写真）。中ほどまで登ると傾斜は落ち、火口壁の縁をたどって**硫黄岳**の頂に出る。山頂は岩礫に覆われて広く、横岳、赤岳、阿弥陀岳と並ぶ南方の眺めが圧巻。北八ガ岳から蓼科山へと続く山稜、その彼方に北アルプスが連なる北方の眺めは、きわめて開豁だ。しかし、広い山頂だけに視界不良のときは注意が必要。頂上付近の縦走路沿いに置かれたいくつもの大ケルンは、そのときの道案内だ。

硫黄岳からは、赤岩ノ頭経由でオーレン小屋に戻る。下り口は山頂の西はずれ。かつてロボット雨量計が置かれていた小屋があり、その左横（南側）から下る。岩稜の尾根を15分も下ると**赤岩ノ頭**直下の平坦地に着き、ここから、南へ下る赤岳鉱泉への道を分けて北へ下る。下りはじめはハイマツ帯の溝状の道。道幅が広まるとともに傾斜が増し、7月には林床にミヤマクロユリがよく咲くダケカンバ林を下ってゆく。倒木帯に入ると徐々に傾斜はゆるむ。その下のシラビソ林を通りぬけ、夏沢の流れを渡ると**オーレン小屋**に帰り着く。

オーレン小屋から上槻木道の分岐までは前日たどった道を下る。上槻木道は近年、車道に拡幅され、古道の気はすっかり失せてしまったが、いまのところ車の往来はほとんどなく、静かさだけは変わりない。分岐から30分ほど下ると、**舟石**《ふないし》とよばれる、真ん中のへこんだ自然石が木立の中に見られ、その付近から、黒木の林に変わって、カラマツやシラカバのまざる雑木林になる。

古《ふる》田《た》堤《づつみ》（溜め池）を過ぎると松林に変わり、15分ほど行くと突然、舗装道路に飛びだす。右折して別荘地内をたどったのち、南蓼科ゴルフ場に沿って進む。ゆるい下り坂だ。鳴岩川左岸の三差路に出たらそこでも右折、橋を渡って県道一八八号線を進むと**上槻木**の集落に入りこむ。

交通アクセス

●**バス**　茅野駅～奥蓼科は、通年運行で一日三便。ただし、始発便（茅野駅発6時35分）は土・日・祝日と7月下旬～8月末の毎日運行。茅野駅～上槻木間は通年運行であるが、第二・四土と日・祝日は運休。諏訪バス茅野駅前案内所☎〇二六六72二一五一。

●**タクシー**　茅野駅～唐沢鉱泉入口（所要約30分・約五二〇〇円）アルピコタクシー（六七台）☎〇二六六71一一八一、高島タクシー☎〇二六六72四一六一、中山タクシー☎〇二六六72七一八一他（茅野市）。上槻木～茅野駅（所要約20分・約三五〇〇円・要予約）連絡先は唐沢鉱泉行と同じ。桜平まで入ってくれるタクシーもある。下山時にタクシーを利用するときはオーレン小屋からよぶことができる。または入山時に予約する。

宿泊

夏沢鉱泉（四〇人収容）5月上～11月上営業・要予約、二食付・弁当可、素泊り可。

オーレン小屋（三〇〇人収容）4月25日～11月8日営業、二食付・弁当可、素泊り可。
山びこ荘（四〇人収容）4月下〜11月上・年末年始営業、二食付・弁当可、素泊り可。
ヒュッテ夏沢（三〇〇人収容）4月25日〜10月12日営業、二食付・弁当可、素泊り可。
硫黄岳山荘（三〇〇人収容）4月下〜11月下・年末年始営業、二食付・弁当可、素泊り可。
＊宿泊料金、営業状況等は事前に確認のこと。予約・連絡先は巻末193頁参照。

キャンプ地

オーレン小屋キャンプ指定地（夏沢峠西方オーレン小屋付近、五〇張、湧水）。管理・連絡先はオーレン小屋☎〇二六六72三九四〇。

コースメモ

稜線上に水場はないので、二日目はオーレン小屋で充分に用意すること。

a オーレン小屋から峰ノ松目・赤岩ノ頭

技★☆ 危★★

●歩行1時間45分
●標高差三四〇㍍（オーレン小屋—赤岩ノ頭）

オーレン小屋（40分→←30分）峰ノ松目東方鞍部（15分→←10分）峰ノ松目（10分→←15分）鞍部（40分→←30分）赤岩ノ頭

硫黄岳の西方、樹林の尾根に丸い頭をつきだす峰《みね》ノ松目《まつめ》は、八ガ岳の八つの峰（定説はない）のひとつに数えられることもある、連峰の名士。オーレン小屋〜峰ノ松目〜赤岩ノ頭とたどる本コースは近年整備されたもので、夏にはハクサンシャクナゲの白花群を楽しむことができる。

オーレン小屋から峰ノ松目へは、途中までは赤岩ノ頭・硫黄岳方面への道をたどる。小屋から15分ほどで着く分岐を右に進み、シラビソ林を登って山頂下の鞍部に出たのち胸突坂を登りつめると頂に着く。**峰ノ松目**頂上は林間の小平地で眺めはすべて木の間越しだが、鞍部からの急坂の途中に、赤岳や阿弥陀岳を見る展望の地がある。

赤岩ノ頭へは、**鞍部**までもどり、樹林の、起伏おだやかな尾根を東へ向かう。森林限界をぬければ赤岩ノ頭は指呼の間、ハクサンシャクナゲの群生を分けて登り進むと小さな頂に着く。反対側にひと足下ったところが、「**赤岩ノ頭**」と通称される分岐点だ。

b オーレン小屋から箕冠山

技★☆ 危★☆

●歩行40分
●標高差二七〇㍍（オーレン小屋—箕冠山）

オーレン小屋（40分→←30分）箕冠山東方オーレン小屋分岐

オーレン小屋と、主稜線縦走路上の**箕冠山**東方オーレン小屋分岐とを結ぶ道で、オーレン小屋に泊まって天狗岳方面へ直接向かう場合や、縦走の際のエスケープ・ルートとして利用価値がある。

終始、シラビソ林にゆるやかな登りが続き、振り返ると樹間に硫黄岳が眺められる。

体★★★☆ 技★★ 危★★

MAP 22〜23P

赤岳の展望が魅力、樹林の尾根から八ガ岳南部の峻峰へ

8 天女山から権現岳

●甲斐大泉駅→天女山→三ツ頭→権現岳⛺→三ツ頭→甲斐小泉駅
●1泊2日（東京早朝発） 適期 7中〜10上
●5万図 八ケ岳 2・5万図 谷戸、八ケ岳東部、八ケ岳西部、小淵沢

八ガ岳連峰の南端近くにあって、小ぶりながら険阻な山容を見せる峻峰、それが権現《ごんげん》岳だ。山頂は盟主・赤岳を見るに絶好の展望台をなし、甲斐大泉からと、甲斐小泉からの、二本の直登コースがある。大泉道のほうが歩行距離が短く、コース状態も比較的よいので、往復登山の場合は、大泉道を登り、小泉道を下るのが得策だ。

大泉道は、起点のJR小海線甲斐大泉駅から歩くのがふつうだが、天女山《てんにょさん》まではタクシーが利用できる。東京早朝発の場合、甲斐大泉駅は10時ごろになり、5時間35分という歩行時間を考えると、足の弱い人を含むパーティは天女山までタクシーを使いたい。健脚者であれば前夜発日帰りもできる。二日目は、編笠山へ、あるいは赤岳方面へとコースをとるのもよかろう。登山の適期は7月中旬から10月上旬。

第1日 甲斐大泉・天女山から権現岳へ

●歩行5時間35分
●標高差一五四〇㍍（甲斐大泉駅—権現岳）

甲斐大泉駅（1時間↓↑50分）天女山入口（20分↓↑15分）天女山（20分↓↑15分）天ノ河原（1時間40分↓↑1時間）二一八〇㍍地点（30分↓↑20分）前三ツ頭（45分↓↑25分）三ツ頭（1時間↓↑40分）権現岳

甲斐大泉駅を出てすぐに左折、一〇〇㍍ほど行って小海線を高架橋で渡り、八ガ岳（北）へ向かってゆるい登りをなす舗装道路を進む。権現岳、赤岳が前方に望まれる。八ガ岳高原ラインと出合ったところが**天女山入口**、案内板や電話ボックスが立っている。高原ラインを横切って、天女山山頂近くの駐車場に通ずる舗道を一〇〇㍍ちょっと進むと、左に登山道が分かれる。カラマツまじりの松林を登る。八ガ岳神社の石祠を道端に見て5〜6分登ると**天女山**山頂に出る。木立に囲まれた広い平地にはあずまやが建ち、公園ふうのところだ。木立の切れ間からは、権現岳や赤岳のほか、南アルプス、奥秩父、それに富士山が望まれる。

天女山をあとに、カラマツ林のゆるい登り坂を進むと**天《あま》ノ河原《かわら》**に出る。平らな砂礫地にはベンチが置かれ、見晴らしがいい。その上も砂礫の尾根が続き、道端にはドウダンツツジが目立つ。樹林帯に入ると同時に登りらしい登りになり、カラマツ林から暗い針葉樹林に変わる。傾斜がしだいにきつくなる。深い笹原を行く。前三《まえみ》ツ頭《がしら》までのこの登りが、大泉道ではいちばんきつい。樹林帯に入って1

時間も登ると、尾根が二分する標高二一**八〇メートル地点**に出、なおも急坂を登り続けると**前三ツ頭**に着く。

権現岳からの編笠山（右前景）。奥は左へ仙丈、甲斐駒、北岳の南アルプスの巨峰群

前三ツ頭の頂上は、岩がごろごろした平坦地で三角点があり、赤岳の頭だけ見える。ここから三ツ頭にかけては、砂礫の斜面を進んだのち、草はらに黒木やダケカンバ、枯木が立ち並ぶ、感じのいい林を登る。林の登りが少々きつい。ハイマツやシャクナゲが現れると三ツ頭は間近、直下で小泉道を分ける。**三ツ頭**の頂はかろうじて樹林帯を脱し、岩の堆積からは赤岳がよく眺められ、編笠山の右方には槍・穂高連峰が望まれる。めざす権現岳は目の前だ。

　三ツ頭からはいったんハイマツ帯のゆるい下りとなり、わずかな上下で中間の小さなコブを越えたのち権現岳の登りになる。急な岩尾根で鎖場もあるが、たいした距離ではない。**権現岳**の最高点をなす大岩の直下を巻き終えると、主稜線縦走路との合流点、三差路に着く。大岩には檜峰神社の石祠や剣がまつられ、天辺に立つこともできるが、足下は絶壁なので無理をしないほうがよい。三差路付近で充分に山頂気分は味わえる。このあたりから見る赤岳は絶品だ。端麗にして勇壮、じつにいい姿をしている。三差路の南側直下に権現小屋がある。

第2日 権現岳から甲斐小泉へ

●歩行4時間10分

権現岳（40分↓↑1時間）三ツ頭（40分↓↑1時間10分）木戸口公園（50分↓↑1時間15分）早乙女展望台（30分↓↑45分）三ツ頭登山口（1時間↓↑1時間20分）甲斐小泉駅

　権現岳から三ツ頭の先の分岐点まで戻り、小泉道に入る。すぐに樹林帯の急な下りになる。が、急坂はいっときのもので、「登山口へ5km、三ツ頭へ0.5km」と記された標識の立つあたりまで下ると傾斜は落ちる。道は草はらに通ずるようになり、ダケカンバの疎林越しに権現岳や編笠山が見える。ごくゆるい登りとなり、地形図の二二三〇㍍の等高線に囲まれたコブに登ると「木戸口」の標識を見る。**木戸口公園**と称されるところだが、木々が茂るだけで公園という雰囲気はない。

木戸口公園を過ぎると樹林にカラマツがまざりだし、ヘリポートを通って、「笹すべり」とよばれる深い笹の斜面に入りこむ。ところによっては、道をわからなくするほど深い。小泉道を登った場合、このあたりがもっともきつそうだ。**早乙女展望台**を過ぎると、まだ笹原は続くが歩きやすくなり、観音平・三味線滝分岐の十字路を過ぎると**八ガ岳神社**に着く。神社といっても、大岩の上に石の祠が置かれているだけだ。ここも、観音平へ、三味線滝へと道を分ける十字路になっている。上の分岐あるいはここから観音平に出てもいい（40〜45分）。

八ガ岳神社の先で親子石を見、カラマツ林の笹原道を下ってゆくと林道に出る。それを渡ったところが鐘掛松。通り過ぎるとすぐまた林道（先ほどの林道とすぐ上で交わっている）に出るが、ここでは左折、その林道を進む。2〜3分で三味線滝への道を左に分け、下り進むと八ガ岳公園道路にぶつかる（**三ツ頭登山口**）。

甲斐小泉駅へは、公園道路を横切り、前方に伸びる舗装道路を道なりに行く。小海線の踏切を渡った先の三差路で左折して（角に「小泉口登山道入口」の標識がある）、線路と平行する車道を東へ進むと**甲斐小泉駅**に着く。なお、八ガ岳公園道路を渡って15分ほど歩いた、道が直角に左折する地点からは、直進する細い道に入ってもよい。前記の踏切から一〇〇㍍ほど小淵沢に寄ったところで小海線を横切る。

交通アクセス

●タクシー　甲斐大泉駅〜天女山入口（所要約10分・約一五〇〇円）大泉観光タクシー（七台）☎〇五五一－38二三一一他一社〈大泉村〉。

宿泊

権現小屋（五〇人収容）4月下〜11月上営業、二食付・弁当可。素泊り可。甲斐大泉駅周辺、甲斐小泉駅周辺にはペンション、民宿などがある。問合せは、大泉村役場企画観光課☎〇五五一－38二二一一。

＊宿泊料金、営業状況等は事前に確認のこと。予約・連絡先は巻末193頁参照。

キャンプ地

コース上にキャンプ指定地はない。

コースメモ

＊コース上には水場はないので、山麓で充分に用意すること。権現小屋でも宿泊者には分けてくれるが、天水のため、水不足のときは断わられることもある。

＊甲斐小泉駅の近くには、小荒間の番所跡、三分一湧水など武田信玄ゆかりの名所旧跡があるので、時間があったらたずねてみるとよい。

権現岳山頂と富士山。左に三ツ頭の山頂がわずかにのぞく

体★★★☆ 技★★★ 危★★☆

MAP 24～25・68～69P

八ガ岳を代表する古典的バリエーションの一本

9 阿弥陀岳南稜

●舟山十字路→広河原沢堰堤→立場山→阿弥陀岳
●適期 7上～10中
●5万図 八ケ岳 2.5万図 八ケ岳西部

阿弥陀岳南面の古典的なバリエーションルートである。諏訪盆地の広大な空間を背後に、行く手には広河原沢の雄大な奥壁を仰ぎながらの登高は、このコースならではの醍醐味といえる。南稜上部にあるP3の俗にいう「樋《とよ》」の通過がコースのポイントだが、技術の確かなリーダーに導かれたパーティなら問題はない。

登山時期は四季を通してよいが、とりわけ秋の頃、8月の終わりから10月半ばが快適で山の幸も多い。出発点から下山まで宿泊施設はいっさいないので、早朝から行動を起こしたい。下山コースは行者小屋方面が一般的だが、御小屋尾根の南尾根、または後述の中央稜をとれば、出発点に戻ることも可能。

アプローチは舟山十字路を起点にすると南稜取付まで徒歩40分。原村の八ガ岳美術館およびペンション村より入山すればプラス30分である。

南稜から阿弥陀岳へ

●登高5～6時間
●標高差一一九〇㍍（舟山十字路─阿弥陀岳）

舟山十字路（40分）南稜取付（2時間）立場山（20分）青ナギ（50分）無名峰（40分）P3（1時間）阿弥陀岳

舟山十字路から立場川へ旭小屋を経由する道を右に分けて、まっすぐ簡易舗装の車道を行くと、約一〇〇㍍で御小屋尾根から下ってくる車道が左から合流する。この先、舟山十字路から約10分でゲートがある。さらに広河原沢右岸の林道を約一・五㌔、30分のところに**南稜の取付**を示す道標がある。ここで右へ河原を渡り、堰堤上に続く踏み跡をたどって樹林帯を10分ぐらいの急登で南稜の背に上がる。

尾根上の道は明瞭で、これから立場山まで南稜でいちばん長い登りがはじまる。展望のない樹林帯を約2時間ひたすら登ってたどり着いた**立場山**頂は、樹林に包まれて眺望もない。ここから青ナギまで少し下り気味になる。このあたりは倒木

無名峰付近から見上げる南稜上部　撮影＝寺田政晴

青ナギの下半から仰ぐ広河原沢の奥壁。右のスカイラインが南稜　撮影＝寺田政晴

があるので少し歩きづらい。**青ナギ**はじつに気持ちのよいところだ(写真)。展望がひらけて権現岳が右手に見え、南稜のスカイラインが見事だ。**無名峰**までの登りは短い距離でもかなり急である。途中に少し道がわかりづらいところがあるから注意しよう。

無名峰より山頂までは約1時間半のハイマツ帯の登りで、すこぶる眺めはいい。P1～4まで広河原沢側を巻くが、とくに**P3**の通過はコースのポイントだ。

ここは正面左を直上するより岩峰の基部から広河原沢側へ五〇メートル下り気味にバンドをトラバースし、広河原沢第三ルンゼ右俣最上部にあたる樋状の落口の三～四級程度の岩を登る。強いていえばここでロープを使うべきであろう。ルンゼ内に残雪があったり、凍結しているときは確保支点が乏しいから充分な注意が必要だ。落口から草付を約八〇メートルで稜線にぬける。

P4の下をふたたび左へ五〇メートルトラバースし、さらに岩場を越えて、立場川側のガレ場を五〇メートル直上するとそこが**阿弥陀岳**頂上である。

(池　学)

交通アクセス

●**バス**　茅野駅から美濃戸口行バス(通年、一日六往復運行)に乗り、学林下車(所要42分)。諏訪バス茅野駅前案内所☎〇二六六72二一五一。なお学林バス停―舟山十字路は徒歩約40分(約二・五キロ・69頁図参照)。

●**タクシー**　茅野駅～舟山十字路(所要約30分・約六〇〇〇円)アルピコタクシー(六七台)☎〇二六六71一一八一、高島タクシー☎〇二六六62四一六一、中山タクシー☎〇二六六72七一八一他〈茅野市〉。

マイカー利用で行く阿弥陀岳への最短コース

10 阿弥陀岳中央稜

●舟山十字路→中山取付→入中山ピーク→摩利支天→阿弥陀岳
●適期 7上〜10中
●5万図 八ケ岳 2・5万図 八ケ岳西部

体★★★
技★★☆
危★★☆

MAP 24〜25・68〜69P

御小屋尾根と南稜にはさまれた広河原沢の中央に位置し、阿弥陀岳北峰ともいえる摩利支天に突き上げる尾根である。登路には指導標などは全くないし、赤いマークも心許ないが、夏冬を通じてよく歩かれており踏み跡は明瞭だ。下部は尾根状の樹林帯で、中間部にふたつの岩壁帯を持っているが、この部分はいずれも巻き道から迂回できる。上半部は広河原沢奥壁の断崖と左俣上部のハイマツ斜面との境の稜を急登する。急登の連続だが、その分効率よく高度を稼ぐことができて、舟山十字路の先まで車を乗り入れれば、短時間で山頂に立つことができる。

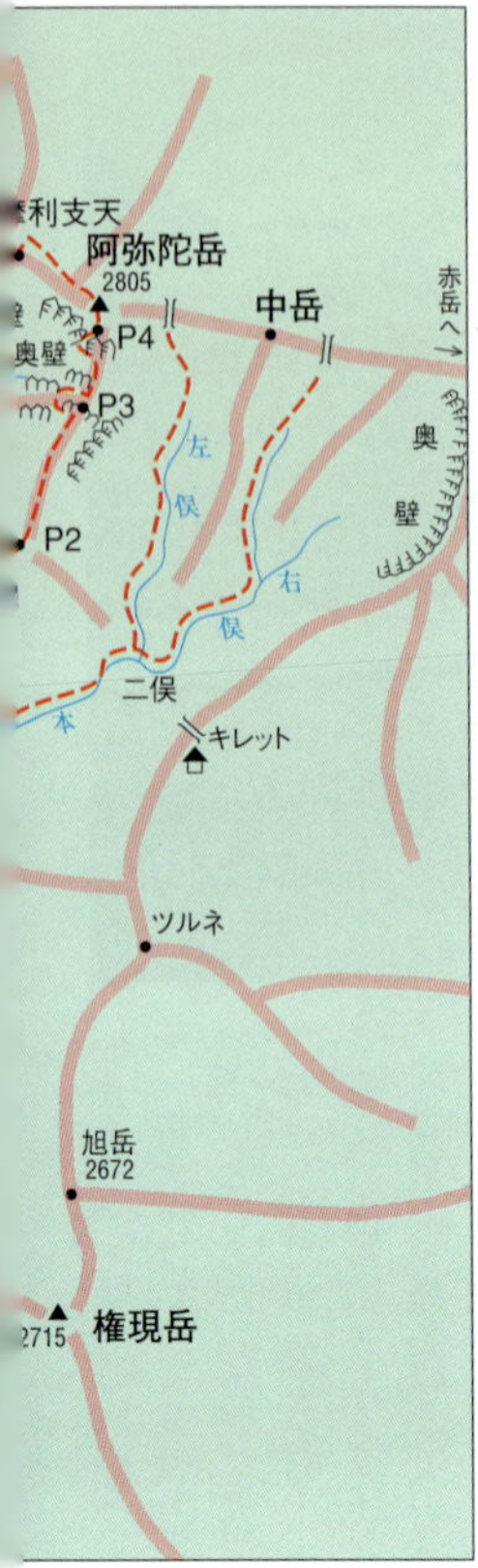

広河原沢の谷から中央稜へ

●登高4時間30分〜5時間30分
●標高差一一九〇㍍（舟山十字路—阿弥陀岳）

舟山十字路（40分）南稜取付（30分）二俣（40分）中央稜取付（40分）入中山ピーク（50分）カヤトの斜面（20分）下の岩壁帯（30分）上の岩壁帯基部（40分）摩利支天（20分）阿弥陀岳

中央稜の取付へは広河原沢右岸の林道をたどる。**舟山十字路**から南稜取付までは66頁「9阿弥陀岳南稜」の項を参照。南稜への道と分かれ、最後の堰堤を右から越えてまもなく車道は終わる。ここから右俣の出合まで左岸の樹林帯の道をたどる。**二俣**で右岸に渡ると、すぐ先で中山からのびる尾根に向かう踏み跡が分かれる。右の本谷沿いの道をとると、樹林帯からやがて河原の道に変わる。右岸から左岸に移って再び右岸に渡り返すと、左から尾根が張り出し、谷は大きく右に曲折する。ここが**中央稜の取付**で、付近の木や枝に赤テープがつけられている。

道は樹林帯の急斜面をジグザグに高度を上げている。やがて傾斜がゆるくなると尾根上を行くようになり、**入中山のピ**

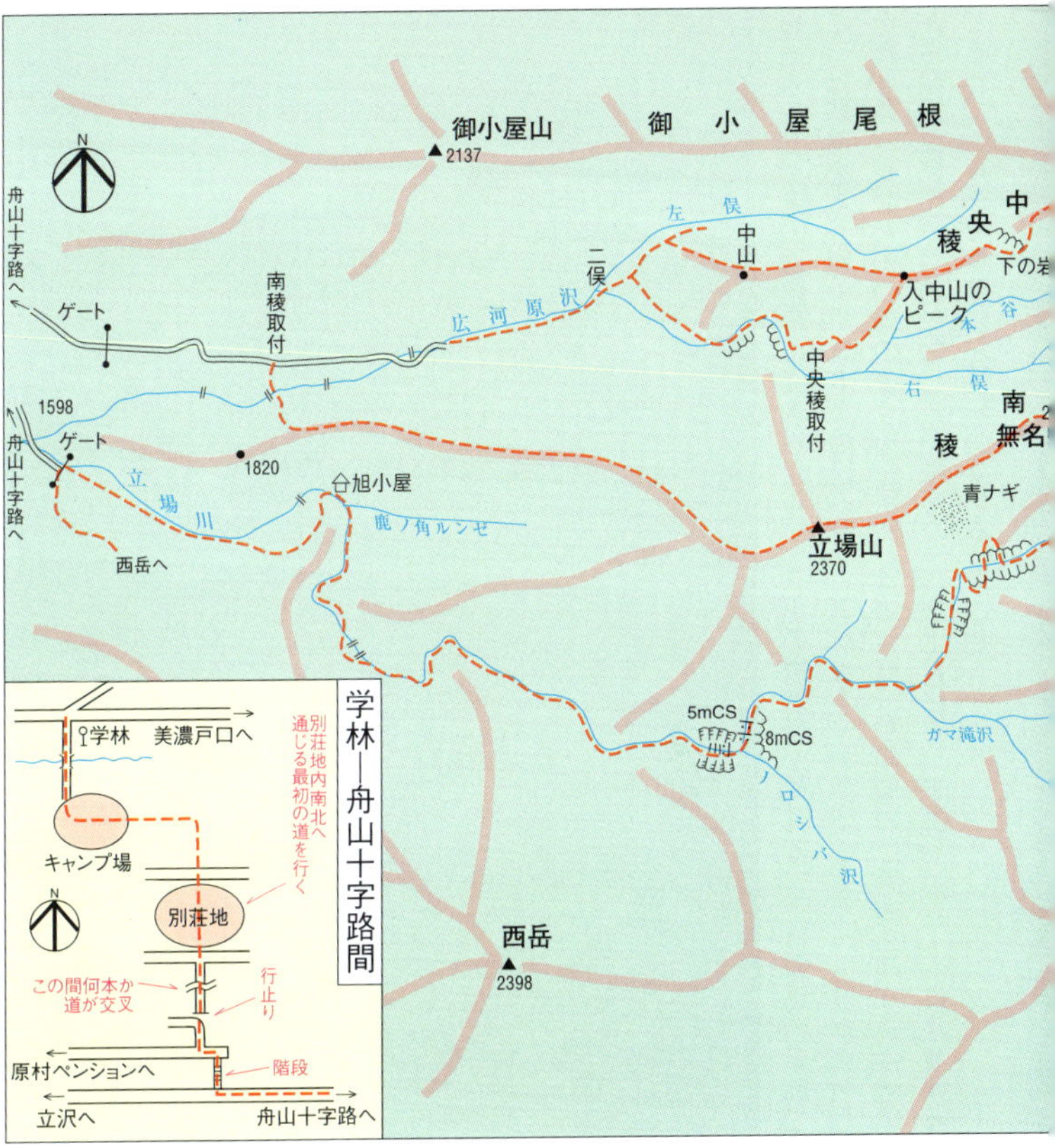

ークの上に出る。この先で、二俣の上で分かれた中山末端からの踏み跡が合流する。疎林に覆われた尾根は、しばらく平らで幅広く、右手に立場山、正面には広河原沢の奥壁が迫ってくる（70頁写真）。

オアシスのような小さな**カヤトの斜面**

広河原沢二俣付近から望む阿弥陀岳。正面が中央稜、右は南稜

を過ぎると、**下の岩壁帯**に突き当たる。ここは基部を本谷側のバンド上の踏み跡をたどり、ルンゼのつめのような急斜面から尾根上に出る。約一〇〇㍍尾根をたどると、一ルンゼ奥壁の左端につながる**上の岩壁帯**が現れる。道は岩場の手前でダケカンバの急斜面を左へトラバースし、広河原沢左俣側の急斜面を回り込んで尾根上に出る（下降時はルートに注意すること）。

入中山のピーク付近から見る中央稜（画面左）と広河原沢奥壁。右のピークは南稜のＰ３

ここで眺めは一度にひらける。左は左俣上部のハイマツ斜面、右は広河原沢奥壁の断崖に縁取られ、急な尾根となった中央稜を慎重に登る。ぐんぐんと高度を上げれば、やがて道は左斜面を登って御小屋尾根コースと合流し、**摩利支天**に登り着く。

ここから岩塊とハイマツの尾根を行き、犬返しのギャップ（梯子がある）を越えれば**阿弥陀岳**山頂に到着する。

（池　学）

交通アクセス

●**バス**　茅野駅から美濃戸口行バス（通年、一日六往復運行）に乗り、学林下車。所要42分。なお、学林―舟山十字路は徒歩約40分（約二・五㌔）。

●**タクシー**　茅野駅〜舟山十字路（所要約30分・約六〇〇〇円）アルピコタクシー（六七台）☎〇二六六７１ー一八一、高島タクシー☎〇二六六７２四一六一、中山タクシー☎〇二六六７２七一八一他〈茅野市〉。

体★★★☆ 技★★★ 危★★★

MAP 24～25・68～69P

八ガ岳の谷を知る初めてのバリエーションルート

11 立場川本谷

●舟山十字路→旭小屋→ノロシバ沢出合→稜線
●適期 7上～10中
●5万図 八ケ岳 2・5万図 八ケ岳西部

八ガ岳南部の代表的な谷で、東面の地獄谷本谷とならんで八ガ岳の沢の入門ルートとして知られる。とりたてて危険なところもないので、沢歩きの基礎を習得した者なら、この谷の持つ独特の雰囲気を味わってみるのもわるくない。

アプローチは舟山十字路からのコースをとる。八ガ岳横断道路を跨ぐ立場大橋から左岸沿いの車道は、ゲートがあって車の乗り入れはできないので注意したい。

早朝の出発が望ましい。

ゴルジュ帯を通って稜線へ

●遡行6時間～7時間
●標高差一〇三〇㍍（舟山十字路―稜線）

舟山十字路（40分）旭小屋（1時間30分）ノロシバ沢出合（1時間）ガマ滝沢出合（2時間）二俣（1時間）稜線

舟山十字路から広河原沢へ向かう道と分かれ、右の立場川への車道を行く。立場川本谷を渡るとすぐにゲートがあり、ここから荒れた林道を上流へ向かえば、大きな堰堤が現われて**旭小屋**に出る。

旭小屋から谷は大きく南に湾曲する。再び東に向かうところに堰堤があり、右手を越える。次の堰堤も右から巻く。西岳からの枝沢を合わせると沢はナメ床になり、両岸が狭まって最初のゴルジュ帯になる。通過すると左岸から**ノロシバ沢**が出合に岩小屋を見せて合流する。

本谷はやや左へ曲がり、チョックストーンを持った八㍍と五㍍の滝をいずれも右から難なく越える。右岸から大きな支流を迎えると谷は右に曲がる。

ここに、蟇《がま》をおもわせる大きなチョックストーンを抱えた**ガマ滝沢**が出合う。

やがて大ゴルジュになり、二㍍ほどの滝を四つばかり越すと、右側の側壁が大きくせり出したところに出る。この先には深い釜を持った滝が懸かっているので、右岸を高巻いて岩壁の切れ目から沢へ降りる。まだゴルジュは続くが、ここも右岸を大きく高巻く。ゴルジュが終わると、谷はひらけて前方に赤岳が見えてくる。あとは**二俣**まで平凡な河原歩きである。

二俣から左俣へ入ると草原になり、その中の踏み跡を忠実につめて中岳と阿弥陀岳のコルに出る。右俣は奥壁からの落石があるので、なるべく中岳寄りのガレ場をたどる。どちらのコースをとってもお花畑に出会う。

（池　学）

体★★★☆　技★★★　危★★☆

MAP 22〜23・24〜25・75P

鋭いスカイラインを描く八ガ岳東面のシンボル

12 天狗尾根

●美ノ森・林道入口→赤岳沢出合→第一岩峰→大天狗→主脈縦走路
●（適期）7上〜10中
●（5万図）八ケ岳　（2・5万図）八ケ岳東部、八ケ岳西部

大天狗、小天狗の岩峰を連ねて見事なスカイラインを描く天狗尾根は、八ガ岳東面を代表する岩尾根ルートのひとつである。このルートの積雪期登山にはハイレベルな技量を要求されるが、夏なら岩登りの基礎技術を習得した者がよいリーダーに導かれて登る、初歩的なバリエーションコースとしておすすめできる。指導標等はほとんどないが、コース上の踏み跡はしっかりしている。ただし、大天狗を含むすべての岩稜を巻かないで直接登る場合には、中級以上の技量が要求される。

入山は小海線の清里駅から徒歩かタクシーを利用。八ガ岳横断道路の美ノ森の信号の十字路を過ぎて一〇〇㍍ほど行ったところで左からくる車道に入る（**林道入口**）。これが地獄谷左岸にのびる林道で、かなり荒れているが、冬期や大雨後でなければ川俣川近くに設けられたゲートまで、車の乗入れが可能だ（タクシーは美ノ森バス停付近までしか入らない）。ゲートから30分ほどで林道は二分し、沢寄りの方を進むと河原に出る（**林道二俣**）。あとは沢の中をたどっていくが、かなり明瞭な道が、出合小屋まで続いている。なお、この小屋は地元高根山岳会が所有する無人小屋である。ここをベースにする場合、ツルネ東稜（踏み跡がある）を下降するか、赤岳の真教寺尾根を下り、扇山南面の樹林帯を下降して上の林道に出るとよい。

大天狗の岩峰めざして

●登高5時間
●標高差一一六〇㍍（美ノ森・林道入口―稜線）
美ノ森・林道入口（1時間30分）林道二俣（50分）赤岳沢出合（40分）第一岩峰（1時間30分）大天狗北側基部（20分）主脈縦走路

出合小屋付近から、地獄谷の各沢が分岐しはじめるので、とりわけ霧の深い日や水量の増す降雨直後などに登る場合は、ルートファインディングには充分な注意が必要だ。ほどなく**赤岳沢の出合**である。本谷を渡って赤岳沢に入り、約五〇〇㍍で右岸に小沢がそそぐ。その右手樹林帯の急な斜面に取り付き、赤布と踏み跡に導かれて登る。

天狗尾根に出てもあいかわらず樹林帯の登りは続くが、前方に赤岳や大天狗の岩峰、左手に権現岳の岩稜が迫って、気分を盛り上げてくれる。**第一岩峰**は、まん中が窓状にくびれており、その左側を越える。続く急な岩稜は地獄谷側のゆるい岩壁を登るか、赤岳沢側の急な草付き

鋭い岩峰を連ねた天狗尾根南面のプロフィール　撮影＝寺田政晴

を登る。

地獄谷側に切れ落ちた岩稜上に出て、立派な第二岩峰を右から巻きこむと大天狗の下に着く。大天狗の正面を直登するルートもあるが一般的ではない（三〇メートルⅣ級）。

基部を右に巻いて続く踏み跡をたどり、一段上のバンドから**大天狗北側の基部**に出る。ここから大天狗頂上まで往復20分ほどである。

鋭い岩峰の小天狗は主稜から右に外れており、地獄谷支流の天狗沢源頭にあたる広い斜面を登る。高山植物の咲く斜面から岩尾根に上がり、ゆるい岩場を越えると**主脈縦走路**に出る。

（池　学）

交通アクセス

●**バス**　清里駅から大泉・清里スキー場行に乗り、美ノ森バス停下車（所要約5分）。5月連休、7月21日～8月31日の毎日と9月1日～11月上旬の休日に、一日六～七便運行。山梨交通☎〇五五二ー23〇八二一。

●**タクシー**　清里駅～美ノ森（所要約5分・約一〇〇〇円）八ガ岳観光タクシー（三台）☎〇五五一ー48ー二〇二五、高根タクシー☎〇五五一ー48ー二二一一、三交タクシー☎〇五五一ー48ー二〇〇〇、清里観光タクシー☎〇五五一ー48ー二〇二二〈高根町〉。

宿泊

出合小屋（二〇人収容・無人）通年。

＊連絡先は巻末193頁参照。

体★★★☆ 技★★★ 危★★★

MAP 22～23・24～25・75P

小滝、ナメ滝を連ねてキレットに突き上げる谷

13 地獄谷本谷

●美ノ森・林道入口→赤岳沢出合→大滝→二俣→キレット
●適期 7上～10中
●5万図 八ケ岳 2・5万図 八ケ岳東部、八ケ岳西部

地獄谷からキレットに至る最短コースであり、支流の各沢に見られるような悪場はこの谷にはない。小滝とナメ滝の美しいこの谷を登るには初秋の頃がよく、静寂な沢歩きの興趣を存分に満喫できるだろう。

履き物はワラジ、地下足袋などがよく、とくに不慣れな者がいない限りロープは不要である。地図を見てもわかるように権現沢、上ノ権現沢の出合が近接しているために紛らわしく、これに迷い込まないように注意が肝要である。

小滝、ナメ滝を越えてキレットへ

●遡行5時間
●標高差八八〇メートル（美ノ森・林道入口—稜線）

—美ノ森・林道入口（1時間30分）林道二俣（50分）赤岳沢出合（20分）権現沢出合（40分）大滝（30分）二俣（1時間）キレット

赤岳沢出合までのアプローチは70頁「12天狗尾根」の項を参照。赤岳沢出合左岸の岩小屋を過ぎると、すぐに左手から本流より広い**権現沢**が出合う。さらにそこから上流へ五〇メートルもおかず上ノ権現沢が出合ってくるが、本流と実に紛らわしいので充分に注意したい。しばらくは河原歩きがつづくが、天狗尾根のアプローチのひとつになっているカゲ沢を右手に見送ると、谷はようやく小滝も現われて沢歩きらしくなってくる。

三～四メートルの小滝をいくつか越えていくと、その奥に問題の**大滝**（三〇メートル）が現れる。ゴルジュ自体は短いのだが、最上部の一〇メートルが宙を飛んでいて、直登不可能である。右手の踏み跡を利用して手前のクボから天狗沢の出合までを高巻く。

本流は右へ左へと曲がりながら五～六メートルの滝を連続させ、やがてナメ滝が現れると**二俣**である。左右とも七メートル近い滝を懸けており、左俣はツルネに突き上げるが、右俣より悪く入らぬこと。右俣が本

5月上旬の地獄谷本谷　撮影＝寺田政晴

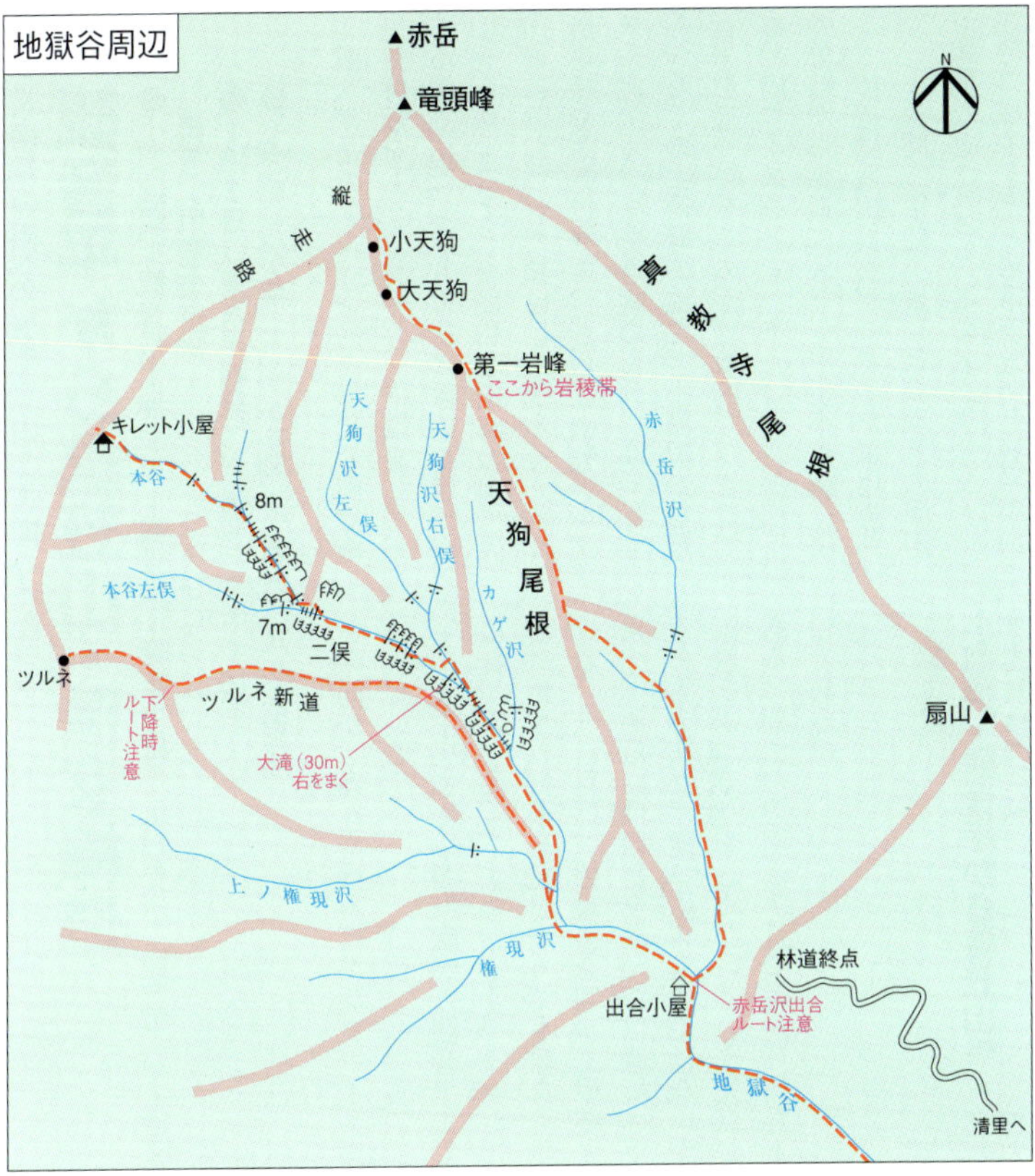

流でこちらも小滝が続き、さらに連続する美しいナメ滝となって楽しませてくれる。八メートルの滝を越えると左岸から水量の多い支沢が入る。いつか水量が少なくなり、狭い窪状の地形が現れれば**キレット小屋**は近い。

（池　学）

交通アクセス

●**バス**　清里駅から大泉・清里スキー場行に乗り、美ノ森バス停下車（所要約5分）。5月連休、7月21日～8月31日の毎日と9月1日～11月上旬の休日に一日六～七便運行。山梨交通☎〇五五二２３〇八二一。

●**タクシー**　清里駅～美ノ森（所要約5分・約一〇〇〇円）八ガ岳観光タクシー（三台）☎〇五五一４８二〇二五、高根タクシー☎〇五五一４８二二一一、山交タクシー☎〇五五一４８二〇〇〇、清里観光タクシー☎〇五五一４８二〇二一〈高根町〉。

宿泊

出合小屋（二〇人収容・無人）通年。

＊連絡先は巻末193頁参照。

体★★★☆ 技★★ 危★★

MAP 77・78〜79P

八ガ岳南端の山への展望登山と古道ハイキング

14 観音平から編笠山・信玄棒道

●小淵沢駅→観音平→押手川→編笠山→青年小屋🏠→押手川→観音平口→信玄棒道→甲斐小泉駅
●1泊2日（東京早朝発） 適期 7中〜10下
●5万図 八ケ岳 2・5万図 小淵沢、八ケ岳東部

南八ガ岳のアルペン的な様相も南は権現岳付近をもって終わり、南端をしめくくる編笠山は、北八ガ岳に置いたほうがしっくりするような穏和な山容の山。火山岩におおわれた頂は広く明るく、八ガ岳連峰や南アルプス、さらに中央アルプスや北アルプスをも眺められ、ゆっくりくつろぐのに恰好の地だ。小淵沢から観音平を通って登るのが一般的で、ここでもそのコースをとる。下りは観音平口下の分岐から棒道に入り、甲斐小泉駅に出る。棒道は武田信玄がつくった軍用道路で、小荒間（甲斐小泉）と立沢との間が直線的なところからこの名が生まれた。往時の様子をとどめる小荒間と観音平口との間が、現在ではハイキングコースになっている。

JR中央本線小淵沢駅から観音平までは徒歩か、タクシーを利用する。タクシーを利用すれば前夜発日帰りでも難なく歩ける。二日目は、権現岳を回って甲斐大泉へ、あるいは西岳を通って信濃境へ下るのも方法だ。逆コースも悪くはないが、棒道をゆっくり楽しめないという欠点がある。登山の適期は7月中旬から10月下旬である。

第1日 小淵沢・観音平から編笠山へ

●歩行5時間25分

往時のおもかげを伝える信玄棒道の十六番観音

●標高差一六四〇㍍（小淵沢駅―編笠山）
小淵沢駅（1時間10分↓↑1時間）棒道分岐（25分↓↑20分）登山道分岐（50分↓↑35分）観音平（50分↓↑35分）雲海（35分↓↑25分）押手川（1時間15分↓↑40分）編笠山（20分↓↑30分）青年小屋
＊観音平（10分↓↑10分）富士見平（50分↓↑35分）雲海

小淵沢駅を出たら駅前の車道を右折して、三〇〇㍍ほど行ったところで、中央本線・小海線の線路を地下道でくぐる。民家の間をぬって二〇〇㍍ほど進むと十

字路に出、左折して一〇〇《メートル》ほど行くと丁字路にぶつかる。ここでは右折し、以後30～40分は、八ガ岳に向かってほぼ一直線に延びるこの車道を行く。丁字路の先で、中央自動車道、JR小海線を続けて横切る。道は松林から牧場へと続き、再び林に入ったところで丁字路になる。左折して一五〇《メートル》ほど進むと、八ガ岳公園道路に沿う細い車道に出て、右折してゴルフ場のわきを行くと**棒道分岐**に着く。角に火の見櫓が立っている。

編笠山山頂から釜無川の谷を隔てて南アルプスを見る

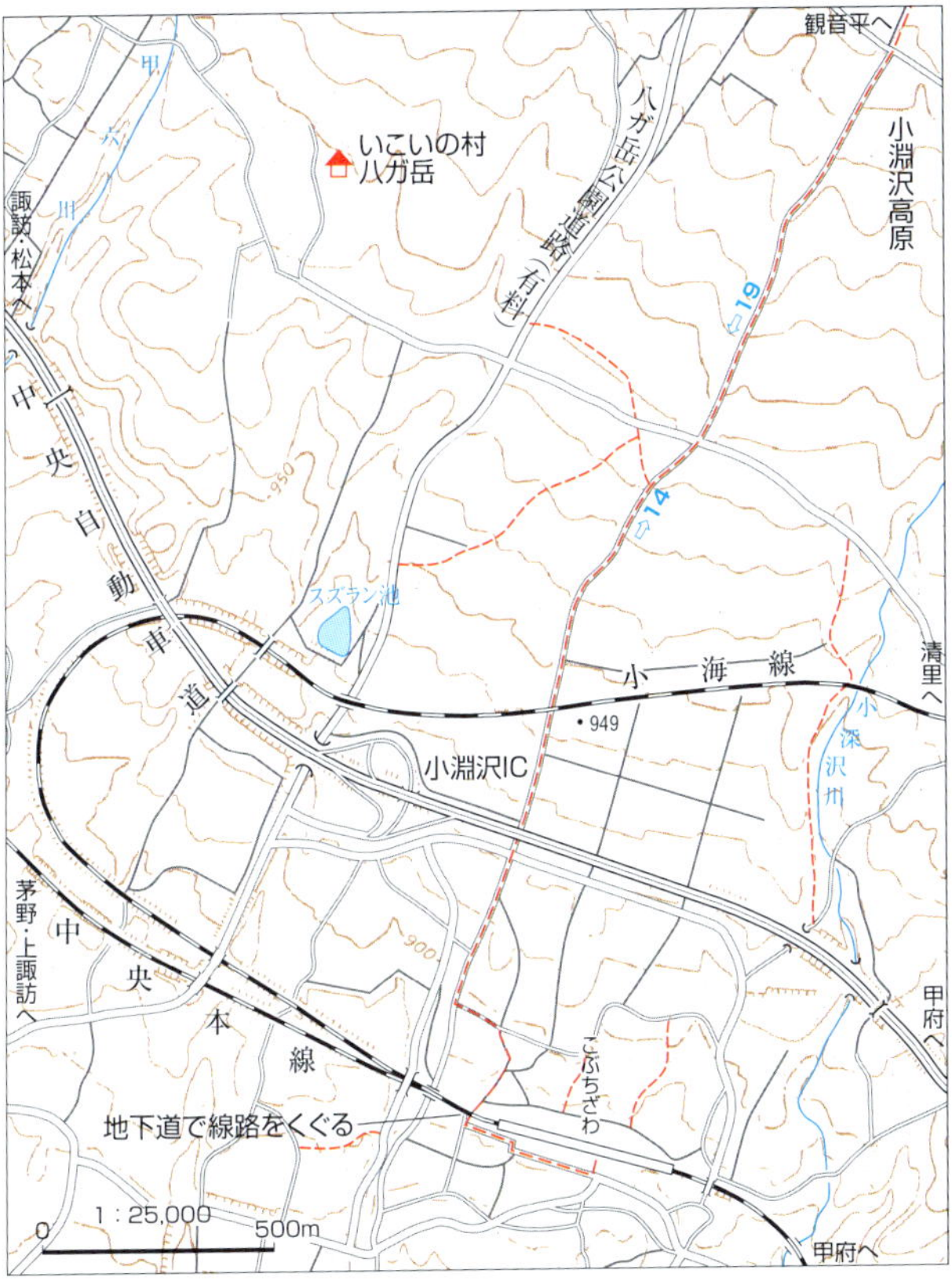

西岳
2398
林道編笠線中央コース
ノロシバ
ギボシ
権現小屋
乙女ノ水
青年小屋
編笠山
2524
15
シャクナゲ公園分岐
三ツ頭へ
14
造林小屋
2000
15
押手川
15-a
不動清水
P
ゲート
19
2043
木戸口公園
ゴルフ場入口
盃流し
雲海
ヘリポート
P
富士見高原
スキー場
14
8
14
1649
早乙女展望台
延命水
観音平
グリーンロッジ
三味線滝
富士見平
観音平
鹿ノ池
八ガ岳神社
P
別荘地
14
鉢巻道路
鐘掛松
別荘地
観音平口
三ツ頭登山口
八ガ岳公園道路(有料)
八ガ岳牧場
甲六川
古杣川
信玄棒道入口
十六番観音
ゴルフ場
1156
信玄棒道
葛窪
小淵沢町の
水道施設あり
14
高川
いこいの村八ガ岳
一番観音
0
1
2Km
小淵沢駅へ
かいこいずみ
清里へ
小荒間番所跡
小淵沢へ
三分一湧水

22・23

77

棒道分岐からは幅広の砂利道を行く。迂回してきた八ガ岳公園道路を横切ると舗装道路になり、この道を10分あまり登ると、右手のカラマツ林に登山道が分かれる。この道は、おおむね草原状の防火帯に通じ、東へ向かってしばらく進んだのち左折、まっすぐ北へ観音平をめざす。防火帯を登り終えると樹林帯に入りこみ、ヒカリゴケのある岩屋を道端に見て登ると**観音平**に着く。駐車場をなす広場からは南アルプスや富士山が眺められ、その上のカラマツ林の中に観音平グリーンロッジが建っている。車道を富士見平方面へ5分ほど行ったところに「延命水」の水場がある。この先、青年小屋まで水場はない。

富士見平経由の道は、観音平から「延命水」の水場を通って富士見平に出、達磨石、展望台等を経て雲海に登るもので、同様に林間を行く。観音平から直接登るよりも10分ほど余分にかかるが、延命水を利用した場合などは、どちらを登っても時間的には同じだ。

観音平から編笠山を目指す。標高差九五〇㍍の登りだ。第一ポイントの雲海までは、カラマツにダケカンバや雑木のまざる明るい林を行く。たいしてきつい登りではない。**雲海**は、東から南にかけてがひらけた展望台、ここで富士見平経由の道が合わさる。

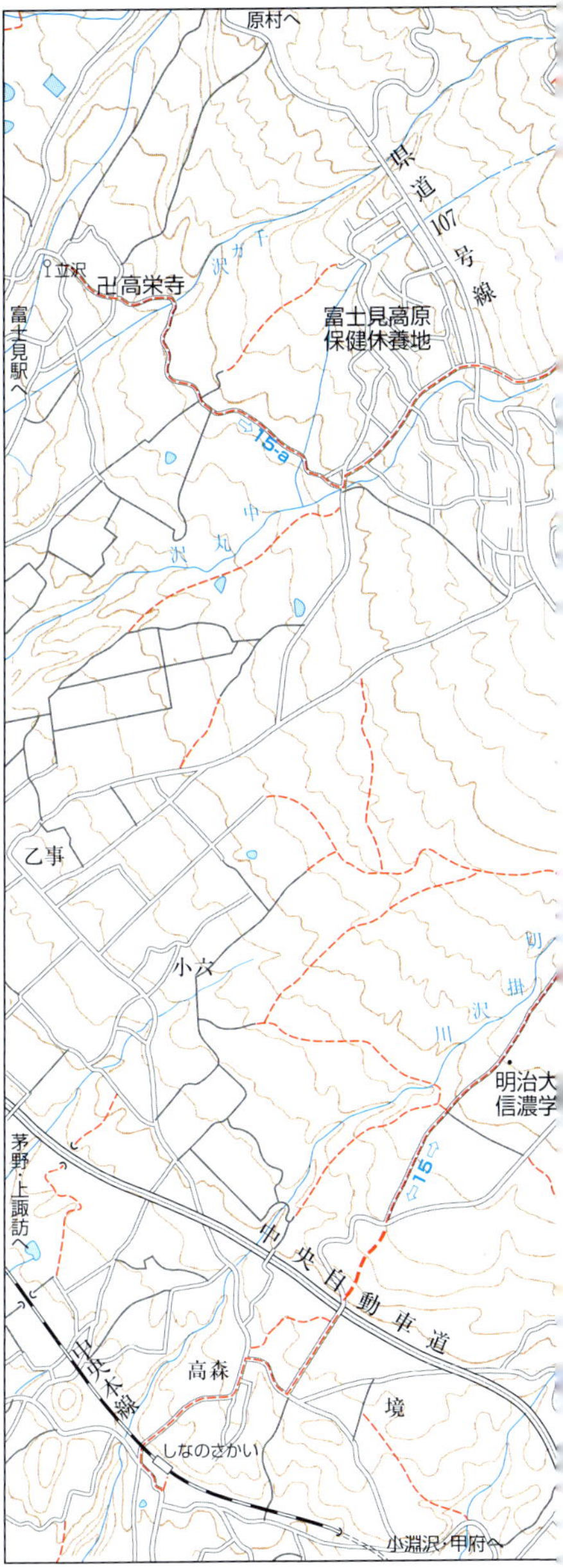

編笠山の丸い山頂を背景にして建つ青年小屋

雲海からは暗い針葉樹林の登りになる。さして急ではないが、単調な登りだ。黒木にまざってシャクナゲが目立つ。傾斜のぐんと弱まったところが、第二ポイントともいうべき**押手川**。名称どおり川の源頭だが、水流は見られない。樹木鬱蒼とした平地で、編笠山への道と、青年小屋への巻き道とが分岐している。

押手川から、編笠山への最後の登りになる。山頂をまっすぐめざすこの登りは、かなりきつい。とくに上半は、胸突八丁の語がぴったりだ。ハイマツ帯に出ると、残す急坂もわずかとなり、最後にペンキ印をひろって岩地を登ると**編笠山**の山頂に出る。熔岩に埋まる山頂は広々としていてじつに爽快だ。北方には赤岳を核とした八ガ岳連峰が望まれ、来し方を振り返ると、釜無川の谷の向こうに南アルプスが一望になる。その右には中央アルプス、北アルプス。山麓の風景もまたよい。

青年小屋の建つ、ノロシバとの鞍部へは一直線の下り。樹間の岩道を進んだのち、ペンキ印に導かれて巨岩の堆積地を下る。鞍部は広く明るい伐採地、小屋の裏がキャンプ指定地になっている。西岳方面へ5分ほど行くと「乙女ノ水」の水場がある。

第2日
編笠山から棒道・甲斐小泉へ

●歩行3時間55分

青年小屋（巻き道50分↓↑1時間10分）押手川（25分↓↑35分）雲海（35分↓↑50分）

観音平（35分↓↑50分）登山道分岐（20分↓↑25分）棒道分岐（50分↓↑1時間）古杣川（20分↓↑20分）甲斐小泉駅

観音平口下の棒道分岐までは往路をそのまま戻るが、前日、編笠山山頂を満喫した人は、青年小屋から押手川まで巻き道を行ってもよい。山頂経由よりも20分ほど早い。小さな登り降りを重ねながら樹林帯を下るが、なかなか感じのいい林だ。木の間に富士山や北岳を望むことができる。

火の見櫓の立つ角を左折して、分岐から**棒道**に入る。甲斐小泉駅まで1時間ちょっとの道のりだ。カラマツ林にふちどられた草はらに道は延び、十六番、十番、九番……と、観音様が路傍に点々とたたずんでいる。昔はきちんと一町（約一〇九㍍）おきに立っていたそうだが、いまはだいぶ欠けている。七番（ここは石碑）で、これまで一緒だった棒道と防火帯とが分かれる。棒道は右。防火帯のほうが広いので、つられて入り込まぬよう注意がいる。ミズナラの林を行くようになり、三番観音の先で小沢を二度渡る。一番を過ぎたところで女取川水源への道を左に分け、その先で、**古杣川**に架かる棒道橋を渡る。

古杣川を渡ると、にわかに人里らしくなる。富蔵山公園の近くに立つのが最後の二十七番観音、それを見て小荒間の集落を道なりに下ってゆく。小海線のガードをくぐったら左折、一〇〇㍍ほど進んだところで再び左折、その先の三差路を右に折れて進むと、途中小荒間番所（古戦場）跡を見て**甲斐小泉駅**に到着する。

なお、二度目の左折地点から右へ数分行くと、武田信玄の手になる三分一勇水がある。時間がゆるせばおとずれてみるとよい。

交通アクセス

●タクシー　小淵沢駅から観音平（所要約20分・約三五〇〇円）小淵沢タクシー（一三台）☎〇五五一－36二五二五〈小淵沢町〉。

下山時にタクシーを利用したいときは観音平で電話できる。

宿泊

観音平グリーンロッジ（八〇人収容）4月下～11月上営業・要予約、素泊りのみ。

青年小屋（一五〇人収容）4月下～11月上営業、二食付・弁当可、素泊り可。

小淵沢駅周辺、甲斐小泉駅周辺に旅館、民宿等がある。問合せは、小淵沢町役場企画課☎〇五五一－36二一一一、大泉村役場企画課☎〇五五一－38二二一一。

＊宿泊料金、営業状況等は事前に確認のこと。予約・連絡先は巻末192頁参照。

キャンプ地

編笠山キャンプ指定地（青年小屋付近、二〇張、湧水）。管理・連絡先は青年小屋☎〇五五一－22二九〇〇。

観音平のグリーンロッジ付近にも五張ほど張れるが、利用にさいしては管理者の小淵沢町教育委員会☎〇五五一－36三一二五に予約が必要。

コースメモ

観音平から青年小屋まで水場はない。

体★★★☆ 技★★ 危★★

MAP 78~79P

「不遇な山」西岳を加えた、静寂愛好家向きの編笠山登山

15 不動清水から西岳・編笠山

●信濃境駅→富士見高原スキー場→不動清水→西岳→青年小屋🏠→編笠山→シヤクナゲ公園分岐→盃流し→信濃境駅
●1泊2日（東京早朝発） 適期 7中~10上
●5万図 八ケ岳 2・5万図 小淵沢、八ケ岳東部

八ガ岳によく登る人でも、JR中央本線の信濃境駅で乗・下車する八ガ岳登山をしたことのある人は、ごくわずかであろう。この駅もまた八ガ岳の一登山口であり、編笠山へ、西岳へと二本のコースがあるが（富士見高原スキー場までは同じ道）、利用者はどちらもきわめて少ない。その二本を結んで歩くのがこのコース。静寂がなによりの二日間だ。

東京早朝発の場合、信濃境に着くのは早くて9時過ぎになる。時間の節約のため、できたら登山口（富士見高原スキー場）までタクシーを利用したい（特急利用なら小淵沢駅から）。前夜発でタクシーを使えば日帰りも充分できる。二日目は、編笠山から小淵沢あるいは甲斐小泉へ下るのもよく、編笠山を往復したのち権現岳方面へ向かうのもよいだろう。逆コースも体力的に大差なく、所要時間もほぼ同じ。

登山の適期は、7月中旬から10月上旬。

第1日 信濃境・不動清水から西岳へ

●歩行5時間40分
●標高差一四八〇㍍（信濃境—西岳）

信濃境駅（1時間40分→←1時間30分）富士見高原スキー場登山口（40分→←30分）不動清水（1時間10分→←50分）西岳（50分→←50分）青年小屋

歩く場合を考え、ここでは信濃境駅から記述する。

信濃境駅前の広場に出て線路の茅野方面（右）を見ると、それを跨ぐ高架橋がホームの先に見える。まず、そこに出るように、駅前通りを一〇〇㍍ほど進んで右折、町中を行く。高架橋を渡り、10分ほど歩いて出た、高森集落内の大きな三差路で右折、3~4分して出合った十字路で今度は左折し、広い舗装道路を行く。中央自動車道を横切ると右手の林に小道が分かれ、それを進んだのち、再び出合った舗装道路を渡る。その先、県道一〇七号線にぶつかるまでは、カラマツ林、アカマツ林に延びる一直線の砂利道を行く。鉢巻道路に出て十字路を反対側に渡り、鹿ノ池を右に見る三差路で左に折れる。登り坂を12~13分進むと**富士見高原スキー場**の下方に着き、レストラン（グリーンハウス）の入口付近に「登山口」の標識を見る。

登山口から不動清水へ向かう。廃道然とした草深い林道を二度横切り、そのの

ち、大きくカーブする林道（これは現役）の屈曲点に出る。登山道は林道とわずかに交わっただけで右手の林へ分かれるが、それを行かずに林道を上方へ向かう。5～6分で**不動清水**（写真）に着く。岩間から落ちる冷たい水がうまい。屈曲点で分かれた登山道は盃流《さかずきなが》しを経て編笠山へと通じ、次の日はこの道を下ってくる。不動清水からも盃流しに出る道がある。

岩間からこんこんと湧き出る冷たい不動清水

　不動清水から本格的な登りになる。登山道は西岳山頂をめざして樹間にほぼまっすぐに延び、上部はかなり傾斜がきつい。樹林は、カラマツを主体とした混合林から広葉樹の林へと徐々に変わり、下半で三本の林道を横切る。編笠線中央コースと名づけられた三本目の林道で、ちょうど半分登った勘定。林道上は樹林が切れ、中央アルプスや北アルプス、諏訪湖が見える。

　三本目の林道を横切ったあたりから少しずつ傾斜は強まり、樹林も針葉樹に変わる。単調な登りが続く。標高二二〇〇《メートル》付近には、休むのにいい、小さな平坦地がある。その先で傾斜の急な岩礫地を登り、再び樹林に入って急坂を登りつめると**西岳**山頂に着く。小広い岩地には石仏や石碑がたくさん並び、樹々の背が高い西側をのぞき、二七〇度に好展望が得られる。硫黄岳、阿弥陀岳、赤岳、ギボシ、編笠山と連なる八ガ岳、そして富士山、南アルプス、中央アルプス、北アルプスと豪華な眺めだ。立場川方面からの道（本書では紹介していない）が北西から登ってきている。

西岳山頂から見た編笠山（右）とギボシ付近

青年小屋へは、ノロシバから派生する尾根を行く。山頂下がちょっと急なだけで、林間のおだやかな道だ。いっとき伐採地を通るが、そこから見る赤岳周辺はなかなかの好景である。尾根の腹を絡むようにして下り、登りかえすと「乙女ノ水」に着く。水量豊かな、いい水場だ。

尾根をはなれ、伐採地を4～5分進むと、キャンプ指定地を通り、**青年小屋**に到着する。編笠山と権現岳にはさまれた明るくのどかな地だ。

第2日 編笠山から信濃境へ

●歩行4時間20分
●標高差一五〇〇㍍（青年小屋—編笠山）

青年小屋（30分↓↑20分）編笠山（30分↓↑45分）シャクナゲ公園分岐（30分↓↑45分）標高二〇〇〇㍍地点（50分↓↑1時間20分）盃流し（30分↓↑40分）富士見高原スキー場登山口（1時間30分↓↑1時間40分）信濃境駅

まず目の前の編笠山に登る。青年小屋を出るとすぐに巨岩帯の登りとなり、そのあと樹林の切り開きを行く。一直線の登りだ。

編笠山山頂は熔岩に覆われ、広々としていて、なにより南アルプスの展望がいい。釜無川の谷を隔てて見るので高度感満点だ。振り返り見る八ガ岳も、西岳からのものとは、がらりと変わって新鮮味がある。

山頂から南西へ向かってつけられたペンキ印が不動清水へのコースだ。中央アルプスを真正面に見て下る。南へ向かう小淵沢コースに誤って入りこまぬよう注意したい。

ペンキ印に導かれて岩塊の急斜面を山頂から10分も下ると樹林帯に入り、以後、標高二〇〇〇㍍（指導標がある）の下あたりまではずっと、シラビソやコメツガの密生する暗い林を下る。標高二〇〇〇㍍といえば小淵沢コースでは押手川あたり、信濃境コースも登りにとるとこの付近からが苦しい。樹林帯に入って20分ほどたったところで「**シャクナゲ公園分岐**」の指導標を見るが、そこへの道はヤブに隠れ判然としない。

標高一八〇〇㍍くらいまで下ると傾斜はゆるみ、樹林はすっかりカラマツやダケカンバに変わる。銀名水分岐（北へ三〇〇㍍）、臼久保岩小屋、ドウダン公園などを通って下り、数分の間隔で二度林道を横切ると、**盃流し**だ。趣ある名にひかれるが、ふだんは岩のごろごろした、ただの涸れ沢だ。渡ったところで不動清水（5分）への道が分かれる。その先で出合う二本目の林道上が不動清水分岐の屈曲点だ。ここからは前日歩いた道を、**富士見高原スキー場**を経て**信濃境駅**へと向かう。

交通アクセス

●**タクシー**　信濃境駅～ゴルフ場入口（所要約15分・約二三〇〇円）八ガ岳観光タクシー☎〇二六六6４二〇〇〇四他一社〈富士見町〉。

宿泊

青年小屋（一五〇人収容）4月下～11月上営業、二食付・弁当可、素泊り可。＊宿泊料金、営業状況等は事前に確認のこと。予約・連絡先は巻末193頁参照。

キャンプ地

編笠山キャンプ指定地（青年小屋付近、二〇張、湧水）。管理・連絡先は青年小屋☎〇五五一2２二九〇〇。

技★☆　危★

a 富士見・立沢から不動清水

●歩行1時間50分
●標高差三七〇ﾒｰﾄﾙ（立沢―不動清水）

立沢（1時間→←50分）県道一〇七号線（20分→←15分）造林小屋（30分→←25分）不動清水

信濃境からのコースに比べるとやや遠回りになるが、途中までバスが使えるので、信濃境から歩いた場合よりも歩行時間は30分ほど少ない。富士見駅からタクシーを使えば造林小屋付近まで歩かずに入れる。

JR中央本線富士見駅の駅前から立沢《たつざわ》行のバス（諏訪バス、通年運行）に乗車、終点**立沢**まで行き、そこから歩き出す。集落内の道を南東方面（バスの進行方向）へ進むと左手に寺（高栄寺）を見、集落をはずれたところで千ガ沢を渡る。あとは、乙事《おっこと》方面からの広い舗装道路（センターラインがある）に出るまで、小道を分けながらこの車道を行く。乙事方面からの道に出合ったら左折する。ゆるい登り坂を進むと**県道一〇七号線**にぶつかる。

県道一〇七号線を渡り、カラマツ林に延びる細い車道を行く。証券会社の研修所を過ぎたところで舗装道路から砂利道に変わり、営林署の**造林小屋**に出る。ここで林道は二分するが、東（進行方向）へ向かっている道にゲートわきから入り、カラマツ林を行くと、信濃境コースの登山道と交わる「屈曲点」に出る。登山道には入らず、林道をそのまま5分も登ると**不動清水**に着く。

交通アクセス

●**バス**　富士見駅～立沢間は通年運行で一日五便（所要10分）あるが、第二・四土と日・祝日は午後の一便のみ。諏訪バス富士見営業所☎〇二六六6２五七五七。

●**タクシー**　富士見駅～ゲート（所要約15分・約二五〇〇円）富士見高原タクシー（一二台）☎〇二六六6２二三八一他一社〈富士見町〉。

体★★ 技★★ 危★★

MAP 58~59・87P

ミヤマクロユリの群生地から登る天狗岳の代表的コース

16 渋ノ湯から黒百合平・天狗岳

●奥蓼科→黒百合平→天狗岳→黒百合平→八方台→渋辰野館前
●1泊2日（東京早朝発） 適期 6中~10中
●5万図 蓼科山 2・5万図 蓼科

天狗岳は、八ガ岳にあって主峰・赤岳に次いで人気のある山。山腹の黒百合平周辺は北八ガ岳的な気分を濃くし、上部の岩稜はきわめて南八ガ岳的。いわば二様の顔をもち、それだけに楽しみが多い。双頭をなし、主脈上にある東天狗を縦走路が越え、西天狗が最高点で三角点が置かれている。奥蓼科・渋ノ湯から登るこのコースがもっとも親しまれている。

奥蓼科・渋ノ湯までは、JR中央本線茅野駅の駅前から通年でバスが運行されている。一日目は2時間たらずの歩行である。二日目は、天狗岳からそのまま夏沢峠方面へ、高見石方面へ、中山峠から稲子湯に下山等、いろいろとコースが考えられる。前夜発とすれば日帰りも充分可能だ。登山の適期は6月中旬~10月中旬。黒百合平のミヤマクロユリは6月下旬~7月はじめにかけてが見ごろ。

第1日 渋ノ湯から黒百合平へ

●歩行1時間50分
●標高差五五〇㍍（渋ノ湯—黒百合平）

茅野駅（諏訪バス50分）奥蓼科・渋ノ湯（50分↓↑35分）渋ノ湯・八方台分岐（1時間↓↑45分）黒百合平

奥蓼科・渋ノ湯のバス停は渋御殿湯の前。そこから渋川沿いを上流へ向かい、もう一軒の宿、渋ノ湯ホテルの先で渋川を左岸へ渡る。渡った地点で道は二分、黒百合平へは右へ行く。左は高見石への道だ。なお、高見石方面へ7~8分歩いて出合った三差路から右に登り、下で分かれた道に合流する別コースもある。どちらを行っても時間的に差はない。

渋川左岸の分岐で右に分かれた黒百合平への道は針葉樹の暗い林に続き、直登ぎみに進んだのち、傾斜を落として尾根の腹を巻いて登る。が、高見石コースの途中で分かれた道を合わせるあたりから再び直登ぎみとなり、尾根の背をめざして徐々に傾斜を強める。樹林の切れ目に中山周辺が眺められるようになる。

急坂を登り終えて出た尾根上は、木立の中の平坦地。次の日下る、八方台方面への道が西方へ分岐している。この**分岐**で道はほぼ直角に東（左）へ折れ、尾根上を進む。針葉樹やダケカンバの若木が茂る比較的明るい林に、ごくゆるい登りが続く。天狗岳を望む草地を過ぎると突然下りに転じ、唐沢源流の沢筋に降りる。唐沢鉱泉への道が南へ分かれ、ここから黒百合平にかけては沢の中を登る。残雪期や大雨の直後でもない限り水はほとん

高見石へ
稲子湯・白駒池へ
2352
にゅう
北八ガ岳の展望良好
富士山が見える
20
22・28
360度の展望
中山展望台
中山
2496
凹地
稲子岳
2380
南壁
稲子湯へ
にゅう分岐
黒百合ヒュッテ
黒百合平
ミヤマクロユリが
多く咲く
しらびそ小屋
22・28
水
奥蓼科・渋ノ湯へ
2433
擂鉢池
中山峠
天狗ノ奥庭
急坂
みどり池
18・22・28
18
20
東壁
唐沢鉱泉へ
天狗岳
東天狗
2646
西天狗
360度の展望
白砂新道
根石岳
2603
コマクサの群落
18-a
根石山荘
湯元本沢温泉
稲子へ
18-b
箕冠山
箕冠山東方分岐
本沢温泉
7-b
19
18
2100
山びこ荘
ヒュッテ夏沢
夏沢峠
1：25,000
0
500m
オーレン小屋へ
硫黄岳へ

稲子岳
白砂新道
夏沢峠
山びこ荘
ヒュッテ夏沢

硫黄岳中腹から俯瞰する夏沢峠と箕冠山、背後に天狗岳の双頭　撮影＝内田修

ど見られないが、角のとれた滑りやすい岩を踏んで登るので、ぬれているときは、足元に注意が必要だ。

　樹間から熔岩台地の一角が右手前方に見られるようになると黒百合平は近く、明るさの漂いはじめた樹林を進むと、黒百合ヒュッテの建つ西端に出る。**黒百合平**は天狗岳と中山との鞍部に開けた小草原で、小屋脇にキャンプ指定地がある。

第2日 天狗岳を往復、八方台へ

●歩行4時間30分
●標高差二五〇㍍（黒百合平―東天狗）
黒百合平（5分↓↑5分）中山峠（1時間↓↑40分）天狗岳・東天狗（15分↓↑15分）西天狗（15分↓↑15分）東天狗（45分↓↑1時間10分）黒百合平（45分↓↑1時間）渋ノ湯・八方台分岐（30分↓↑40分）渋ノ湯・唐沢鉱泉分岐（25分↓↑35分）八方台（30分↓↑40分）渋辰野館前（諏訪バス44分）茅野駅

　天狗岳に登るコースは二本ある。ひとつは、黒百合平から中山峠に出て主稜線を行くもの。もうひとつは、黒百合ヒュッテの前から熔岩台地に登り、擂鉢池の西縁を回ってゆくものである。「天狗の鼻」に見たてられる岩峰の手前でひとつになり、主稜線を進んで東天狗に登る。主稜線コースの方が距離的に若干短く、歩きやすさもやや上。ここでは主稜線コースを登り、擂鉢池コースを下る。

　黒百合平から東へ、針葉樹の林を通って**中山峠**に出る。小さな鞍部は東方がひらけ、みどり池への道が急斜面を下っている。中山峠から縦走路を南（右）へ進む。わずかな登りで針葉樹林をぬけると、ハイマツの茂る熔岩台地を行くようになる。右手、天狗ノ奥庭にきれいなダケカンバ林が見られる。左手は天狗岳東壁の懸崖、足元の悪いところでは注意が必要だ。

　熔岩台地のゆるやかな登りが終わると一転、岩尾根の急坂になる。天狗岳へのこの登りでいちばんきつい箇所だ。が、長い距離ではない。急坂の終わったところが擂鉢池コースとの合流点、「鼻」の岩峰が目の前になる。その岩峰を右手から巻き、岩礫の斜面を登りつめると**東天狗**の頂に出る。にわかにとび込む南八ガ岳の壮観が印象的だ。北方には、北八ガ岳の穏和な起伏が望まれる。最高点・**西天狗**の往復は30分。岩礫の斜面を鞍部に下り、ガレ場状の急斜面を登りかえすと頂上に出る。小広い平地には三角点のほか石仏や石碑が並び、東天狗の窮屈そうな頂とは好対照に、ゆったりしている。

　東天狗から岩峰下の分岐まで戻り、擂鉢池コースを下る。岩塊の急斜面が熔岩台地に降りるまで続き、足場の選択に少々神経が疲れる。台地に降りればあとは平穏な道、巨岩をぬって小さな登り下りを重ねたのち、平坦な岩地を行く。右手の窪地に天狗の奥庭や擂鉢池（水がないこともある）を見て進み、擂鉢池の北岸から巨岩を踏んで急斜面をわずか下ると黒百合ヒュッテの前に出る。

黒百合平から、前日通った**八方台分岐**

まで往路を戻り、そのまま尾根上を直進する。八方台の手前まではずっと針葉樹林を行き、概してゆるやかな下り道だ。分岐から30分ほど下った十字路で唐沢鉱泉への道と渋ノ湯への道とが分かれる。渋ノ湯へのこの道を下ると、奥蓼科バス停の上方（茅野寄り）でバス道路に出る。十字路の先、15分ほど下ったところで出合う分岐では左へ進む。右は八方台の北側を行く巻き道で、左が頂上へのものだ。カラマツに変わった林を行き、唐沢鉱泉方面からくる林道に出て五〇〜六〇㍍ほど進んだのち、それと分かれて左へひと登りすると**八方台**頂上に出る。西側はカラマツ林だが三方がひらけ、八ガ岳の山々や南アルプスがよく望まれる。

　再び林道に戻ってそれを横切り、北へカラマツやズミの生える広い平坦地を行くと巻き道が合わさる。道はすぐに奥蓼科スキー場の上端に出、その縁に続く笹原道を下るとバス道路に出る。右折して1〜2分ほど歩くと、**渋辰野館前**バス停に着く。奥蓼科からくるバスで茅野に出る。

中山峠付近から見る天狗岳の双頭

交通アクセス

渋ノ湯へのバス、タクシーに関しては129頁の交通アクセスの項を参照。

宿泊

黒百合ヒュッテ（二五〇人収容）通年営業、二食付・弁当可、素泊り可。
渋御殿湯（一三〇人収容）通年営業、二食付・弁当可。
渋ノ湯ホテル（六〇人収容）4月下〜11月中営業、二食付・弁当可、素泊り可。
渋辰野旅館（八〇人収容）通年営業、二食付・弁当可。
明治温泉（八〇人収容）通年営業、二食付・弁当可。
＊宿泊料金、営業状況等は事前に確認のこと。予約・連絡先は巻末193頁参照。

キャンプ地

黒百合平キャンプ指定地（黒百合ヒュッテ付近、五〇張、湧水）。管理・連絡先は黒百合ヒュッテ☎〇二六六７２三六一三。

コースメモ

＊黒百合平に水場があるが、湧水のため日照りが続くと涸れることがある。宿泊者は黒百合ヒュッテで分けてもらえる。
＊唐沢鉱泉分岐〜黒百合平間の涸れ沢を通る道は、豪雨時には増水して通行不可能になることがある。

体★★☆ 技★★ 危★★

MAP 58〜59・87P

最高点の西天狗に直接登る、天狗岳のバリエーションコース

17 西尾根から天狗岳

●渋辰野館前→八方台→唐沢鉱泉⌂→天狗岳→黒百合平→奥蓼科
●1泊2日（東京早朝発）　適期　6中〜10中
●5万図 蓼科山　2・5万図 蓼科

　天狗岳の最高点・西天狗から西に延びる尾根を天狗岳西尾根とよんでいる。黒百合平経由の道が有名すぎてこの尾根を登路・下降路に選ぶ人は少ないが、天狗岳の一コースである。樹林に覆われてはいるものの二カ所の展望台からはいい眺めが得られ、静かな山歩きが楽しめる。登山口にある唐沢鉱泉は山あいの静かな湯宿、下山地の渋ノ湯も温泉地である。

　唐沢鉱泉へは、渋辰野館前から八方台を経由して入る。渋辰野館前までは、JR中央本線茅野駅前から一年を通じて、バス（奥蓼科行）が出ている。八方台を省略することにはなるが、茅野から直接、唐沢鉱泉にタクシーで入ることもでき、唐沢鉱泉に宿泊の場合は、茅野駅からの送迎バス（予約が必要）を利用することもできる。二日目は、天狗岳から夏沢峠方面へ、黒百合平から高見石方面へ等、コースを変えてみてもよい。前夜発日帰りも無理なくできる。逆コースのほうが体力的にいくぶん楽である。

第1日 八方台から唐沢鉱泉へ

●歩行1時間15分
●標高差一〇〇㍍（渋辰野館前─八方台）

茅野駅（諏訪バス44分）渋辰野館前（40分↓↑30分）八方台（35分↓↑35分）唐沢鉱泉

　茅野からのバスを終点・奥蓼科のひとつ手前、**渋辰野館前**バス停で下車、まず八方台へ登る。バス道路を七〇〜八〇㍍戻った左手に登山口がある。クロスカントリースキーのコースでもある登山道は奥蓼科スキー場のへりに上方へと続き、上端で左折、スキー場をはなれ、尾根上の広い平坦地に出る。八方台の北側に通じる道を左に分け、カラマツやズミ、シラカバの疎林を進む。尾根越えの林道を渡り、前方（南）へ三〇㍍ほど登ると**八方台**に出る。小さな平地からは、カラマツの茂る西側を除き、好展望が得られる。東方には次の日に登る西尾根が見え、その右に南八ガ岳が望まれる。南アルプスの眺めもいい。北方には蓼科山から縞枯山あたりにかけてがよく見える。

　八方台から唐沢鉱泉へは、直下の林道を東（右）へ進む。五〇〜六〇㍍先で黒百合平方面への登山道を分けると、林道は尾根の南側を斜めに下るようになる。唐沢鉱泉入口方面からの車道（砂利道）と合流し、唐沢沿いに上流へ向かうと15分ほどで**唐沢鉱泉**に着く。

第2日

西尾根から天狗岳・渋ノ湯へ

●歩行5時間10分
●標高差七七〇㍍（唐沢鉱泉―西天狗）

唐沢鉱泉（1時間↓↑40分）西尾根（40分↓↑30分）第一展望台（25分↓↑20分）第二展望台（45分↓↑30分）天狗岳・西天狗（15分↓↑15分）東天狗（45分↓↑1時間5分）黒百合平（45分↓↑1時間）渋ノ湯・八方台分岐（35分↓↑50分）奥蓼科・渋ノ湯（諏訪バス50分）茅野駅

西天狗から見た西尾根。手前のピークが第二展望台

西尾根の登り口は、唐沢鉱泉から林道を唐沢上流へ四〇〜五〇㍍行ったところ。流れを渡り反対斜面に取り付く。西尾根のスカイラインは仰ぎ見る高さにあり、尾根の背に出るまでの1時間ばかりは、少々きつい登りが続く。シラビソの若木の林を行くが、たまに苔むした針葉樹林を通る。登り出た西尾根上も樹林に包まれていて眺めはなく、営林署の巡視路が西側に下り丁字路をなしている。

ここから天狗岳にかけては尾根の背をたどる。丁字路分岐をあとにすると、第一展望台までは針葉樹林の登りが続き、緩急をくり返しつつ高度を上げてゆく。樹林が切れ、明るい岩地に出ると、そこが**第一展望台**。地形図に二四一六㍍と標高が記された地点で、まわりにはハクサンシャクナゲが茂り、ことに北八ガ岳の眺めがいい。南・中央・北と連なるアルプスの山並みも雄大だ。ただし南八ガ岳の展望は、次の第二展望台の方がいい。

第一展望台で望まれた西天狗の頭も、そこを過ぎると再び樹間の道となり見えなくなる。ゆるい下りからゆるい登りへと、第二展望台にかけては、シラビソ林や枯木帯をたどる静穏な道だ。小さなコブを越えて下ると**第二展望台**に着き、南面がひらけた砂礫地からは、赤岳と、その両隣に横岳、阿弥陀岳が望まれる。西天狗の丸い山体が目の前に迫り、わずか下った鞍部からその頂をめざす登りになる。下半の樹林帯はまだ緩傾斜だが、そこをぬけてからの岩塊の斜面はかなり急。急斜面を登りつめて出た**西天狗**山頂は、ハイマツやシャクナゲにふちどられた広い平地で、三角点をはじめ石仏、石碑などが南の隅に並んでいる。縦走路が越える東天狗の山頂が賑わっていても、ここはいつも静かだ。四囲の大観を楽しみながらゆっくりくつろぐことができる。西天狗から、ガレ場のような急な岩地を鞍部に下り、岩礫の斜面を登りかえすと**東天狗**の頂に着く。東方の見晴らしはよくなるが、他の眺めは西天狗とあまり大差ない。

東天狗から黒百合平へ下る。岩礫の斜面を下って頂上近くの「鼻」の岩峰を巻くと分岐点に出、ここでコースは主稜線通しに下るものと、擂鉢池を回るものとに二分する。今回は主稜線コースを下ろう。分岐点を過ぎるとすぐに岩尾根の急な下りとなり、のちに、ゆるい下りの熔岩台地を行く。樹林帯に入ったところが中山峠で、西（左）に折れて林間を5分も歩くと**黒百合平**に出る。小草原の西はずれに黒百合ヒュッテが建っている。

黒百合平から下山地の渋ノ湯へは、まず、丸くて滑りやすい岩を踏んで沢（涸れ沢状）づたいに林間を下る。唐沢鉱泉分岐からは尾根道となり、八方台への道を分けたところで尾根をはなれ北側斜面を下る。はじめのうち急坂が続く。渋川のたもとに出てそれを対岸に渡ると渋ノ湯だ。坂道を少し下ったところに**奥蓼科**バス停がある。（東天狗から黒百合平・渋ノ湯にかけては前項に詳述）

交通アクセス

●バス　茅野駅～奥蓼科間は一日三便（始発便は土・日・祝日と7月下旬～8月末）運行。諏訪バス茅野駅前案内所☎〇二六六7２二一五一。

●タクシー　茅野駅～渋辰野館前（所要約35分・約六五〇〇円）、渋ノ湯～茅野駅（所要約40分・約七〇〇〇円・要予約）アルピコタクシー（六七台）☎〇二六六7１一一八一、高島タクシー☎〇二六六7２四一六一、中山タクシー☎〇二六六7２七一八一他〈茅野市〉。

宿泊

唐沢鉱泉（一五〇人収容）4月下～1月10日営業、二食付・弁当可。

黒百合ヒュッテ（二五〇人収容）通年営業、二食付・弁当可、素泊り可。

渋御殿湯（一三〇人収容）通年営業、二食付・弁当可。

渋ノ湯ホテル（六〇人収容）4月下～11月中営業、二食付・弁当可、素泊り可。

渋辰野旅館（八〇人収容）通年営業、二食付・弁当可。

明治温泉（八〇人収容）通年営業、二食付・弁当可。

＊宿泊料金、営業状況等は事前に確認のこと。予約・連絡先は巻末193頁参照。

キャンプ地

黒百合平キャンプ指定地（黒百合ヒュッテ付近、五〇張、湧水）。管理・連絡先は黒百合ヒュッテ☎〇二六六7２三六一三。

コースメモ

水場は黒百合平一カ所（涸れる場合あり）。二日目は唐沢鉱泉で用意すること。

技★☆　危★

a 唐沢鉱泉から黒百合平

●歩行1時間50分
●標高差五三〇㍍（唐沢鉱泉—黒百合平）
唐沢鉱泉（1時間10分↓↑45分）渋ノ湯からの道との合流点（40分↓↑30分）黒百合平

唐沢鉱泉から唐沢沿いに上流へと登り、源流部で渋ノ湯からの道に合流、黒百合平へ向かうコースで、唐沢鉱泉をベースにした天狗岳一周登山や、唐沢鉱泉から主脈縦走路に出たい場合などに利用価値がある。

唐沢鉱泉から西尾根分岐を通って林道を4～5分行き、指導標に従って木橋で唐沢を渡る。ここから登山道となり、シラビソの若木の林を大きく蛇行しながら登ってゆく。ゆるやかな登りだ。唐沢支流の水涸れの沢を渡ってからは暗い樹林帯を行くこともあるが、道はおおむね伐採地や植林地に通じ、急な箇所はほとんどない。渋ノ湯の道と合流してのちは樹間の沢を行く。合流点から**黒百合平**については86頁の「16渋ノ湯から黒百合平・天狗岳」の項に詳述。

交通アクセス

●タクシー　茅野駅～唐沢鉱泉（所要約40分・約七〇〇〇円）アルピコタクシー（六七台）☎〇二六六７１一一八一、他〈茅野市〉。

技★☆ 危★

b 渋ノ湯から唐沢鉱泉

●歩行55分
●標高差一二〇㍍（渋ノ湯—尾根上）
奥蓼科・渋ノ湯（40分↓↑25分）尾根上（15分↓↑25分）唐沢鉱泉

茅野からの定期バスを利用して唐沢鉱泉に入る場合の最短路。渋辰野館前からのコースと比べると歩行時間が20分ほど少なくてすむ。しかし、コース途上、展望らしい展望もなく、おもしろい道ではない。

奥蓼科・渋ノ湯側の登り口は、渋川に架かる橋を渡ってバス道路を茅野方面へ2～3分行ったところ。コースは樹林の尾根を跨いでつけられ、**唐沢鉱泉**のすぐ西側に出る。利用者が少ないので草深い箇所はあるが、きつい道ではない。尾根の背で、黒百合平と八方台方面とを結ぶ道と交差する。

交通アクセス

●バス　茅野駅～奥蓼科間は一日三便（始発便は土・日・祝日と7月下旬～8月末）運行。諏訪バス茅野駅前案内所☎〇二六六７２二一五一。
●タクシー　茅野駅～渋辰野館前（所要約35分・約六五〇〇円）、渋ノ湯～茅野駅（所要約40分・約七〇〇〇円・要予約）アルピコタクシー（六七台）☎〇二六六７１一一八一他〈茅野市〉。

技★★☆ 危★★☆

c シラナギ沢から天狗岳

●遡行3時間（出合—稜線）
●標高差六五〇㍍（桜平—稜線）
桜平（4分↓↑3分）桜平駐車場（5分）シラナギ沢出合（40分）赤い崩壊壁（30分）大滝（50分）二俣（1時間）稜線（20分）根石山荘（20分）箕冠山東方オーレン小屋

一分岐

天狗岳、根石岳、箕冠山西面の水流を集めて鳴岩川本流に注ぐ、明るい谷を登るコース。沢の中程の大滝は、容易に巻けるのでロープは必要なく、水量も少ない。沢登りのおもしろさは物足りないが、短時間で天狗岳の稜線に立てる変化のあるコースとしておすすめできる。

ただし、整備された道はなく、天候の急変などでコースの状況は一変するから、初心者同士では入山しないほうがよいだろう。源頭のお花畑が美しい梅雨の晴れ間がねらい目。

桜平までは57頁「7桜平から夏沢峠・硫黄岳」を参照のこと。**桜平**からの林道のゲートをくぐり、夏沢峠へ行く鳴岩川本流沿いの道と分かれて、左の広々とした河原へ入る。一〇〇メートルほど行くと、右岸の高みから河原へ降りてくる細い踏み跡を見る。この小道は駐車場からのものである。10分ほどで堰堤がふたつ現れるが、いずれも左岸から簡単に越えられる。

目立たない五メートルほどの小滝を過ぎて、沢が右に曲がった先から**赤い崩壊壁**が左岸上方に高さ五〇メートル、長さ三〇〇メートルにわたって展開する。気持ちのよい二〇メートルほどのナメ滝を過ぎると約二〇メートルの立派な**大滝**の下に出る。大滝は直登できず、右手のガレ場から巻いて本流へ降り立つ。

この先で右岸から入る水量のある小さな沢を二本やり過ごすと、徐々に水量が減りはじめる。やがて左手に新たな崩壊壁を見ると流れは消える。やや荒れた感じが目立ってきて、五〇〇メートルほどで二俣となる。

右俣は左俣より少し急な沢で、上部に水流（飲用には不適）のある五メートルの滝がある。この沢をたどると二俣から稜線まで約40分を要する。

本流は左俣で、こちらが通常のルートである。西天狗、東天狗の切り立った山腹を見ながら単調な転石登りを頑張ると、やがてハイマツに覆われた気持ちのよい源頭へ出る。ガンコウラン、コマクサが咲く美しい砂礫地がひらける。**稜線**から右へ向かえば根石山荘、左へとれば東天狗である。

（池　学）

交通アクセス

60頁「7桜平から夏沢峠・硫黄岳」のデータ欄参照のこと。マイカーはゲート左手上に二カ所ある駐車場を利用できる。

コースメモ

＊本流の水は飲用不適。大滝上で右岸から注ぐふたつの枝沢の水は利用可。季節によっては左俣上部の稜線近くで湧水が得られる。

＊足ごしらえはワラジ、地下足袋がよいが、軽登山靴でも可能。

＊下山コースは、箕冠山東方分岐からオーレン小屋へ下り、夏沢鉱泉を経て桜平に戻るのが一般的（箕冠山東方分岐から桜平まで所要1時間30分）。東天狗から西天狗岳、西尾根経由、唐沢鉱泉へ降りるのも一日行程として無理はない。夏沢峠へ向かい八ガ岳南部の主稜縦走も自然なつながりだ。

山あいにあるふたつの出湯も楽しみ、東面からの天狗岳登山

18 稲子湯から夏沢峠・天狗岳

体★★☆ 技★★ 危★★

MAP 87・99P

●稲子湯→みどり池→本沢温泉→夏沢峠→天狗岳→中山峠→みどり池→稲子湯
●1泊2日（東京早朝発） 適期 6中〜10下
●5万図 蓼科山 2.5万図 松原湖、蓼科

天狗岳には、すでに解説した西面・諏訪湖側からの二コース（渋ノ湯からの道と西尾根）に加え、東面・佐久側にも、中山峠経由の道と夏沢峠経由の道と、二本のコースがある。出発点はいずれも稲子湯で、みどり池までは同一路をとる。両者を結ぶなら、手ごろな一周コースとなり、稲子湯、本沢温泉などの山の湯も途上にあって、出湯気分も味わえる。ここでは、夏沢峠―天狗岳―中山峠と歩く。

稲子湯までは、JR小海線小海駅の駅前から、4月下旬から11月下旬までの間、バスが運行される。このバスは同線の松原湖駅近くをも通るので、小淵沢方面からの場合は、松原湖駅南口バス停から乗車してもよい。二日目は、天狗岳から唐沢鉱泉へ、あるいは中山峠から渋ノ湯へ下るのもよかろう。逆コースもよい。

第1日 稲子湯から本沢温泉へ

●歩行3時間
●標高差六〇〇㍍（稲子湯―本沢温泉）

小海駅（小海町営バス10分）松原湖駅南口（同バス25分）稲子湯（40分↓↑25分）屏風橋（35分↓↑25分）駒鳥沢の水場（35分↓↑20分）みどり池（1時間↓↑1時間）湯川左岸の車道（10分↓↑10分）本沢温泉

天狗岳を遠くに望む**稲子湯**旅館の前庭、その南の隅に登山口がある。道はまず、湿っぽい草地から黒木の林へと続き、途中、不動尊をまつる小さな堂を右に見る。林道に出てそれを渡るとカラマツ林に変わり、再び林道に出る。ここは林道が三差路をつくっているが、大月川を唐沢橋（手前にゲートがある）で渡っているのがコースだ。橋の直前から白駒林道コースが右手の斜面に分かれている。唐沢橋を

東面からの天狗岳登山の起点、稲子湯の稲子湯旅館

本沢温泉付近から見上げる荒々しい硫黄岳の爆裂火口壁

渡った先でまた登山道に入る。このあとさらに二度林道と出合い、二度目のところからその林道を3〜4分進むと、大月川の一支流・駒鳥沢に架かる**屛風橋**に着く。渡った左岸で駒鳥沢沿いの林道に進み、5分ほど行ったところで登山道に転ずる。分岐の道標を見落とさないよう注意しよう。

この登山道は、昔使われていた木材搬出のための軌道の跡を利用したもので、ゆるやかな登りが「水場」まで続く。カラマツ林が黒木の樹林に変わると**水場**。屛風橋で渡った駒鳥沢の源頭にあたり、付近は平地で、休むには好適だ。

水場からは樹間の急なジグザグ道になる。これを登り終えると平坦なダケカンバ林に変わり軌道跡を数分行けば**みどり池**に着く。みどり池は稲子岳の山裾にある小さな池。東岸にしらびそ小屋が建ち、水辺からは天狗岳（東天狗）や硫黄岳が好景をもって望まれる。

みどり池から中山峠方面へ軌道跡を6〜7分進むと、これからたどる本沢温泉への道が左に分かれる。左折した道は若木の林に坦々と続く。樹の背が低いので天狗岳や稲子岳がよく見える。黒木の林に入り込むとともに登り道となり、尾根の腹をジグザグに登ってその背を越える。反対側も似たような針葉樹林。斜面を大きく横切って下ったのち笹原を下ると、湯川左岸の、本沢温泉入口方面からの車道にとび出す。右折して10分も行くと**本沢温泉**に着く。宿は湯元本沢温泉一軒。湯川の川辺にキャンプ指定地がある。

第2日

夏沢峠から天狗岳・稲子湯へ

●歩行5時間50分
●累積標高差七〇〇㍍（本沢温泉―西天狗）

本沢温泉（1時間↓↑40分）夏沢峠（50分↓↑40分）根石岳（40分↓↑30分）天狗岳・東天狗（15分↓↑15分）西天狗（15分↓↑15分）東天狗（40分↓↑1時間）中山峠（1時間↓↑1時間40分）みどり池（20分↓↑35分）水場（25分↓↑35分）屏風橋（25分↓↑40分）稲子湯（小海町営バス24分）松原湖駅南口（同バス9分）小海駅

この日は夏沢峠への登りではじまる。本沢温泉を出ると、シャクナゲのまざるカラマツ林の登りとなり、湯川の河原に同温泉の露天風呂を見て通り過ぎたあたりからは針葉樹の林に変わる。暗い道が夏沢峠まで続く。急なところはジグザグが切ってある。**夏沢峠**には、山びこ荘、ヒュッテ夏沢と二軒の小屋が縦走路をはさんで建ち、ヒュッテ夏沢の北側からオーレン小屋方面への道が下っている。南に硫黄岳の火口壁が荒々しく望まれる。

天狗岳へは、その硫黄岳を背に主脈縦走路を北へ向かう。針葉樹林にゆるやかな登りが続く。縦走路が西へ向きを変えるあたりからは、傾斜はさらにゆるみ、

林間のプロムナードといった感じの道を行くと、箕冠《みかぶり》山東方の丁字路にぶつかる。左へ行くとオーレン小屋、縦走路は右だ。右折してわずか下ると根石岳との鞍部に出る。広々とした砂礫地は、夏（7月）には一面のコマクサの海だ。西端に根石山荘が建っている。

鞍部から岩礫の斜面をひと登りすると**根石岳**の小さな頂に出、天狗岳の双頭が目の前になる。本沢温泉からの白砂新道を合わせる反対側の鞍部へは岩尾根を下る。この鞍部から天狗岳の登りになる。下半は岩礫の斜面、上部へ行って岩稜になる。下半の傾斜がきつい。山頂直下の鎖の掛かるやせ尾根は、足元に充分注意が必要だ。出たところは**東天狗**の頂上。北八ガ岳方面の展望がはじめてひらける。が、ここからの眺めは、なんといっても南八ガ岳がいちばん、硫黄岳の爆裂火口を前面に押しだした景観が壮大だ。隣の最高点・**西天狗**は、30分ほどで簡単に往復できる。

天狗岳から中山峠にかけては二通りのコースがあるが、主稜線づたいに下るものが、峠に直接出られ時間的にも早い。もうひとつは、摺鉢池の西縁を回り、黒百合平を経て中山峠にいたるものだ。分岐は、東天狗のすぐ北に聳える岩峰を巻き終えた地点。そこまでは岩尾根を下る。主稜線コースは分岐からすぐ急坂になるがいっときのもの、のちに熔岩台地のゆるい下りとなり、樹間の**中山峠**に出る。西（左）へ林の中を5分ほど行ったところが黒百合平で、一角に黒百合ヒュッテが建っている。

中山峠からみどり池に下る。針葉樹林を脱するあたりまでは急な下りが続く。ダケカンバが目立つようになると傾斜は落ち、林間のおだやかな道を進むと軌道跡に出合う。1～2分で、前日通った本沢温泉分岐に出る。あとは往路をみどり池―稲子湯と下り、バスで松原湖駅または小海駅に出る（天狗岳―中山峠間については86頁の「16渋ノ湯から黒百合平・天狗岳」の項に、中山峠―みどり池間については116頁の「20稲子湯からみどり池、にゅう」の項に詳述）。

交通アクセス

●**バス**　小海駅～稲子湯間は4月下旬から11月下旬の運行で一日三～四便。期間外は山麓の稲子までとなり、徒歩の所要時間は、稲子（2時間↓↑1時間30分）稲子湯。小海町営バス☎〇二六七92二五二五。

●**タクシー**　小海駅～稲子湯（所要約25分・約四八〇〇円・下山時要予約）小海タクシー（八台）☎〇二六七92二一三三〈小海町〉。タクシーは通年、稲子湯まで入る。

宿泊

稲子湯旅館（八〇人収容）通年営業、二食付・弁当可、素泊り可。

しらびそ小屋（六〇人収容）通年営業、二食付・弁当可、素泊り可。

湯元本沢温泉（一八〇人収容）通年営業、二食付・弁当可、素泊り可。

山びこ荘（四〇人収容）4月下～11月上・年末年始営業、二食付・弁当可、素泊り可。

ヒュッテ夏沢（三〇〇人収容）4月25日～10月12日営業、二食付・弁当可、素泊り可。

根石山荘（一〇〇人収容）4月25日～11月10日・年末年始営業、二食付・弁当可、素泊り可。

黒百合ヒュッテ（二五〇人収容）通年営業、二食付・弁当可、素泊り可。

天狗岳白砂新道の分岐付近から南八ガ岳方面を見る

＊宿泊料金、営業状況等は事前に確認のこと。予約・連絡先は巻末192頁参照。

キャンプ地

みどり池キャンプ指定地（しらびそ小屋付近、一〇張、給水施設あり）。管理・連絡先はしらびそ小屋☎〇二六七96二一六五。

本沢温泉キャンプ指定地（湯元本沢温泉付近、一五張、給水施設あり）。管理・連絡先は本沢温泉☎〇九〇3140七三一二。

黒百合平キャンプ指定地（黒百合ヒュッテ付近、五〇張、湧水）。管理・連絡先は黒百合ヒュッテ☎〇二六六72三六一三。

コースメモ

二日目、水は本沢温泉で充分に用意すること。次の水場は黒百合平だが、ここは湧水のため涸れることがある。

技★★ 危★★

a 本沢温泉から天狗岳（白砂新道）

●歩行1時間55分
●標高差五四〇㍍（本沢温泉—東天狗）

本沢温泉（1時間30分↓↑50分）天狗岳・根石岳の鞍部（25分↓↑15分）東天狗

本沢温泉から天狗岳と根石岳との鞍部に直接出るコース。夏沢峠を回るよりも歩行時間は30分ほど少なくてすむが、上部で急な登りを強いられる。利用者が少ないため全体的に道は荒れぎみだが、コースははっきりしている。

登り口は**湯元本沢温泉**の建物の夏沢峠側。そこから林の中の平らな道を進んで小沢を渡り、その先でもう一本、幅広の荒れた沢を横切る。上方に根石岳が見える。二本目の沢を渡るとやや急な登りとなり、尾根状のところに出てわずか進んだのち左折（直進しないように注意。指導標がある）、平坦地に下る。が、すぐ急坂に転じ、登り終えた付近で樹林は針葉樹からダケカンバに変わる。一時ゆるんだ勾配も、主稜線を間近にすると再び強まり、草付の岩道を登りつめると、白砂に覆われた広い**鞍部**に出る。岩礫の斜面からやせた岩稜へと縦走路を登ると**東天**

狗の頂上に着く。

技★危★ b本沢温泉から稲子・海尻

●歩行3時間

本沢温泉（1時間25分↓↑2時間10分）本沢温泉入口（15分↓↑20分）稲子小屋（40分↓↑1時間）稲子登山入口（40分↓↑50分）JR小海線海尻駅

稲子湯までバスが入るようになってすたれてしまったが、稲子から稲子牧場を通って本沢温泉、夏沢峠にいたるこの道は、昔日の「夏沢峠越え」のメインストリート、現在は車道（許可車のみで、車の往来はほとんどない）に変わっている。特別な目的でもない限り、今日この道を登りにとることはまずないと思われるが、下山路としての利用価値は充分にある。

本沢温泉の下でみどり池への道を分けたのち稲子湯方面からの林道と交わる本沢温泉入口までは一本道。はじめ湯川の流れを右下に見て尾根の南側を進み、途中で北側に移る。暗い針葉樹林からカラマツやシラカバの生える明るい林へと徐々に変わり、一般車の進入を制限するためのゲートを通り過ぎた先には、天狗岳の眺めがいい、ひらけたところがある。

稲子湯方面からの林道と出合い、さらにその先でもう一本林道を横切ると**稲子小屋**に着く。このあたりが昔の稲子牧場だ。雑木林の中に通ずるゆるやかな道をなおも下り続けると、下方に稲子の集落が見えだし、バス道路に出る。出たところに**稲子登山入口**バス停がある。ここから小海駅行のバスに乗ってもいい。小海まで20分ほどだ。

海尻駅（松原湖よりも近い）まで歩く場合は、集落の中を行くバス道路を進み、大月川にかかる稲子橋の手前でそれと別れ右折する。あとは道なり。途中、芦平という集落を通る。国道一四一号線に出たら、それを渡って海尻集落に入り、突き当たって右へ行くと駅への道に出る。千曲川を渡ったところが**海尻駅**だ。

114

体★★★ 技★★ 危★★☆

MAP 22～23・24～25・33・58～59・87・104～105P

アルペン気分満点、花と展望の岩尾根を行く南八ガ岳縦走

19 天狗岳から赤岳・編笠山

●奥蓼科→天狗岳→硫黄岳→大ダルミ⌂→横岳→赤岳→権現岳⌂→編笠山→小淵沢駅
●2泊3日（東京早朝発） 適期 7中～9下
●5万図 蓼科山、八ケ岳 2・5万図 蓼科、八ケ岳西部、八ケ岳東部、小淵沢

岩礫の東天狗頂上。遠景は北八ガ岳方面

天狗岳、硫黄岳、横岳、赤岳、権現岳、編笠山——南八ガ岳主脈にそびえる高峰六座を踏む本格的な稜線縦走。スリリングな岩稜歩き、「独立峰」八ガ岳ならではの大展望、そしてコマクサをはじめとする高山植物（7月）など、楽しみに満ちたアルペンコースだ。

南八ガ岳縦走というと「硫黄岳から編笠山まで」と考えられがちだが、天狗岳を加えたほうがめりはりがつき、より充実した登山になる。小淵沢からの長い山麓道を登りにするのを避けたいがため、南八ガ岳の縦走はこれまで「小淵沢へ下山」の南下で多く行なわれてきたが、観音平までのタクシー利用を前提とすれば「北上」も決して不利ではない。

ここでは「南下」をとり、硫黄岳と権現岳とに泊まる二泊三日行程とした。一日目は、渋ノ湯の歩きだしが午前11時ごろとなり、時間的に少々窮屈なので、夏沢峠泊まりとしてもよかろう。それによって二日目の行程が特別きつくなるようなことはない。また、黒百合平と赤岳に泊まる二泊三日行程も考えられ、赤岳に一泊の前夜発一泊二日行程も健脚者なら可能だ。147頁の「28大河原峠から横岳・天狗岳（北八ガ岳縦走）」の項と組み合わせて「八ガ岳主脈全山縦走」を計画するのもよいだろう。

登山口の奥蓼科・渋ノ湯へは、JR中央本線茅野駅の駅前から通年でバスが出ている。下山時、観音平からJR中央本線小淵沢駅まではタクシーが使える。登山の適期は7月中旬から9月下旬だが、盛夏がいちばん。

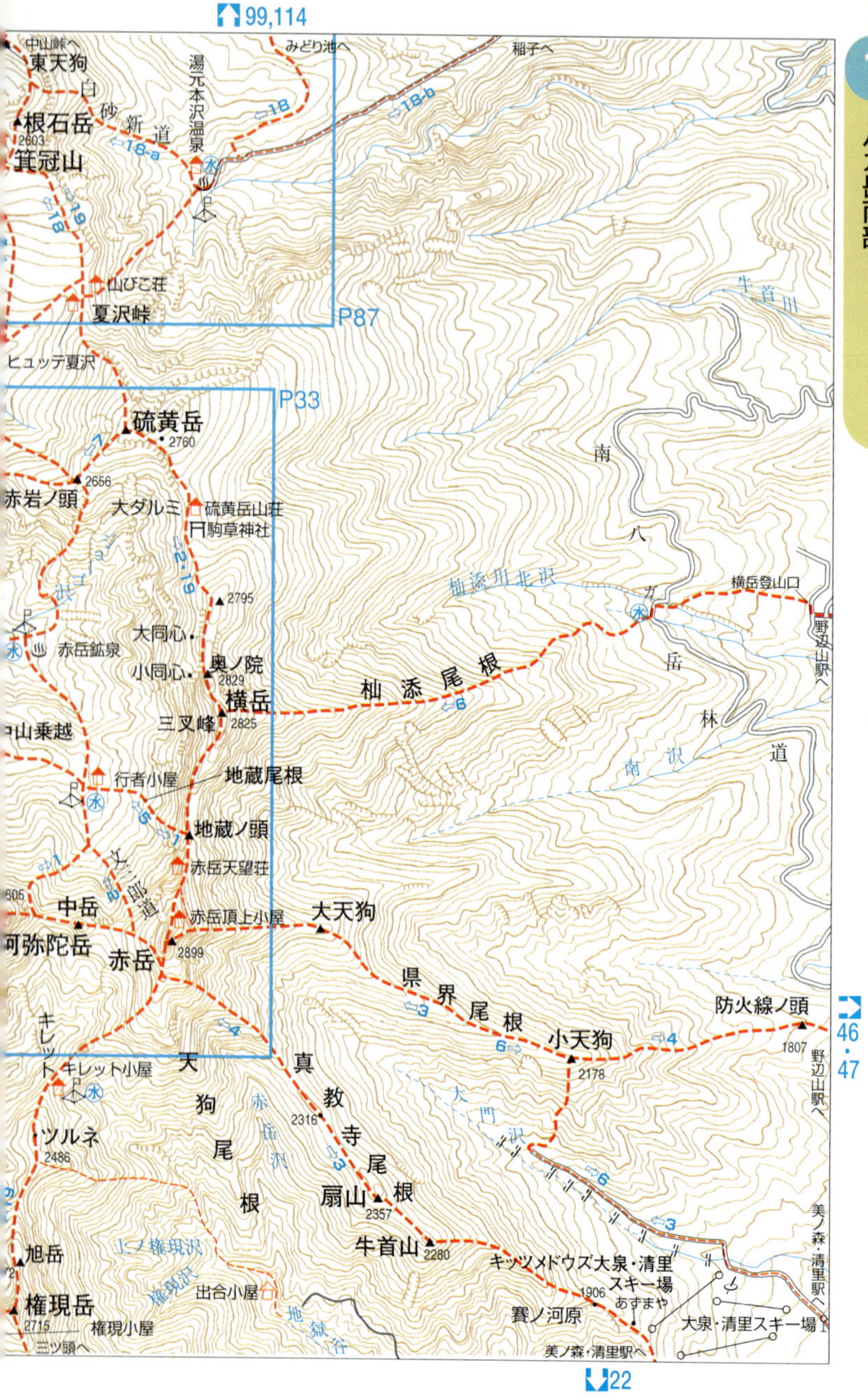
99,114
中山峠へ
東天狗
根石岳
2603
箕冠山
白砂新道
湯元本沢温泉
みどり池へ
稲子へ
山びこ荘
夏沢峠
ヒュッテ夏沢
P87
P33
牛首川
硫黄岳
2760
2656
赤岩ノ頭
大ダルミ
硫黄岳山荘
駒草神社
2795
大同心
赤岳鉱泉
小同心
奥ノ院
2829
横岳
三叉峰
2825
杣添尾根
杣添川北沢
横岳登山口
野辺山駅へ
南八ガ岳林道
南沢
地蔵尾根
行者小屋
地蔵ノ頭
文三郎道
赤岳天望荘
中岳
赤岳頂上小屋
大天狗
阿弥陀岳
赤岳
2899
県界尾根
防火線ノ頭
1807
小天狗
2178
46・47
野辺山駅へ
キレット
キレット小屋
天狗尾根
真教寺尾根
赤岳沢
大門沢
ツルネ
2486
2316
扇山
2357
牛首山
2280
キッツメドウズ大泉・清里スキー場
美ノ森・清里駅へ
旭岳
権現岳
2715
権現小屋
上ノ権現沢
権現沢
出合小屋
地獄谷
1906
あずまや
賽ノ河原
大泉・清里スキー場
美ノ森・清里駅へ
三ツ頭へ
22

58,115

59

唐沢鉱泉へ
唐沢鉱泉入口
河原木場沢
ショーユダル
西天狗
天狗
根石山荘
2339
広見へ
鳴岩川
桜平
ゲート
シラナギ沢
(次郎兵衛沢)
舟石
上槻木へ
1830
夏沢鉱泉
オーレン小
夏沢
峰ノ松目
2567
美濃戸口
茅野駅へ
柳川
1・2
2
赤岳山荘
美濃戸
北沢
美濃戸中
2387
八ケ岳山荘
美濃戸高原
やまのこ村
美濃戸山荘
弓振川
5
南沢
白河原
御小屋山
(御柱山)
2137
御小屋尾根
不動清水
中央稜
舟山十字路
可
ゲート
広河原沢
鹿ノ角
立場山
2370
立場川本谷
西岳
2398
15
富士見高原へ
編笠山へ
ギボ
0
1
2Km
7
17

78

第1日 渋ノ湯から天狗岳・硫黄岳へ

●歩行5時間55分
●累積標高差一〇七〇㍍（渋ノ湯―東天狗、硫黄岳）

茅野駅（諏訪バス50分）奥蓼科・渋ノ湯（1時間50分↓↑1時間20分）黒百合平（5分↓↑5分）中山峠（1時間↓↑40分）天狗岳・東天狗（15分↓↑15分）西天狗（15分↓↑15分）東天狗（30分↓↑40分）根石岳（40分↓↑40分）夏沢峠（1時間↓↑40分）硫黄岳（20分↓↑30分）大ダルミ

渋ノ湯からまず黒百合平に登る。この登りは中山からの尾根に出るまでの前半と、それからの後半と、大きくふたつに分けられる。前半は尾根の腹を登る樹間の道で、尾根の背に近づくにつれ急坂になる。後半は終始ゆるやかな登りだ、若木が茂る尾根上を進んだのち、針葉樹林の、岩のごろごろした沢をつめる。小さな草原、**黒百合平**には黒百合ヒュッテが建ち、ここから天狗岳に登る。

天狗岳への登路は、主稜線を行くものと、摺鉢池を回るものと二本あるが、主脈縦走ならば前者だ。このコースは、黒百合平から**中山峠**に出て登りはじめる。中山峠が、縦走の開始点ということになる。熔岩台地のゆるい登りが終わると岩尾根の急坂になり、登り終えたところで摺鉢池コースを合わせ、岩稜を進むと**東天狗**の頂に出る。これから歩く南八ガ岳の眺めがとりわけ壮観。最高点・**西天狗**の往復は30分ほどだ。

東天狗から岩礫の急斜面を鞍部に下り、岩尾根を登りかえすと**根石岳**に出る。前方にひらける砂礫の鞍部はコマクサ（7月）の群生地で、西端に根石山荘が建っている。その鞍部を横切り、針葉樹林のゆるやかな道を下り進むと**夏沢峠**に着く。山びこ荘、ヒュッテ夏沢と二軒の小屋があり、これから登る硫黄岳の斜面がよく眺められる（渋ノ湯から天狗岳にかけては86頁の「16渋ノ湯から黒百合平・天狗岳」の項に、天狗岳から夏沢峠にかけては前項に詳述）。

夏沢峠の先で樹林帯をぬけると、硫黄

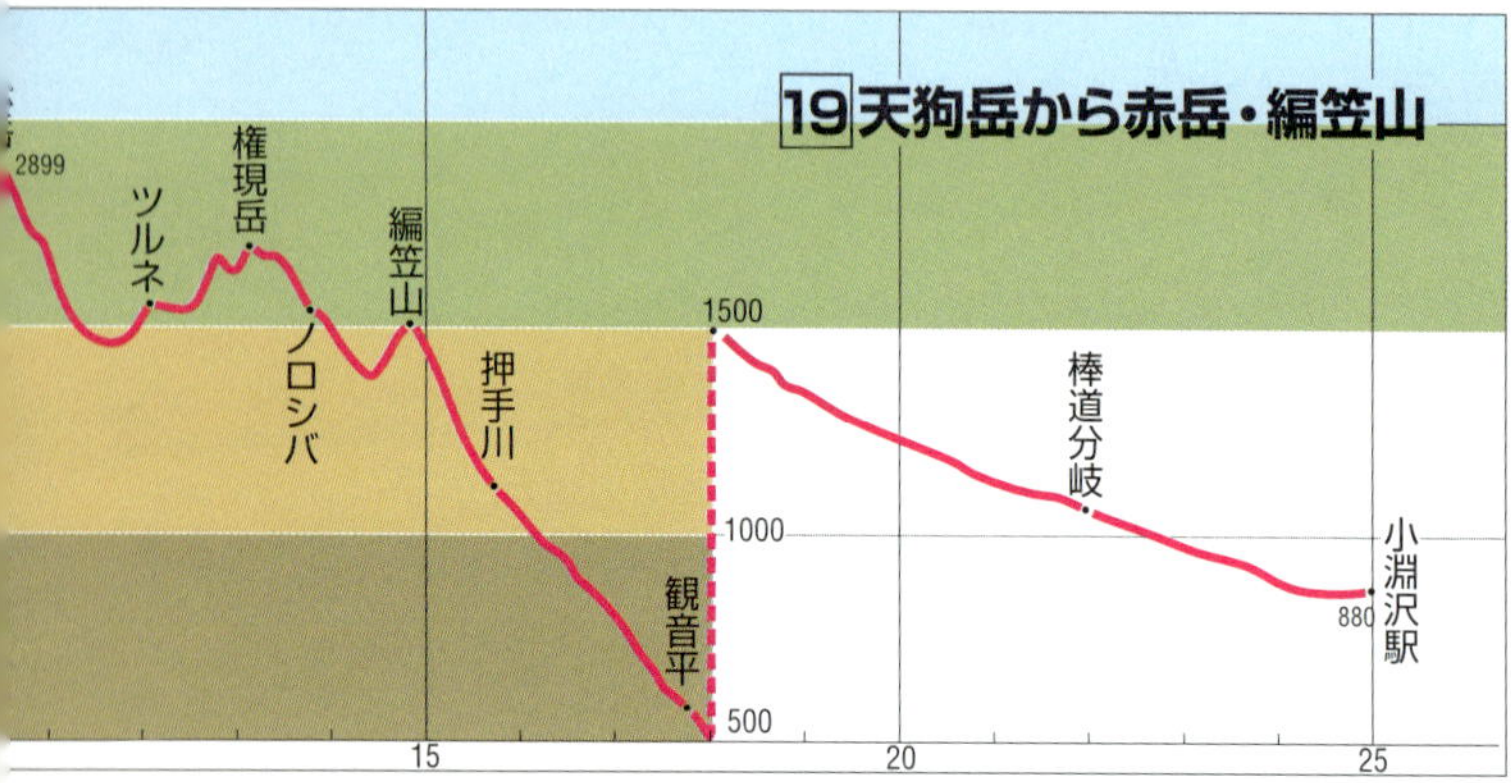

岳山頂まではずっと岩礫の斜面を行く。中ほどまでが少々きつい。ジグザグに登ってゆく。上半は傾斜がゆるみ、岩とハイマツの斜面を登り進むと、**硫黄岳**の岩礫に埋まる広い山頂に出る。阿弥陀岳、赤岳、横岳が目の前に屹立。横岳との鞍部、大ダルミには硫黄岳山荘が見える。そこまで20分ほど。**大ダルミ**一帯は、八ガ岳屈指の花の宝庫だ。

横岳・日ノ岳付近から見る赤岳。下に見える岩峰が二十三夜峰

第2日 横岳から赤岳・権現岳へ

●歩行5時間20分
●累積標高差八〇〇㍍（大ダルミ—横岳、赤岳、権現岳）

大ダルミ（1時間↓↑40分）横岳・奥ノ院（50分↓↑1時間）地蔵ノ頭（30分↓↑20分）赤岳（10分↓↑15分）真教寺尾根分岐（20分↓↑35分）天狗尾根分岐（50分↓↑1時間10分）キレット（20分↓↑15分）ツルネ（50分↓↑35分）旭岳下（30分↓↑20分）権現岳

大ダルミから横岳へ向かう。岩礫の荒れた斜面を登り、夏（7月）にはコマクサの群生が見られる砂礫地を行き、岩尾根に出てそれを進む。やせた岩稜に鎖や鉄梯子の架かる悪場を登りきると**横岳**主峰・奥ノ院の頂上。木の指導標が立つだけの平凡な頂だ。横岳は多くの岩峰を連ねる岩山、ここから赤岳との鞍部にかけては、それらを越えたり巻いたりしながら岩稜を行く。鎖場の多い険路だが、夏には多彩な顔ぶれが目を楽しませてくれる花の道でもある。

岩塔状の二十三夜峰を巻いたところで横岳は終わり、地蔵ノ頭、赤岳天望荘と平坦な岩尾根を進んだのち**赤岳**に登る。下部の、鎖の掛かる岩礫の斜面が、急で足元が悪く登りにくい。上部の岩稜を登りきると、赤岳頂上小屋の建つ北峰頂上

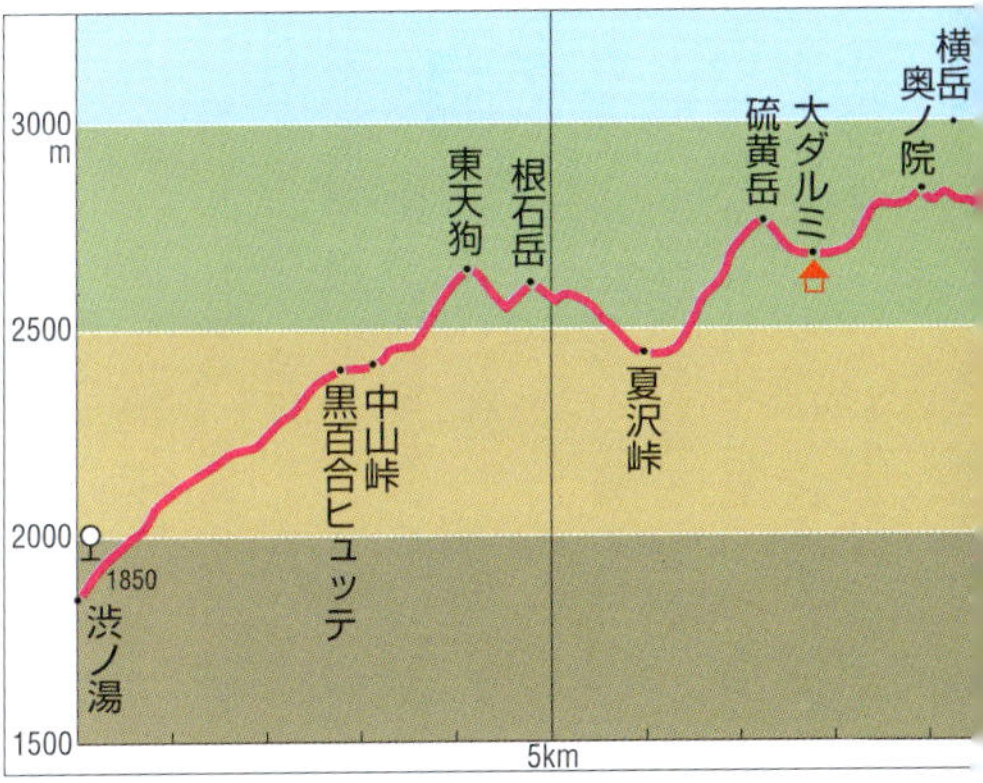

赤岳南方の稜線から見る権現岳。遠景は南アルプス

に出る。隣のコブが一等三角点の置かれた最高点の南峰だ。北峰からは来し方がよく眺められ、南峰からは、キレットの深い切れこみを隔てて権現岳が颯爽たる姿で望まれる（硫黄岳から横岳にかけては26頁の「1柳沢南沢から赤岳・阿弥陀岳」の項に詳述）。

赤岳からキレットに下る。高度差四五〇《メートル》の大下りだ。まず南峰から稜線の西側、鎖の断続する岩場を進んで竜頭峰を巻く。その先、天狗尾根分岐の手前までは比較的おだやかな岩尾根で快適に下れる。**天狗尾根**の岩峰（大天狗、小天狗）が左手に迫ると険しさを見せだし、分岐付近からは長い鎖場になる。天狗尾根にも踏み跡があるので、視界の悪いときは迷いこまぬよう注意が必要だ。

鎖場が終わるとこんどは、足元のきわめて悪い岩礫斜面の急下降。赤岳―キレット間にあって、もっともいやなところだ。浮き石だらけなので、落石をせぬよう、受けぬよう充分気をつけたい。ペンキ印を忠実にたどろう。この悪場を下り終えると一変、平穏な尾根となり、砂礫のコブを越え、ダケカンバ林を行くと**キレット**の底に着く。振り返れば赤岳がずいぶんと高い。キレット小屋が建ち、近くにキャンプ指定地がある。

キレットから権現岳に登る。高度差二五〇《メートル》の登りだ。樹間を登って岩塊に覆われた小さなコブを越え、やや東（左）へ向きを変えた縦走路を進むと**ツルネ**に着く。ありふれた砂礫のコブだが、南斜面にはコマクサが多い。

ツルネの先でもうひとつ突起を越えると、権現岳の前衛峰、旭岳の登りになる。急峻な岩尾根だ。高度がぐんぐん上がる。**旭岳**は西側山頂下を巻き、下った鞍部から急坂を権現岳へ登りかえす。大半は、六一段という長い鉄梯子（源治梯子の名がある）の登りだ。それに続く鎖場を登り終えるとハイマツの尾根となり、三ツ頭方面からの道を合わせる三差路に出る。**権現岳**の最高点は左手に見える岩峰だが、展望を楽しみ、のんびり過ごすにはこの三差路付近がいい。赤岳が均整のとれた姿で望まれる。稜線南側直下に権現小屋がある。時間があるようだったら青年小屋まで足を伸ばしてもいい。

第3日 編笠山から小淵沢へ

●歩行5時間5分
●標高差一五〇〇㍍（青年小屋―編笠山）

ツルネの登りから振り返るキレット小屋と赤岳。右に天狗尾根の岩峰群

権現岳（40分↓↑1時間）ノロシバ（20分↓↑30分）青年小屋（30分↓↑20分）編笠山（40分↓↑1時間15分）押手川（25分↓↑35分）雲海（35分↓↑50分）観音平（55分↓↑1時間15分）棒道分岐（1時間↓↑1時間10分）小淵沢駅

　赤岳方面から望むとき権現岳の右にそれと一対をなしてそびえる**ギボシ**の岩峰、この日はそれをまず越える。頂上を行かずに直下、古杣川側を巻くが、岩礫の急斜面で足場が悪い。西ギボシとの鞍部まではほとんど鎖づたいだ。南面の岩地は花が多い。次の**西ギボシ**もやはり稜線直下を巻き、ガレ場状の急斜面をジグザグに下るとノロシバとの鞍部に着く。木立の中のおだやかな道となり、ハイマツに包まれた小突起、**ノロシバ**を越え、林の中を下ってゆくと**青年小屋**の建つ広い鞍部に出る。西岳方面へ5分ほど行くと、いい水場（乙女ノ水）がある。

　青年小屋から、本縦走最後のピーク、編笠山へ向かう。巨岩累々とした斜面を登り、続く樹林の切り開きを登ると、フィナーレを飾るにふさわしい明るい広々とした**編笠山**山頂に出る。南アルプスの眺めが雄大。振り返り見る、赤岳を中心とした八ガ岳も好景だ。

　編笠山から小淵沢駅へは徒歩で3時間半。観音平までは樹林の尾根を下り、**押手川**までが急坂だ。観音平の下で車道に出たのち棒道分岐の先までは、八ガ岳公園道路、棒道等を横切りながらまっすぐ南へ向かう。棒道分岐の先にあるゴルフ場を左に見て通りすぎたところで左折（角に小淵沢町の水道施設がある）、すぐ右折して、一本東寄りの道を南へ進む。小海線、中央自動車道と相次いで横切ると**小淵沢駅**は近い（編笠山から小淵沢駅にかけては76頁の「14観音平から編笠山・信玄棒道」の項に詳述）。

交通アクセス

●**バス**　茅野駅〜奥蓼科間は通年運行で一日三便。ただし、始発便（茅野駅発6時35分）は土・日祝日と7月下旬〜8月末の毎日運行。諏訪バス茅野駅前案内所☎〇二六六72二一五一。

●**タクシー**　茅野駅〜渋ノ湯（所要約40分・約七〇〇〇円）アルピコタクシー（六七台）☎〇二六六71一一八一、高島タクシー☎〇二六六72四一六一、中山タクシー☎〇二六六72七一八一他〈茅野市〉。観音平〜小淵沢駅（所要約20分・約三五〇〇円・要予約）小淵沢タクシー（一三台）☎〇五五一36二五二五〈小淵沢市〉。

タクシー利用のさいは、観音平の電話でよぶことができる。

宿泊

渋御殿湯（一三〇人収容）通年営業、二食付・弁当可。

渋ノ湯ホテル（六〇人収容）4月下〜11月中営業、二食付・弁当可、素泊り可。

渋辰野旅館（八〇人収容）通年営業、二食付・弁当可。

明治温泉（八〇人収容）通年営業、二食付・弁当可。

黒百合ヒュッテ（二五〇人収容）通年営業、二食付・弁当可、素泊り可。

根石山荘（一〇〇人収容）4月25日〜11月10日・年末年始営業、二食付・弁当可、素泊り可。

山びこ荘（四〇人収容）4月下〜11月上・年末年始営業、二食付・弁当可、素泊り可。

ヒュッテ夏沢（三〇〇人収容）4月25日〜10月12日営業。二食付・弁当可、素泊り可。

硫黄岳山荘（三〇〇人収容）4月下〜11月下・年末年始営業、二食付・弁当可、素泊り可。

赤岳天望荘（三〇〇人収容）4月下〜11月下・年末年始営業、二食付・弁当可、素泊り可。

赤岳頂上小屋（二〇〇人収容）4月下〜11月上・年末年始営業、二食付・弁当可、素泊り可。

キレット小屋（一〇〇人収容）7月中〜8月下営業、二食付・弁当可、素泊り可。

権現小屋（五〇人収容）4月下〜11月上営業、二食付・弁当可、素泊り可。

青年小屋（一五〇人収容）4月下〜11月上営業、二食付・弁当可、素泊り可。

観音平グリーンロッジ（八〇人収容）4月下〜11月上営業・要予約、素泊りのみ。

＊宿泊料金、営業状況等は事前に確認のこと。予約・連絡先は巻末192頁参照。

キャンプ地

黒百合平キャンプ指定地（黒百合ヒュッテ付近、五〇張、湧水）。管理・連絡先は黒百合ヒュッテ☎〇二六六72三六一三。

オーレン小屋キャンプ指定地（夏沢峠西方オーレン小屋付近、五〇張、湧水）。管理・連絡先はオーレン小屋☎〇二六六72三九四〇。

キレットキャンプ指定地（キレット小屋付近、一五張、湧水）。管理・連絡先はキレット小屋☎〇四六七87〇五四九。

編笠山キャンプ指定地（青年小屋付近、二〇張、湧水）。管理・連絡先は青年小屋☎〇五五一22二九〇〇。

観音平のグリーンロッジ付近にも五張ほど張れるが、キャンプ場利用にさいしては管理者の小淵沢町教育委員会☎〇五五一36三一二五に予約が必要。

コースメモ

コース上の水場は、黒百合平、キレット、青年小屋付近の三カ所。黒百合平とキレットは日照りが続くと涸れることがある。夏沢峠でも、西方のオーレン小屋まで下れば水が得られる。補給を要する場合は、箕冠山東方の分岐からオーレン小屋に下り、夏沢峠に登るとよい。各小屋でも極度の水不足でない限り、宿泊者には分けてくれる。

2

北八ガ岳

みどり池／白駒池／雨池
高見石
八千穂高原
坪庭
横岳

北八ガ岳・蓼科山
1：80,000
0
1Km
臼田町
佐久町
長野県
八千穂村
小海町
石堂川
大石川
入堂川
無水川
荒倉川
茨沢川
大月川
八柱山
雨池
八千穂自然園
八千穂レイク
八千穂高原自然園
八千穂高原スキー場
千代里牧場
剣ガ峰
大石峠
麦草峠
白駒池入口
諏訪門
青苔荘
白駒池
白駒ヒュッテ
丸山
高見石小屋
にゅう
稲子湯
稲子小屋
小海リエックススキー場
中山
稲子岳
黒百合ヒュッテ
中山峠
みどり池
しらびそ小屋
本沢温泉入口
天狗岳
東天狗
西天狗
根石岳
箕冠山
本沢温泉
夏沢峠へ
299
141
2.10
0.30
0.15
1.30
1.05
0.45
1.15
0.25
1.10
0.40
2.00
2.20
1.20
1.35
0.55
0.05
1.50
1.00
1.40
1.55
0.35
小海線八千穂駅・長野新幹線佐久平駅へ
長野IC へ
長野へ
東京へ
佐久平
佐久IC
麦草峠へ
練馬IC へ
八千穂
小海線
松原湖
海尻
小淵沢へ
中央道須玉IC へ

望月町
142
長野新幹線佐久平駅・
上信越道佐久ICへ
蓼科牧場
白樺高原
スキー場
御泉水
自然園
七合目
望月町
春日渓谷
春日
松本へ
上諏訪
中央本線
茅野へ
白樺湖
152
茅野駅へ
白樺高原
棒ガ沢
棒ガ沢温泉
ビーナスライン
立科町
前掛山
大河原峠
大河原ヒュッテ
1.00
双子山
蓼科山荘
蓼科山
0.50
0.35
0.25
天祥寺原
滝ノ湯川
亀甲池
1.40
0.50
1.05
大岳
横岳
1.45
1.05
縞枯山荘
白樺2in1スキー場
南平
八子ガ峰
スズラン峠
蓼科山登山口
竜源橋
1.30
ピラタスの丘
ピラタス横岳ロープウェイ
山頂
0.15
雨池峠
0.50
縞枯山
0.20
0.55
ピラタス蓼科スキー場
山麓
茶臼山
五辻
0.20
親湯入口
親湯
滝ノ湯
0.40
出逢ノ辻
狭霧苑地
メルヘン街道
蓼科温泉
蓼科高原
蓼科湖
北山
299
1.30
冷山
奥蓼科
渋ノ湯
松本IC へ
上諏訪へ
白樺湖へ
中央自動車道
152
中央本線
明治湯
渋川温泉
横谷温泉
渋辰野館前
渋川
0.40
0.35
諏訪IC
茅野
0.30
0.40
0.30
八方台
0.25
0.15
茅野市
0.35
湖東
角名川
高井戸IC へ
新宿へ
唐沢鉱泉入口
2.25
広見
1.50
3.00
三井の森
上槻木へ
夏沢鉱泉へ

八千穂駅へ
八千穂レイク
八千穂自然園
千代里牧場
八千穂高原自然園
大石川
八千穂高原スキー場
1807
299
剣ガ峰
2010
諏訪門
P121
2084
青苔荘
白駒池
白駒荘
小海リエックススキー場
白樺尾根
1818
松原湖駅・小海駅へ
稲子湯旅館
稲子湯
白駒林道
石楠花尾根
にゅう
2352
屏風橋
唐沢橋
大月川
1717
駒鳥沢
稲子岳
2380
本沢温泉入口
稲子へ
102
百合平
中山峠
しらびそ小屋
みどり池
擂鉢池
ゲート
1987
天狗岳
東天狗
湯川
白砂新道
湯元本沢温泉
根石岳
根石山荘
2603
本沢温泉
冠山
P87
0
1
2Km
山びこ荘
ヒュッテ夏沢
夏沢峠
硫黄岳へ
24

127・126

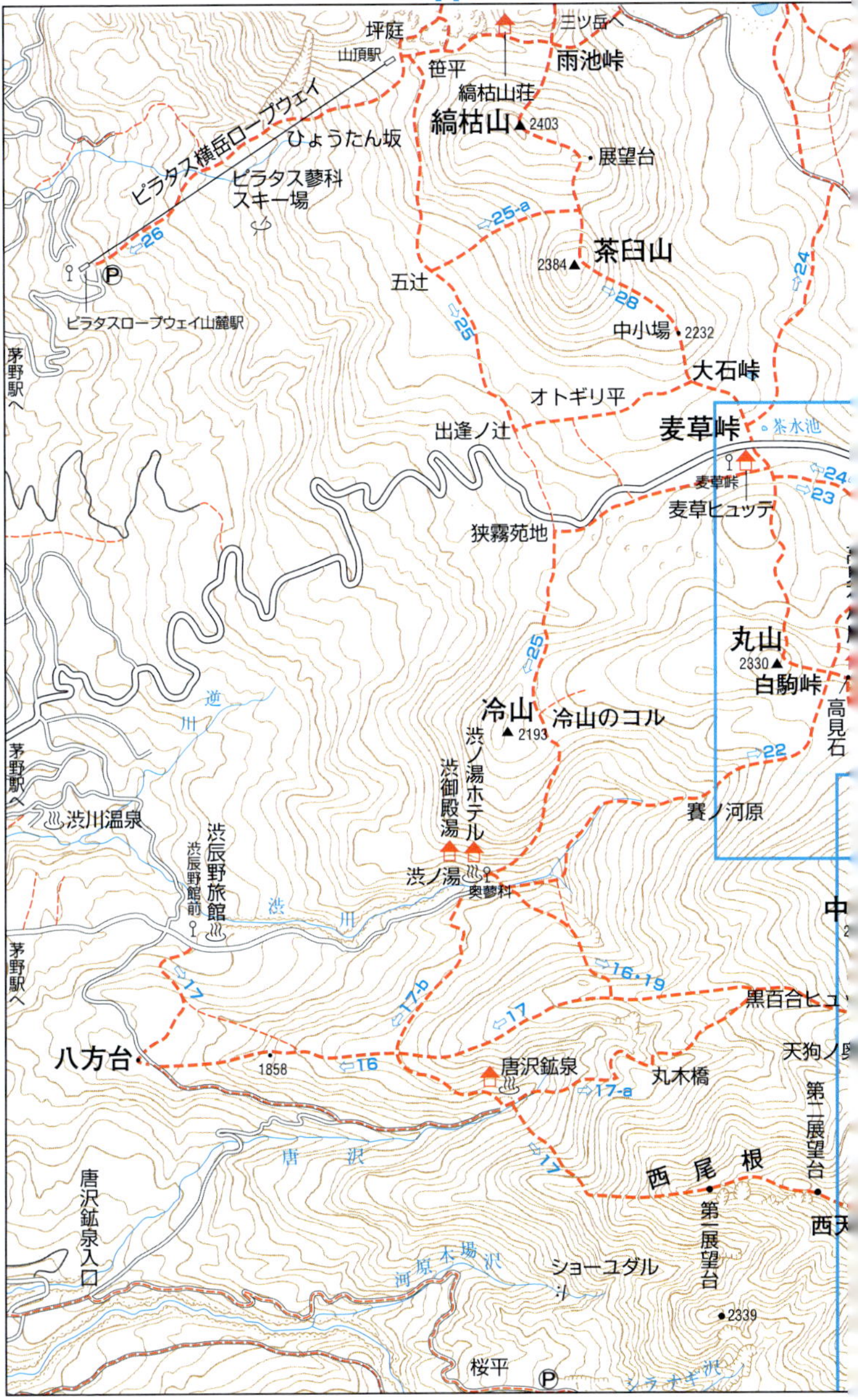

59・58,25

体★★ 技★☆ 危★☆

MAP 87・114～115P

樹上に遊ぶリス、枝を渡る小鳥たち、小さな頂からの大展望

20 稲子湯からみどり池・にゅう

●稲子湯→みどり池🏠→中山峠→にゅう→白駒林道→稲子湯
●1泊2日（東京早朝発） 適期 5下～10中
●5万図 蓼科山 2・5万図 松原湖、蓼科

中山―中山峠間から主稜線と分かれて北東へ延びる尾根、その途中にある小岩峰がにゅうである。地形図には、ただ三角点記号と二三五一・九㍍の標高が記されているだけで、名称の記載はない。主稜線上の山々に比べてまだまだおとずれる登山者は少なく、それだけに、北八ガ岳らしい静寂な気分を濃く残し、小岩峰ながら頂からの眺めは雄大だ。「にゅう」というのは、刈り取り後の稲を積み上げた稲叢《いなむら》（形状が類似）のことといわれる。いっしょに歩くみどり池も、リスや小鳥が多く遊ぶ北八ガ岳らしいところだ。にゅうを歩くときの好パートナーといっていい。

登・下山口は稲子湯。JR小海線小海駅から松原湖駅（バス停名は松原湖駅南口）経由で、4月下旬から11月下旬までの間、バスが出ている。二日目は、にゅうから白駒池、高見石方面、あるいは白駒池から麦草峠方面へ向かうのも方法だ。前夜発の日帰りも可能。

逆コースで歩く場合は、途中に適当な小屋がないので、前日、稲子湯に泊まって一日で回ることになる。登山の適期は5月下旬～10月中旬。

第1日 稲子湯からみどり池へ

●歩行1時間50分
●標高差五四〇㍍（稲子湯―みどり池）

小海駅（小海町営バス10分）松原湖駅南口（同バス29分）稲子湯（40分↓↑25分）屏風橋（35分↓↑25分）駒鳥沢の水場（35分↓↑20分）みどり池

みどり池の畔に建つしらびそ小屋

稲子湯からみどり池までは2時間弱の登り。最初の30分あまりは、蛇行する林道を再三横断しながら登る。二度目に林

中山峠南方の台地上から見るにゅうの小岩峰

道と出合った地点（三差路をなしている）、唐沢橋の手前に白駒林道コース（林道、の名がついていてまぎらわしいが、これはふつうの登山道）の登り口があり、次の日はここに下ってくる。**屏風橋**から7～8分登ったところで林道歩きは終わり、軌道跡を利用した登山道を行くようになる。カラマツ林のゆるい登りが続く。黒木の林に入ると**駒鳥沢の水場**、ここで急坂のジグザグ道に転じ、登り終えてダケカンバ林をわずか進むと、**みどり池**に着く。

みどり池は、稲子岳直下の平地にある、浅い小さな池。周囲を樹林に囲まれてはいるが、東から南にかけては木の背が低く、天狗岳（東天狗）や硫黄岳が、池や木立を前景にして絵のごとく眺められる（118頁写真）。池の畔に建つしらびそ小屋ではリス（ニホンリス）の餌付けをしており、朝になると窓辺にたくさんやってくる。小屋の近くにキャンプ指定地がある（稲子湯からみどり池にかけては97頁の「18稲子湯から夏沢峠・天狗岳」の項に詳述）。

第2日 みどり池からにゅう・稲子湯へ

●歩行4時間30分
●標高差三一〇㍍（みどり池―にゅう）

みどり池（1時間40分↓↑1時間）中山峠（20分↓↑15分）にゅう分岐（35分↓↑40分）にゅう（25分↓↑35分）白駒林道・白樺尾根分岐十字路（40分↓↑1時間10分）石楠花尾根上端（30分↓↑40分）林道（10分↓↑15分）唐沢橋（10分↓↑15分）稲子湯（小海町営バス29分）松原湖駅南口（同バス9分）小海駅

みどり池から天狗岳へ向かって、前日歩いた軌道跡の続きを6～7分行くと、中山峠への道と本沢温泉方面への道との分岐に出る。目指す中山峠はそのまま軌道跡を直進するが、一〇〇㍍ほど進むと急に草深くなり、登山道が右に分かれる。誤ってそのまま軌道跡を進むようなことはないと思うが、いちおう注意しながら行こう。

登山道は、ダケカンバと黒木との混生林に、稲子岳に向かうようにしてゆるい登りで続く。西（左）へ向きを変えるあ

東天狗を映す朝のみどり池

たりからはダケカンバ林を多く行くようになり、稲子岳南壁の荒々しい様子が林越しによく見える。が、それも束の間、暗い針葉樹林へと入りこむ。

　みどり池から中山峠へのこの登りは、針葉樹林に入ってからの最後の登りがきつい。高度差にして二〇〇メートルほどの急坂だ。峠の直下がとりわけきつく、大きなジグザグを二度三度と切りながら頭上の峠へ向かう。**中山峠**は巨岩を散らした小さな鞍部で、登ってきた東側がひらけ、西側は林になっている。その林の中を5分ほど行くと黒百合平に出る。大休止ならそこまで行ってするとよかろう。明るい小草原をなし、西の隅に黒百合ヒュッテが建っている。

　中山峠からにゅうへは、まず主脈縦走路を北へ、分岐点へと向かう。ダケカンバの林をひと登りすると「展望台」とよばれる、明るくひらけた場所に出、天狗岳が東天狗、西天狗そろったいい姿で眺められる。そのあたりからはシラビソ林に変わり、目的のにゅうを木の間に見ながら急崖の縁に沿った、ゆるやかな登り坂を行く。縦走路が急崖をはなれると**にゅう分岐**。中山を経て高見石へと続く道と分かれて、右折する。

　分岐からはシラビソ林にゆるい下り坂が続き、時折、樹林が切れると、右下に凹地（主稜線―にゅう―稲子岳を結ぶ尾根に囲まれた大きな窪地）がのぞかれ、その向こうには硫黄岳が見えている。登山道は、中間でいっとき凹地の上縁をはなれて小尾根状の斜面へと移るが、再び凹地上縁に戻り、小さなコブを越える。それを越えたところがにゅうの基部で、こんもりした岩峰が目の前に迫り、下山に使う白駒林道方面への道が北側の樹林に下っている。

頂上へは、左手から回り込むようにして巨岩の堆積を登る。**にゅう**の頂は狭く、三角点だけでなにもない。展望はよく、南方には天狗岳と硫黄岳、それに、遠くに富士山が望まれる。北八ガ岳の頂上で富士山が見えるのは、ここと八柱山山頂との二カ所だけだ。北方の眺めは一段と雄大。針葉樹原生林の樹海が、眼下の白駒池をアクセントにして大きくひろがっている。

基部まで戻り、白駒林道方面への道に入る。先ほど主稜線から下ってきた枝尾根を前進するような恰好で北東へと下る。樹間の道だ。基部の直下が少々急だが、すぐに傾斜は落ちる。白駒池方面への道を左に分け、にゅうの下を巻くようにして、尾根とは思えないような広い斜面を下ってゆく。伐採地を横切り、再び樹林帯に入ったところで白駒林道の分岐に出合う。ここは、稲子湯上と白駒池とを結ぶ白駒林道に、にゅう—白樺尾根コースが交わる**十字路**、稲子湯へは右折して進む。

分岐からの道(白駒林道)は、伐採地や涸れ沢を通りながら樹林帯に続く。急な下りだが、石楠花尾根まで下ると傾斜は落ち、樹林も針葉樹から雑木まじりの林に変わる。**林道**に出たらそれを前方へ3〜4分行き、再び登山道に入って林道を下り進むと、前日通った、唐沢橋近くの登山口に出る。**稲子湯**に下り、バスかタクシーで小海駅あるいは松原湖駅に出る(白駒林道については次項に詳述)。

交通アクセス

●**バス**　小海駅〜稲子湯間は4月下旬〜11月下旬の運行で一日三〜四便。期間外は芦平行きに乗車、稲子で下車して徒歩となる。所要時間は稲子（2時間↓・↑1時間30分）稲子湯。小海町営バス☎〇二六七92二五二五。

●**タクシー**　小海駅〜稲子湯（所要約25分・約四八〇〇円・下山時要予約）小海タクシー（八台）☎〇二六七92二一三三〈小海町〉。タクシーは通年、稲子湯まで入る。

宿泊

稲子湯旅館（八〇人収容）通年営業、二食付・弁当可、素泊り可。

しらびそ小屋（六〇人収容）通年営業、二食付・弁当可、素泊り可。

黒百合ヒュッテ（二五〇人収容）通年営業、二食付・弁当可、素泊り可。

＊宿泊料金、営業状況等は事前に確認のこと。予約・連絡先は巻末192頁参照。

キャンプ地

みどり池キャンプ指定地（しらびそ小屋付近、一〇張、給水施設あり）。管理・連絡先はしらびそ小屋☎〇二六九96二一六五。

黒百合平キャンプ指定地（黒百合ヒュッテ付近、五〇張、湧水）。管理・連絡先は黒百合ヒュッテ☎〇二六六72三六一三。

コースメモ

二日目、水はみどり池で充分に用意すること。黒百合平に水場はあるが、湧水のため涸れることがある。

体★★ 技★☆ 危★☆

MAP 114～115・121P

シャクナゲの林、苔むす針葉樹原生林をたどる樹海コース

21 稲子湯から白駒池・にゅう

●稲子湯→白駒林道→にゅう→白駒池⌂→白樺尾根→稲子湯
●1泊2日（東京早朝発） 適期 5下～10中
●5万図 蓼科山 2・5万図 松原湖、蓼科

稲子湯は北八ガ岳佐久側の中心的な登山口。そこから白駒池方面へは、白駒林道と白樺尾根コースと二本の道が通じている。白駒林道は稲子湯と白駒池とを結ぶ道で、「林道」とあるため誤解されやすいが一般の登山道。途中ハクサンシャクナゲ（6月）の茂る尾根を通るため石楠花尾根コースともよばれる。一方の白樺尾根コースは、下方でシラカバ林を行くところからこの名があるが、その距離はほんのわずかで、多くは針葉樹林をたどる。そのシラカバ林にしても、スキー場開発で景観が損なわれ、昔日の趣はない。標高二一五〇㍍付近で白駒林道に合流する。両者を比べるなら、距離の長い白樺尾根コースは下山路向きだ。

稲子湯までは、JR小海線小海駅の駅前からバスが運行されている（4月下旬から11月下旬まで）。このバスは松原湖駅の近く（松原湖駅南口バス停）をも通るので、そこから乗車してもよい。一日目ににゅう登山を終え、二日目に白駒池から麦草峠・坪庭方面へ、あるいは雨池・双子池方面へ向かうのもいいだろう。前夜発日帰りも可能。逆コースは、長い白樺尾根を登ることになる。登山の適期は5月下旬から10月中旬。

第1日 稲子湯から白駒林道を白駒池へ

●歩行3時間40分
●標高差六二〇㍍（稲子湯―白駒池）

小海駅（小海町営バス10分）松原湖駅南口（同バス25分）稲子湯（15分↓↑10分）唐沢橋（15分↓↑10分）林道（40分↓↑30分）石楠花尾根上端（1時間10分↓↑40分）白駒林道・白樺尾根分岐十字路（20分↓↑20分）にゅう分岐（20分↓↑25分）白駒池南岸（白駒池一周40分）

白駒林道を登路として白駒池へ向かう。**稲子湯**旅館の前からみどり池方面への登山道を進み、蛇行によりその登山道を切断している林道と二度めに出合った地点（林道が三差路をなしている）に登山口がある。**唐沢橋**の手前、右手だ。大月川左岸のカラマツや雑木の茂る急な斜面に取り着き、登り進むと、大きく迂回してきた**林道**にとび出す。右折してその林道を3～4分歩いたところで再び登山道に入る。道端に指導標がある。

ここからが、別称の起こりとなった石楠花尾根だ。最初は尾根の南側斜面を横切るようにして登る。樹林はまだ雑木が中心でシャクナゲはまばらだが、ツガ林に入るとともにふえはじめ、尾根上に出

て坦々とした道を進むころにはシャクナゲの大トンネルとなる。ぬけるのに15分はかかるだろう。道が右（西）へ向かい尾根をはなれるとともに姿を消し、同時に傾斜が強まる。

針葉樹林の苔むした林床に道は続く。倒木の多いところを通り、「乳岩」の名がある巨岩を見て登り続けると樹林はダケカンバや黒木の若木に変わり、涸れ沢状の窪地を横切ったあたりからは一段と傾斜が強まる。伐採地を通って再び樹林に入ると白樺尾根コースが合流。ここは**十字路**をなし、もう一本、にゅうからの道が左から合わさっているが、次の日は、この道を下ってきて白樺尾根へと向かう。

この十字路まで登れば、あとは白駒池まで、きわめてゆるやかな登り下りを残すだけ。ほとんど、鬱蒼とした針葉樹林を行く。十字路からは登り。それが下りに転じた先で、次の日に登るにゅうへの道が左に**分岐**する。浅い涸れ沢を渡り、林間にひらけた小湿原を木道で横切り（増

水すると木道は水没、渡れないことがあるので注意）、樹間の岩道を下ると**白駒池**の南岸に出る。

白駒池は四囲に深い樹林をめぐらす池だが、大きいだけに（北八ガ岳の池でいちばん）明るく感じられ、北岸に立つと、にゅうや高見石がよく見える。水辺のサラサドウダンが秋（10月上旬）にみせる紅葉はじつに鮮烈だ。池畔には遊歩道が設けられ、40分もあれば一周できる。西南岸に白駒荘、北岸に青苔荘と二軒の小屋があり、青苔荘の横がキャンプ指定地になっている。

にゅうから、稲子岳への尾根越しに天狗岳を見る

第2日 にゅうから白樺尾根を稲子湯へ

●歩行3時間35分
●標高差二三〇㍍（白駒池—にゅう）

白駒池南岸（25分↓↑20分）にゅう分岐（45分↓↑30分）にゅう（25分↓↑35分）白駒林道・白樺尾根分岐十字路（1時間↓↑1時間40分）林道（30分↓↑40分）白樺尾根登山口（30分↓↑40分）稲子湯（小海町営バス24分）松原湖駅南口（同バス9分）小海駅

白駒池の南岸から前日歩いた白駒林道に入り、**にゅう分岐**まで進む。分岐のあたりは蒼々たる原生林で、右折して登りはじめた道の右手一帯は、北八ガ岳でも屈指の苔の美しいところだ。それを保護する目的で、道沿いには針金が張られている。登るにつれてやや急になるが、尾根の背が迫まって樹間に明るさが漂うようになるとゆるみ、前日通った十字路か

らの道と合流する。右に折れて、にゅう直下の坦々とした道を進み、のちに急坂をひと登りすると尾根上に出る。登り出たところはにゅうの西側直下、主稜線からの道が合わさり、南方がよく見晴らせる。巨岩の堆積を左手から巻くように登ると**にゅう**の頂上。四方に展望がひろがる。南には天狗岳、硫黄岳、富士山、北には北八ガ岳東面の大樹海が眺められる。頂上は狭く、三角点があるだけだ。（にゅう―十字路間については前項に詳述）

十字路の先も、ツガやシラビソの茂る暗い針葉樹林が続く。それを脱するまでは、途中いったんゆるむものの概して傾斜も急だ。逆コースをとるなら、ここがもっともきつい箇所になる。標高一九〇〇メートルあたりまで下るとカラマツの植林地に変わり、傾斜も落ちる。国道二九九号線と稲子湯とを結ぶ林道の一部が下方、尾根の左側に見え、深い笹をかきわけながら平坦な道を進むとその**林道**に出る。

林道を横切った先からが白樺尾根だ。シラカバの純林が道の両側にひろがり、ひととき、さわやかな高原情緒が味わえる。尾根の下半、北側斜面は小海リエックススキー場の一部をなし、その上端までは幅広の車道が続く。登山道に変わると再び笹が深くなり、カラマツや雑木の茂る平坦地を進んだのち、サラサドウダン（花は6月）の茂みを下ると**登山口**だ。ここには稲子湯方面から林道が通じており、その林道を、Uターンをするような恰好で西（右）へ4～5分進んだ地点（踏み跡を見落とさないよう注意）から大月川の右俣に下る。林間に草深い小道が続く。細い流れを飛び石で渡ってわずか登りかえすと、稲子湯旅館のわきを通る林道に出る。左折して四〇～五〇メートル下った右側の広場が**稲子湯**バス停だ。

交通アクセス

●**バス** 小海駅～稲子湯間のバスは4月下旬～11月下旬の運行で一日三～四便。期間外は芦平行きに乗車、稲子で下車して徒歩となる。所要時間は稲子（2時間→←1時間30分）稲子湯。小海町営バス☎〇二六七92二五二五。

●**タクシー** 小海駅～稲子湯（所要約25分・約四八〇〇円・下山時要予約）小海タクシー（八台）☎〇二六七92二一三三〈小海町〉。タクシーは通年、稲子湯まで入る。

宿泊

稲子湯旅館（八〇人収容）通年営業、二食付・弁当可、素泊り可。

白駒荘（二五〇人収容）通年営業・要予約、二食付・弁当可、素泊り可。

青苔荘（二〇〇人収容）通年営業・要予約、二食付・弁当可、素泊り可。

＊宿泊料金、営業状況等は事前に確認のこと。予約・連絡先は巻末192頁参照。

キャンプ地

白駒池キャンプ指定地（青苔荘付近、六〇張、給水施設あり）。管理・連絡先は青苔荘☎〇二六七62二九一〇。

コースメモ

水は、一日目は稲子湯で、二日目は白駒池で用意すること。コース上にはほかに水場はない。

北八ガ岳南部の池をたずねる、諏訪から佐久への水の山旅

22 渋ノ湯から高見石・みどり池

●奥蓼科→高見石🏠→白駒池→中山→黒百合平（摺鉢池）→みどり池→稲子湯
●1泊2日（東京早朝発）（適期）5下～10中
●（5万図）蓼科山（2・5万図）蓼科、松原湖

体★★ 技★☆ 危★☆

MAP 114～115・121P

北八ガ岳には、おもなものだけで七つの池がある。そのうちの、南部にある三つをたずねるのがこのコース。白駒池、摺鉢池、みどり池を歩く。「池めぐり」は、北八ガ岳の歩き方のひとつだ。白駒池は、原生林の中にある、北八ガ岳でいちばん大きな池、摺鉢《すりばち》池は天狗岳の好前景をなす熔岩台地上の池で、みどり池は、リスが水辺を走る林間の小さな池だ。これらを結ぶコースの「ふりだし」にあたる高見石は、巨岩の堆積からなる小突起、北八ガ岳の数ある「頂上」の中でも、すぐれた展望台のひとつである。

登山口は諏訪側の奥蓼科・渋ノ湯、下山口は佐久側の稲子湯。奥蓼科・渋ノ湯へはJR中央本線の茅野駅からバスが一年を通じて運行され、稲子湯へはJR小海線の小海駅から季節運行（4月下旬から11月下旬）のバスがある。二日目は、白駒池からにゅうを回って摺鉢池へ向かうのもおもしろい。前夜発とすれば日帰りもできる。逆コースもよい。登山の適期は5月下旬から10月中旬。

第1日 渋ノ湯から高見石・白駒池へ

●歩行3時間30分
●標高差四三〇㍍（渋ノ湯―高見石）

茅野駅（諏訪バス50分）奥蓼科・渋ノ湯（1時間↓↑40分）賽ノ河原下端（40分↓↑30分）高見石（南歩道25分↓↑35分）白駒池南西岸（〈白駒池一周40分〉北歩道45分↓↑35分）高見石

北八ガ岳の森らしい白駒池畔の苔むす原生林

渋ノ湯の奥蓼科バス停から渋川沿いの坂道を上流へ進み、渋ノ湯ホテルの先で左岸に渡って、分岐から左の道に入る。右は黒百合平へのものだ。暗い林の中、渋川左岸の高みに道は通じ、途中で再度、黒百合平への道を分ける。中山方面からの小沢を渡ると明るいダケカンバ林に変

わり、渋川沿いを行くようになる。渋川の水量は大雨の直後でもない限りごくわずか、ごろごろと岩だけが目立つ。

途中で右岸に移る。林はまた針葉樹中心となり、ダケカンバやシャクナゲがまざる。増水時の迂回路（そのまま右岸に続いている）と出合ったところで再び左岸に移り、樹間を行ってまた右岸に戻る（ここで迂回路と合わさる）。ひととき岩地を進んだのち樹林帯に入り、渋川源流をさらに二度ほど渡り返すと**賽《さい》ノ河原《かわら》**の下端に着く。渋ノ湯からここまで、とくにきつい登りはない。

賽ノ河原は、渋川源頭にひらけた、岩塊に埋まる大斜面。傾斜はたいしてきつくはなく、コースは、下から見て左寄りにつけられている。コース外は不安定な岩が多いので、ペンキ印をはずさないよう注意したい。少し登ったところに石地蔵がある。上端までは20分ほどの登り、コースはそこで九〇度左（北）に折れ、針葉樹林へと入り込む。高見石まで、あとは樹間のゆるい登りを残すだけだ。主脈縦走路と出合った地点には白駒峠の名があり、西に少しずれて白駒池への道が下っている。右折して縦走路を数分行くと高見石小屋に着く。小屋の裏手にある岩塊の突起が**高見石**。天辺に立つと白駒池がよく俯瞰され、広い空間には、北アルプス、蓼科山、浅間山、南佐久の山々、にゅうなどを見ることができる。背後の小さな隙間に望まれるのは中央アルプスだ。

高見石から白駒池を往復する。道は二本あり、ひとつは、高見石小屋の庭先から下る南歩道。距離は短いが急坂で、西南岸の白駒荘の横に出る。もうひとつは、先ほどの白駒峠から下る北歩道で、長いがゆるやかな道。池の近くで白駒池入口からの道に合流、北西岸、あるいは北岸の青苔荘に出る。どちらも樹間の道だ。南歩道を下りに、北歩道を登りに使うといい。**白駒池**は、水ぎわに遊歩道がつけられており、40分あれば一周できる。

第2日　中山からみどり池・稲子湯へ

●歩行4時間5分
●標高差三三〇㍍（高見石—中山）

高見石（1時間↓↑40分）中山展望台（35分↓↑45分）中山峠（10分↓↑10分）摺鉢池（10分↓↑10分）中山峠（1時間↓↑1時間40分）みどり池（20分↓↑35分）駒鳥沢の水場（25分↓↑35分）屏風橋（25分↓↑40分）稲子湯（小海町営バス24分）松原湖駅南口（同バス9分）小海駅

高見石から摺鉢池へは、中山を越えて縦走路を行く。高見石をあとにすると、いったん小さな鞍部に下り、それから中山に登る。この登りは少々長い。が、上へ行ってやや急になるものの、たいしてきつい登りではない。

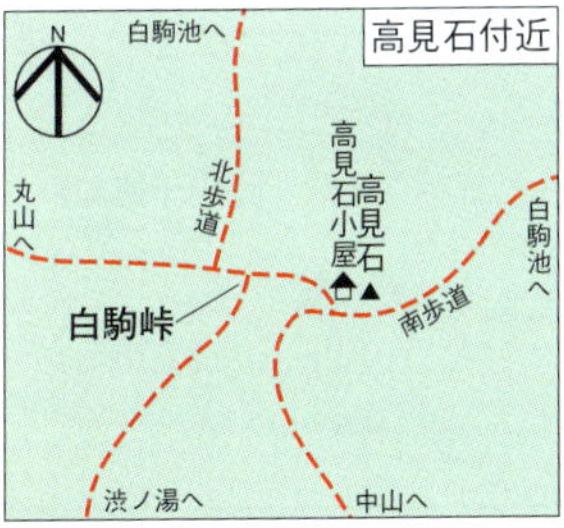

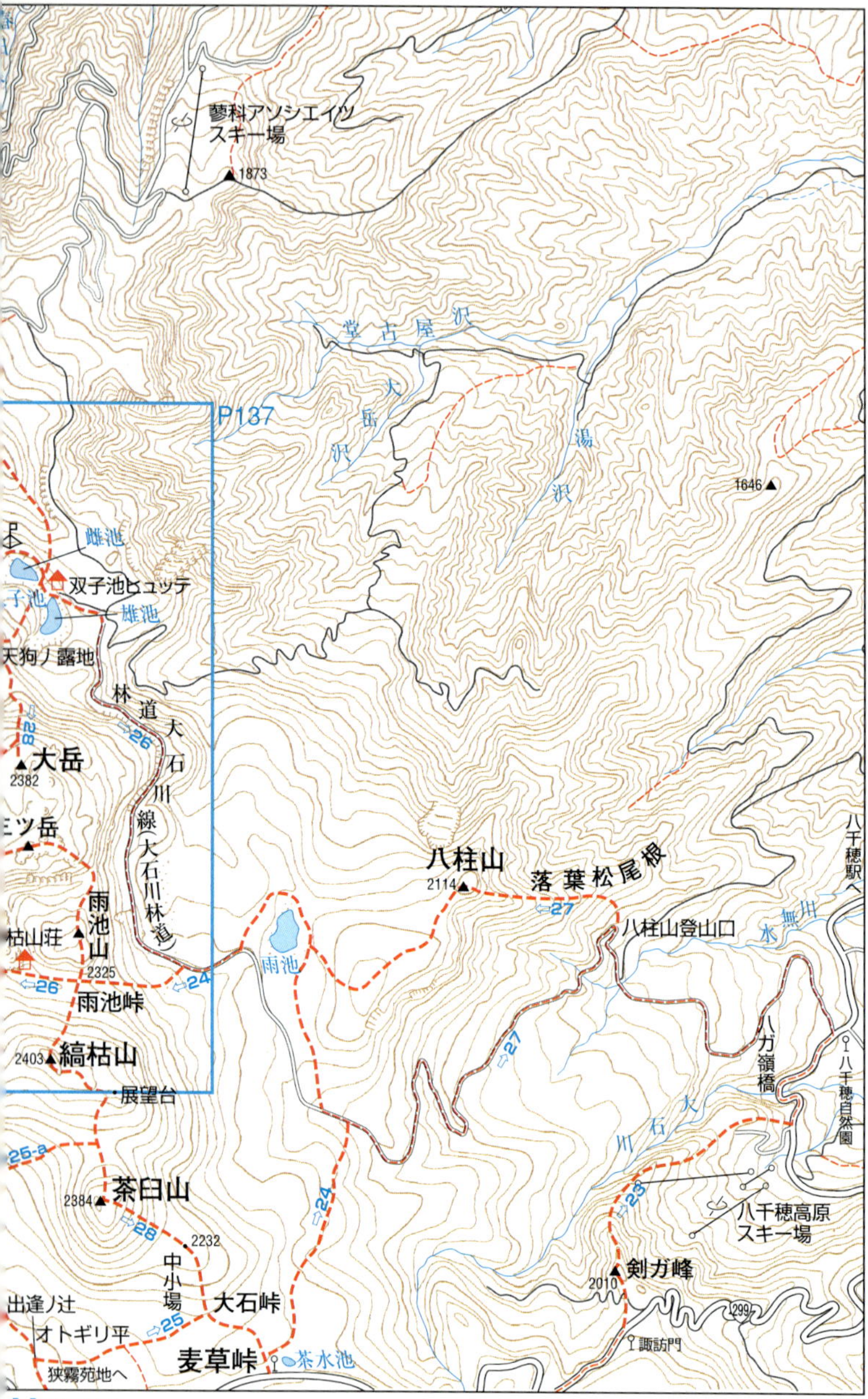
蓼科アソシエイツ
スキー場
1873
堂古屋沢
大岳沢
湯沢
1646
P137
雌池
双子池ヒュッテ
子池
雄池
天狗ノ露地
林道大石川線（大石川林道）
28
26
大岳
2382
三ツ岳
雨池山
枯山荘
2325
雨池峠
縞枯山
2403
展望台
25-a
茶臼山
2384
28
2232
中小場
出逢ノ辻
オトギリ平
25
大石峠
麦草峠
茶水池
狭霧苑地へ
24
雨池
八柱山
2114
落葉松尾根
27
八柱山登山口
八千穂駅へ
川無水
八ガ嶺橋
八千穂自然園
大石川
23
八千穂高原
スキー場
剣ガ峰
2010
299
諏訪門

115・114

蓼科牧場
ゴンドラリフト
御泉水自然園
・トキンの岩
白樺湖へ
蓼科山七合目
馬返し
P159
29
大河原峠
大河原ヒュッテ
前掛山
2354
30
天狗ノ露地
将軍平
蓼科山荘
蓼科山
2530
蓼科山頂ヒュッテ
蓼科神社奥宮
ビーナスライン
28
29
30
亀甲池
28-a
天祥寺原
滝ノ湯
26
2480
横岳
2473
北横岳ヒュッテ
スズラン峠
ヒュッテアルビレオ
蓼科山登山口（女神茶屋）
竜源橋
29・30
寺小場平
山頂駅
ピラタスの丘
ピラタス横岳ロープウェイ
ひょうたん坂
ピラタス蓼科スキー場
26
25
城ノ平
P148
28・30
大滝キャンプ場
親湯
親湯入口
茅野駅へ
ピラタスロープウェイ山麓駅
0
1
2Km

終始、針葉樹林を行く。登り出たところは中山北方の平坦地。林間の平らな道を進み、わずか登ると**中山展望台**に出る。

天狗岳の双頭を背景にした擂鉢池のたたずまい

岩塊に覆われた、広々とした平地は、名称に恥じない大きな眺めを有し、蓼科山方面の景観がとくによく、木立を前にして見る天狗岳も好景だ。アルプス連山もよく見わたせる。中山山頂はここから樹間を3～4分進んだところだが、林の中の平凡な頂なので、休憩するならここがいい。

　中山展望台で縦走路は左へ九〇度折れ、南東へ向かう。屈曲点には指導標があるが、だだっ広いところだけに視界の悪いときは注意しよう。中山山頂の先で巨岩の重なる急斜面を下り、再び樹林に入って平らに近い道を行く。枯木の林が続く。にゅうへの道を分け、懸崖を左手に見ながら進むと、天狗岳を間近に見る展望台を通って**中山峠**に下り着く。岩がごろごろした小さな峠だ。左手、東側の急斜面に、のちほどたどるみどり池への道が下っている。反対の西方へ、林の中を5分ほど行くと黒百合平の小草原に出る。

　黒百合平南側の小高いところが、擂鉢池のある熔岩台地。小草原の西隅に建つ黒百合ヒュッテの前から急な岩道を登るとその上に出る。まず目にとび込むのは、東天狗、西天狗をそろえた天狗岳。眼下の窪地に見える水面が**擂鉢池**だ（写真）。池を前景に、天狗岳を後景にした景色は、北八ガ岳の代表的な佳景のひとつである。しかしこの池は日照りが続くと涸れ、運が悪いとただの岩原を眺めることになる。

　中山峠に戻って、みどり池へ下る。この下りは、上部の針葉樹林が急坂、ダケカンバの林に入るとなだらかな道になる。**みどり池**は、天狗岳（東天狗）や稲子岳とともに眺める景色がよく、東の水辺にしらびそ小屋が建っている。まわりの林はリス（ニホンリス）の根城だ。みどり池から下山口の**稲子湯**までは、針葉樹林の急坂を下ったのち、カラマツ林のゆるやかな下り道を行く。稲子湯近くになって林道を再三横切る（中山峠からみどり池にかけては116頁の「20稲子湯からみどり池・にゅう」の項に、みどり池から稲子湯にかけては97頁の「18稲子湯から夏沢峠・天狗岳」の項に詳述）。

交通アクセス

●バス　茅野駅～奥蓼科間は通年運行で一日三便。ただし、始発便（茅野駅発6時35分発）は土・日・祝日と7月下旬～8月末の毎日運行。諏訪バス茅野駅前案内所☎〇二六六七二二一五一。稲子湯から小海駅間のバスは4月下旬～11月下旬の運行で一日三～四便。期間外は山麓の稲子まで徒歩、芦平発に乗車。徒歩の所要時間は、稲子湯（1時間30分↓↑2時間）稲子。小海町営バス☎〇二六七九二二五二五。

●タクシー　茅野駅～渋ノ湯（所要約40分・約七〇〇〇円）アルピコタクシー（六七台）☎〇二六六七一一一八一、高島タクシー☎〇二六六七二七一六一、中山タクシー☎〇二六六七二七一八一他〈茅野市〉。稲子湯～小海駅（所要約25分・約四八〇〇円・要予約）小海タクシー（八台）☎〇二六七九二二一三三〈小海町〉。タクシーは通年稲子湯まで入る。

宿泊

高見石小屋（一五〇人収容）通年営業、二食付・弁当可、素泊り可。

白駒荘（二五〇人収容）通年営業・要予約、二食付・弁当可、素泊り可。

青苔荘（二〇〇人収容）通年営業・要予約、二食付・弁当可、素泊り可。

黒百合ヒュッテ（二五〇人収容）通年営業、二食付・弁当可、素泊り可。

しらびそ小屋（六〇人収容）通年営業、二食付・弁当可、素泊り可。

稲子湯旅館（八〇人収容）通年営業、二食付・弁当可、素泊り可。

渋御殿湯（一三〇人収容）通年営業、二食付・弁当可。

渋ノ湯ホテル（六〇人収容）4月下～11月中営業、二食付・弁当可、素泊り可。

渋辰野旅館（八〇人収容）通年営業、二食付・弁当可。

明治温泉（八〇人収容）通年営業、二食付・弁当可。
＊宿泊料金、営業状況等は事前に確認のこと。予約・連絡先は巻末192頁参照。

キャンプ地

白駒池キャンプ指定地（青苔荘付近、六〇張、給水施設あり）管理・連絡先は青苔荘☎〇二六七六二二九一〇。

黒百合平キャンプ指定地（黒百合ヒュッテ付近、五〇張、湧水）。管理・連絡先は黒百合ヒュッテ☎〇二六六七二三六一三。

みどり池キャンプ指定地（しらびそ小屋付近、一〇張、給水施設あり）。管理・連絡先はしらびそ小屋☎〇二六七九六二一六五。

コースメモ

コース上の水場は、白駒池、黒百合平（湧水のため涸れることがある）、みどり池の三カ所。極度の水不足でない限り、高見石小屋でも宿泊者には分けてくれる。

高見石から見下ろす高見石小屋

阿弥陀岳
権現岳
編笠山
西岳
南アルプス
縞枯山

大岳の北面、天狗ノ露地上空から南八ガ岳方面を望む。前景は大岳　撮影＝内田修

草原とシラカバ林と、自然歩道を行く山上ハイキング

23 麦草峠から八千穂高原

●麦草峠→白駒池→剣ガ峰→八千穂高原
●日帰り（東京早朝発） 適期 5上～10中
●5万図 蓼科山 2・5万図 蓼科、松原湖

体★技★危★

MAP 114～115・121P

麦草峠は、北八ガ岳のほぼ中央に位置する峠。そこを越える国道二九九号線には諏訪側、佐久側双方から、峠上で折り返すバスが夏山シーズンを中心に運行されており、運行日に合わせて計画を立てるなら、峠を起点・終点にして軽い山歩きがいろいろと楽しめる。白駒池を通って八千穂高原に出るこのコースもそのひとつ。白駒池は北八ガ岳一の大きさをもつ樹間の池、八千穂高原はシラカバ林やレンゲツツジ（6月）の群落が美しいハイランドだ。

諏訪側のバスはJR中央本線の茅野駅が発着地。佐久側のバスはJR長野新幹線・小海線の佐久平駅発で、八千穂駅、八千穂自然園を通って麦草峠に登っている。日帰りの場合は、佐久平駅発の始発バス（8時50分）で入山するのが上策だ。ピラタス横岳ロープウェイで入山、坪庭―五辻―麦草峠（1時間30分）と歩いてこのコースにつなげるのもいいだろう。逆コースは登りとなるので所要時間が多少増える。登山の適期は5月上旬から10月中旬だが、6月上・中旬の新緑、ツツジのころがとくによい。

樹林と池をめぐって

●歩行2時間35分

茅野駅（諏訪バス1時間4分）麦草峠（35分→←35分）白駒池北西岸（10分→←10分）白駒池北東岸・八千穂高原分岐（30分→←40分）諏訪門（15分→←10分）剣ガ峰（45分→←1時間10分）国道二九九号線（20分→←20分）八千穂自然園（千曲バス40分）八千穂駅（同バス39分）佐久平駅

八千穂高原への道で見られるベニバナイチヤクソウ群落

麦草峠のバス停は、国道から南に少し入った、麦草ヒュッテ前の広場。茅野からのバスも、佐久平からのバスも、ここが山上の発着地になっている。麦草ヒュ

明るい笹原の広がる麦草峠。各コースがここを起点・終点とする

ッテの背後は、針葉樹にふちどられた笹原の斜面、昔は地名のとおり麦草(イワノガリヤス)が一面に生い茂っていたが、今では、笹に侵され、わずかしか見られない。その笹原の中に通ずる北八ガ岳縦走路に入り、五〇《メートル》ほど登ったところで左の道に折れる。これが白駒池への道で、笹原を横切ったのち針葉樹林を進む。ゆるい下り坂が続く。国道が目の前になると道は右折し、地元でコツとよぶ露岩帯を木道づたいに歩いたのち、再び針葉樹林に入る。三〇《メートル》ほど進むと、国道上の白駒池入口(バス停、駐車場がある)から白駒池方面へわずか登った地点に出る。

出た地点で右折、ツガ、シラビソの、苔のきれいな原生林を両側に見てゆるい登り坂を行く。登りつめたところで十字路にぶつかる。八千穂高原への道は**白駒池**の北東岸を起点としているので、そこへは、ここで左折して、青苔荘の建つ北岸を通ってゆくのがもっとも早い。十字路から直進して下れば白駒荘近くの北西岸に出る。水辺に設けられた一周歩道を散策したのち、北東岸の分岐へ向かうのもよいだろう。

青苔荘からキャンプ場を通って5分ほど行くと**分岐点**に出る。信濃路自然歩道八千穂高原線、というのが、これから歩く道の正式名だ。分岐からの道は、オオシラビソやコメツガの茂る、林相のいい、苔の美しい樹林にゆるい登り坂で続く。大石川の源流を渡るとダケカンバが多くなる。林道に出たら左折する。この林道はすぐに国道と交わり、以後「諏訪門」という標識を道端に見るまで国道を八千穂方面へ下る。

諏訪門からは樹間の木道（かなり傷んでいる）になるが、すぐ林道に出、左折して二〇〇㍍ほど進んだところで右の歩道に入る。若い針葉樹が茂る明るい斜面を登ると**剣ガ峰**直下に着き、枝道をわずかに登るとその頂に出る。ここは地形図に二〇一〇㍍と標高が記された突起で、頂上は西側がひらけ、八柱山から中山にかけての北八ガ岳の山々が見わたせる。

剣ガ峰からは尾根の下りになる。若木の林や枯木帯を通ったのち針葉樹林へと入り込む。いっとき急坂を下り、その急坂が終わったあたりからは、八千穂高原スキー場の上部を右手、木の間に見ながら下るようになる。カラマツやシラカバの林には、6月であればベニバナイチヤクソウの群落が広がり、たくさんのスズランが見られる（132頁写真）。下り進むとスキー場の上端にとびだし、ゲレンデの左端（北端）をたどって、レンゲツツジの咲く（6月）斜面を下ると国道に出る。

国道に出たら八千穂方面（左）へ下る。すぐに大石川に架かる八ガ嶺橋を渡り、20分も歩くと八千穂高原の中心地、**八千穂自然園**に着く。

ここからバスで八千穂駅に出るが（麦草峠行に乗り、峠でうまくバスが接続するようなら茅野へ戻ってもよい）、その前に、少し先にあるシラカバの純林を見に行ってみよう。また、時間に余裕があるようなら、八千穂自然園の中をひと回りしてみてもよいだろう。

交通アクセス

●バス　茅野駅〜麦草峠間は、一日三便で5月連休、7月下旬〜8月下旬まで毎日運行されるが、9月上旬から11月3日は土・日・祝日のみ。佐久平駅〜麦草峠間は、一日二便で5月連休、7月中旬〜8月下旬まで毎日運行されるが、5月下旬〜7月中旬、8月下旬〜10月中旬は土・日・祝日のみ。諏訪バス茅野駅前案内所☎〇二六六72二一五一、千曲バス☎〇二六七26二六〇〇。

●タクシー　茅野駅〜麦草峠（所要約50分・約九七〇〇円）アルピコタクシー（六七台）☎〇二六六71一八一、高島タクシー☎〇二六六72七一六一、中山タクシー☎〇二六六72七一八一他〈茅野市〉。八千穂自然園〜八千穂駅（所要約30分・約五五〇〇円・要予約）八千穂タクシー（五台）☎〇二六七8二〇六四〈八千穂村〉。八千穂自然園〜佐久平駅（所要約50分・約一万円・要予約）岩村田観光タクシー（一八台）☎〇二六七67二五二五、佐久ハイヤー☎〇二六七62一五一五、千曲ハイヤー☎〇二六七67一〇一〇、松葉タクシー☎〇二六七67四三二一他三社〈佐久市〉。

コースメモ

八千穂自然園は、標高一六〇〇㍍付近のシラカバ林、カラマツ林につくられた自然園。草木の探勝を中心とし、園内には遊歩道が設けられ、1時間半もあればゆっくり一周できる。開園期間は4月下旬〜11月上旬。入園料は大人二〇〇円、小人一〇〇円。自然園の入口にはレストハウスがある。問合せは八千穂村役場企画課☎〇二六七88二五二五。

体★☆ 技★ 危★

MAP 126〜127・121・137P

24 麦草峠から雨池・坪庭

「水辺の散策」を中心とした、変化に富む一日ハイク

● 麦草峠→白駒池→雨池→坪庭→ピラタス横岳ロープウェイ山頂駅

● 日帰り（東京早朝発） 適期 5下〜10中

● 5万図 蓼科山 2.5万図 蓼科

北西岸から見た雨池。浅いため晴天が続くと水が干上がる

茅野駅—麦草峠間のバスとピラタス横岳ロープウェイ——これらふたつの交通機関を入山・下山に使った山歩きは「アプローチ省略」の山歩きとなり、山上のみを短時間で楽しめるという能率のよさをもつ。麦草峠（白駒池往復）—雨池—坪庭と歩くこのコースも、両者を利用することにより日帰りが可能だ。

JR中央本線茅野駅とロープウェイ山麓駅とを結ぶバス、およびロープウェイは通年運行。茅野駅—麦草峠間のバスは、夏期を中心とした季節運行。したがって、双方ともに利用できるのは茅野駅—麦草峠間のバスの運行日に限られる。運行日以外に日帰りを望む場合はタクシーを使うことになるが、前夜発で逆コースをとって渋ノ湯に下山する（冷山のコル経由あるいは白駒池・高見石経由）方法もある。なお、佐久側のJR長野新幹線・小海線佐久平駅からも麦草峠行のバス（季節運行）が出ており、早朝の長野新幹線を利用すれば始発バス（8時55分発）に乗れるので、こちら側からの入山を考えてもいい。登山の適期は5月下旬から10月中旬。

水辺の道から草原へ

● 歩行4時間30分

茅野駅（諏訪バス1時間4分）麦草峠（35分↓↑35分）白駒池入口（10分↓↑10分）白駒池北西岸（〈白駒池一周40分〉10分↓↑10分）白駒池入口（25分↓↑25分）麦草峠（45分↓↑45分）大石川林道麦草峠分岐（15分↓↑15分）雨池南岸（15分↓↑15分）北西岸（15分↓↑15分）雨池峠分岐（30分↓↑20分）雨池峠（15分↓↑15分）坪庭（15分↓↑15分）山頂駅（ピラタス横岳ロープウェイ7分）山麓駅（諏訪バス52分）茅野駅

麦草茂る八丁平の草原と縞枯山荘。背景は横岳

　茅野からのバスを降りたところは、一角に麦草ヒュッテが建つ**麦草峠**南側の広場。国道二九九号線が越える北側は林だが、南側の丸山の裾には明るい笹原が広がっている。最初に訪れる白駒池への道は、その笹原を丸山へ向かってわずか登ったところから左に分かれている。笹の斜面を横切ったのち樹林帯を行き、国道に出る手前で右折して、露岩帯の木道を進む。白駒池入口からの道に合流、ゆるい登り坂、下り坂を進むと**白駒池**の北西岸に出る。樹林に囲まれた池だが暗い感じはしない。水辺の遊歩道を歩いて40分ほどで一周できる。白駒池探勝をすませたら往路を麦草峠へ引き返す。帰りは全体的に登りだ（麦草峠から白駒池にかけては前項に詳述）。

　麦草峠から雨池へ向かう。国道を渡って縦走路を北へ七〇～八〇《メートル》進んだところ、右側に分岐がある。道わきに見られる、岩のごろごろした水溜まりには茶水《ちゃすい》池の名があり、その岩をつたって池を横切り樹林に入る。あとは大石川林道（林道大石川線）に出るまで、ときに笹原をたどりながら、ほとんど樹間を行く。坦々とした道が続いたのち小さな登りがあり、そのあと長い下りになる。大石川林道に出て左折、ゆるい登り坂を5分ほど行くと右側に雨池の入口がある。笹原を進み、樹林をぬけると**雨池の南岸**に出る。

　雨池は、白駒池に次ぐ大きさをもつ北八ガ岳第二の池だが、盆に水を張ったように浅く、晴天が続くと南岸から涸れてゆく。「ただの地面」を呈することもめずらしくない。南岸から東岸を通って北西岸まで池畔に道がつけられているので、それを歩いて半周しよう（水の少ないと

大河原峠へ
双子山
2224
草原の明るい山頂
ホーロク平
天祥寺原
竜源橋へ
滝ノ湯川
双子池キャンプ場
雌池
双子池
雄池
双子池ヒュッテ
ゲート
夕日ノ丘
2120
竜源橋へ
亀甲池
天狗ノ露地
林道大石川線（大石川林道）
大岳分岐
山頂は縦走路から南へわずか外れている
2382
大岳
横岳
北峰
2480
南峰
2473
七ツ池
三ツ岳
足元に注意
北横岳ヒュッテ
坪庭
縞枯山荘
2325
雨池山
雨池・八千穂自然園へ
山頂駅
笹平
八丁平
雨池峠
ピラタス横岳ロープウェイ
ひょうたん坂
ピラタス蓼科スキー場
縞枯山
2403
1：25,000
0
500m
山麓駅へ
五辻へ
展望台
茶臼山へ

きは東岸も歩ける）。北東岸あたりから、池を前景にして眺める縞枯山や中山方面（天狗岳が頂だけ見える）がいい。

北西岸をあとに、暗い林の中をひと登りすると、先ほどの続きの大石川林道に出る。右折して砂利道を10分ほど歩くと雨池峠への分岐に出合い、そこで林道を離れ樹林の斜面に取り付く。最初のうちちょっときついが、伐採跡を登るようになると傾斜はゆるみ、細かく蛇行する道を登りつめると**雨池峠**に出る。峠上は、雨池方面から笹平へと続く道に主脈縦走路が交わって十字路をなし、枯木の林立が特異な光景をつくりだしている。

縦走路を横切って笹平方面へ直進すると、すぐに八丁平を行くようになる。麦草（イワノガリヤス）の茂る、気分のいい草原だ。今では本家の麦草峠よりもはるかに見事な広がりが見られ、とりわけ秋色が美しい。草原の西よりに建つ縞枯山荘を通り過ぎると、縞枯山と坪庭とにはさまれた狭い窪地を行くようになり、途中で坪庭探勝路が右へ分かれる。波打つ熔岩の隙間にコメツガ、シャクナゲ、ガンコウランなどが生える**坪庭**は、まさに「自然の石庭」。直進すれば数分でロープウェイ山頂駅のある笹平だが、10分ほど余計にかかるだけなので、ぜひ回り道してみよう（ただし最盛期は一方通行で、山頂駅側からしか入れない）。

坪庭から笹平に下ってこの山歩きも終わる。もう歩くところはないが、天気がよければ、**山麓駅**までひょうたん坂を下るのもいい。眺望にすぐれた道で、花も多い。50分ほどの道のりだ。

自然の石庭・坪庭。熔岩の岩原を覆う緑の生命力に目をみはる

交通アクセス

●**バス**　茅野駅～麦草峠は、一日三便で5月連休、7月下旬～8月下旬は毎日運行されるが、9月上旬～11月3日は土・日・祝日のみ。茅野駅～ピラタス横岳ロープウェイ山麓駅間は、通年運行で一日一〇～一二便。ロープウェイも通年運行（点検のための運休日あり）。諏訪バス茅野駅前案内所☎〇二六六72二一五一、ピラタス横岳ロープウェイ☎〇二六六67二〇〇九。

●**タクシー**　茅野駅～麦草峠（所要約50分・約九七〇〇円）、ロープウェイ山麓駅～茅野駅（所要約40分・約七六〇〇円・要予約）アルピコタクシー（六七台）☎〇二六六71一一八一、高島タクシー☎〇二六六72七一六一、中山タクシー☎〇二六六72七一八一他〈茅野市〉。

体★☆ 技★ 危★

MAP 114〜115・137P

アルプスを望みながら古き諏訪側歩道をたどる草原コース

25 坪庭から五辻・渋ノ湯

●山頂駅→坪庭→五辻→大石峠→麦草峠→狭霧苑地→奥蓼科
●日帰り（東京早朝発）　適期 5下〜10中
●5万図 蓼科山　2.5万図 蓼科

北八ガ岳には、稜線の道（縦走路）とほぼ並行して西面中腹につけられた古い道がある。北八ガ岳諏訪側歩道とよばれる営林署の巡視路で、昔は、親湯―大河原峠間の途中から渋ノ湯へと続いていた。そのうち笹平から五辻、冷山《れいざん》のコルを通って渋ノ湯にいたる区間は廃れずにいまも残り、登山・ハイキングコースとして歩かれている。笹原、草原を多くたどる好展望の道で、ロープウェイで笹平に登り南下コースをとれば、きつい登りはひとつもない。

登山口のピラタス横岳ロープウェイ山麓駅へは、JR中央本線茅野駅の駅前からバスが通年運行されている。山麓駅から笹平（山頂駅）まではロープウェイを使うのが一般的だが、ロープウェイ下のひょうたん坂を登る道もある（登り1時間20分）。下山口の奥蓼科・渋ノ湯から茅野駅へのバスも通年運行。前夜発とし、横岳往復（2時間）などを加えて歩くのもよい。逆コース（北上）は渋ノ湯と冷山のコルとの間がきつい登りになる。

登山の適期は5月下旬から10月中旬。

山腹の道を渋ノ湯へ

●歩行3時間50分
●標高差九〇㍍（狭霧苑地―冷山のコル）

茅野駅（諏訪バス52分）山麓駅（ピラタス横岳ロープウェイ7分）山頂駅（坪庭一周20分）（30分↓↑40分）五辻（20分↓↑25分）出逢ノ辻（30分↓↑30分）大石峠（10分↓↑15分）麦草峠（30分↓↑35分）狭霧苑地（50分↓↑40分）冷山のコル（40分↓↑1時間10分）奥蓼科・渋ノ湯（諏訪バス50分）茅野駅

五辻へ向かう前に坪庭をひと回りしてみよう。ロープウェイ**山頂駅**を出て目の前に見える小高い丘が、横岳の火山活動によって生まれた熔岩台地・**坪庭**。矮小な針葉樹やシャクナゲが岩塊に調和する自然庭園で、探勝路が設けられている。笹平から探勝路に入り、熔岩台地上を歩いたのち、笹平と雨池峠方面とを結ぶ道に下るのが順路だ。

五辻方面への道は、笹平と雨池峠方面とを結ぶその道の山頂駅近くから分岐している。コースに入ると、笹平の地名にふさわしい深い笹原を下りぎみに進んで針葉樹の林に入る。道は平らになるが、桟道が頻繁に現われ、歩きづらい。

樹林を出て下り坂に変わると幅広のい

五辻付近から見る縞枯山。山腹の縞枯れがよくわかる

い道になり、両側には明るい笹原が広がる。南アルプスから中央アルプス、北アルプスと連なる山々を南から西に望みながら下ると**五辻**に着く。昔は文字どおり「五差路」をなしていたが、いまは縞枯山と茶臼山との鞍部へ登る道を一本分けるだけだ。付近からは、縞枯山南西面の縞枯現象が縦に圧縮されたかたちでよく観察される（写真）。

五辻の先にはあずまやが建ち、そのあたりから道の左右は針葉樹の低い林になる。前方に南部の山並みを見て幅広のゆるい岩道を下り、樹林帯に入ってなおも下り進むと**出**《で》**逢**《あい》**ノ辻**に出る。ここは樹間の丁字路で、直進して少し下ればのちほど通る狭霧苑地《さぎりえんち》に出るが（10分）、それではいささかものたりないので、大石峠—麦草峠—狭霧苑地と少し回り道をしてみよう。出逢ノ辻から大石峠へは、夏にはシナノオトギリの群落が見られるオトギリ平を通り、カラマツや枯木が好アクセントをなして散在する笹原を進む。明るく、気分のいい道だ。

大石峠で主脈縦走路に合し、南（右）へ林間を10分ほど下ると**麦草峠**に着く。峠上には国道二九九号線が通じ、それを渡ったところに麦草ヒュッテが建っている。ヒュッテ前の広場は、茅野駅、佐久平駅からのバス（どちらも季節運行）の発着地になっており、運行日であればここからバスで下ることもできる。

麦草峠は南面に笹原をはべらせる明るい峠。その下端を横切って、麦草ヒュッテの山側に続いているのが狭霧苑地への歩道だ。この道は、駒鳥ノ池（湿原上の小池）、斧断ちの森（シラビソ林）などと名づけられた地を通って林間に下りぎみに続き、国道とほぼ並行している。途中でオトギリ平からの道が合わさる。**狭霧苑地**は、昔、麦草小屋があったところ。いまはあずまやが建ち、出逢ノ辻からの道が国道を渡って合流している。

狭霧苑地から冷山のコルに登り、渋ノ湯へと下る。このコースで唯一の登りらしい登り、下りらしい下りだ。樹間の平坦地を進んだのち逆川源頭の岩地を登り、再び樹林に入って、やや傾斜を増した登り道を行くと**コル**に着く。シラビソやダケカンバが茂る木深い峠である。丸山からの道が左手（東）から合わさっているが、この道は倒木が多く荒れている。

コルから渋ノ湯にかけては上部はゆるやかだが、その後、急なつづら折りになる。しばらく樹間を下る。下り終えて草地に出、堰堤のわき道を進むと渋ノ湯ホテルの横に出る。渋川右岸の坂道をわずか下ったところに**奥蓼科・渋ノ湯**のバス停がある。ここからバスに乗り、茅野駅に出る。

交通アクセス

●**バス**　茅野駅～ピラタス横岳ロープウェイ山麓駅間は、通年運行で一日一〇～一二便。ロープウェイも通年運行で10～20分間隔（点検のための運休日あり・☎は144頁データ欄参照）。茅野駅～奥蓼科間は、通年運行で一日三便（始発便は土・日・祝日と7月下旬～8月末の毎日運行）。諏訪バス茅野駅前案内所☎〇二六六67二〇〇九。

●**タクシー**　茅野駅～ロープウェイ山麓駅（所要約40分・約七六〇〇円）、渋ノ湯～茅野駅（所要約40分・約七〇〇〇円・要予約）アルピコタクシー（六七台）☎〇二六六71一一八一、高島タクシー☎〇二六六72四一六一、中山タクシー☎〇二六六72七一八一他〈茅野市〉。

技★☆　危★

a 五辻から縞枯山・茶臼山

●歩行40分（五辻―稜線鞍部）
●標高差一六〇㍍（五辻―稜線鞍部）

五辻（40分↓↑25分）稜線鞍部（30分↓↑20分）縞枯山、稜線鞍部（15分↓↑10分）茶臼山

五辻と縞枯山・茶臼山の鞍部とを結ぶ道で、縞枯山―茶臼山の稜線と五辻コースとを組み合わせて歩く場合等に有用。終始、針葉樹の林をたどるが、路傍の随所に麦草（イワノガリヤス）が茂り、背後には北アルプス南部の山々も眺められ、明るく気分のいい道だ。中間部で傾斜がやや強まる。

五辻南方に建つあずまや

「北八ガ岳一のジャイアント」横岳の登山と北部の池めぐり

26 坪庭から横岳・双子池・雨池

●山頂駅→坪庭→七ツ池→横岳→亀甲池→双子池→雨池→笹平→山麓駅
●前夜発1日（東京早朝発） 適期 5下～10中
● 5万図 蓼科山 2・5万図 蓼科、蓼科山

体★★☆ 技★☆ 危★☆

MAP 126～127・137P

北八ガ岳にあるおもな七つの池のうち、南部の三つを結ぶコースを124頁の「22渋ノ湯から高見石・みどり池」の項で紹介しているが、本項は、それに対する「池めぐり北部編」である。北半にある四つの池、すなわち七ツ池、亀甲《きっこう》池、双子《ふたご》池、雨池を、笹平を起点・終点にしてひと回りする。

最初におとずれる七ツ池は横岳直下の林にある小池の集まり。次の亀甲池は北八ツ中もっとも幽玄な池で、池中に亀甲模様の構造土が見られるところからこの名がつけられた。双子池は雄池、雌池の一対からなる、景観にすぐれた池だ。雨池は白駒池に次ぐ大きさを持つ池で、名前に反して明朗な雰囲気をもっている。

その頂を踏む横岳（通称・北横岳）は、北八ガ岳の主ともいえる雄大な山で、その頂上からは、八ガ岳、アルプス連山をはじめ三六〇度に好展望が楽しめる。

JR中央本線茅野駅の駅前からピラタス横岳ロープウェイ山麓駅行バスに乗車、終点で下車し、ロープウェイで笹平（山頂駅）に登り、歩き出す。日数がとれるなら、最後にたずねる雨池から麦草峠を経て白駒池に出、124頁の「22渋ノ湯から高見石・みどり池」の項とつなげて一泊二日の「北八ガ岳全池めぐり」を計画してみるのもよい。逆回りは亀甲池―横岳間がきつい登りになり、すすめられない。

登山の適期は5月下旬から10月中旬である。

七ツ池をふり出しに

●歩行5時間40分
●累積標高差五二〇㍍

茅野駅（諏訪バス52分）山麓駅（ピラタス横岳ロープウェイ7分）山頂駅（10分↓↑10分）坪庭の横岳分岐（40↓↑30分）七ツ池入口（七ツ池一周10分）（15分↓↑10分）横岳南峰（50分↓↑1時間20分）亀甲池（35分↓↑35分）双子池（5分↓↑5分）大石川林道（50分↓↑50分）雨池峠分岐（15分↓↑15分）雨池北西岸（15分↓↑15分）雨池峠分岐（30分↓↑20分）雨池峠（15分↓↑15分）笹平（50分↓↑1時間20分）ピラタス横岳ロープウェイ山麓駅（諏訪バス52分）茅野駅

最初におとずれる七ツ池への道は坪庭をめぐる探勝路の途中から分かれている。笹平のロープウェイ**山頂駅**の前から探勝路に入るとわずかな登りで熔岩台地上に出、矮小な樹々を茂らせた熔岩の起伏をぬって7～8分行くと分岐に出る。左折した道は台地上を少し進んだのち樹間に入って窪地に下り、その底から稜線目指して登りだす。この登りは少々きつい。

横岳北峰付近からの七ツ池と北横岳ヒュッテ。中景は縞枯山、遠景右は赤岳

急なつづら折りが続く。稜線近くまで登ると縞枯山方面が木の間によく眺められるようになる。主脈縦走路に出て西(左)に折れ、坦々とした道を5分も進むと、北横岳ヒュッテの建つ**七ツ池入口**に着く。七ツ池は小屋の向かいの林の中にあり、小さなものまで含めると七つくらい数えられる。もっとも大きなものには古仙池の名がある。

　七ツ池入口から横岳の登りになる。この巨体の山も、ここからだとわずかな登りだが、傾斜は相当きつい。横岳の頂は南北二峰に分かれ、登り出たところは**南峰**の頂上。樹林を脱した砂礫地には三角点が置かれ、八ガ岳の眺めがとりわけ素晴らしい。稜線はここで東に折れ、木立の中を数分行くと北峰の頂上に着く。三角点は南峰にあるが標高はここのほうが八メートルほど高く、大きな石積みのかたわらに「修那羅大天武」と刻まれた石碑がある。

　亀甲池への道は北峰から下っている。この下りはことのほか急だ。終始、樹間を行き、足場の悪い箇所もあって、下りやすいとは決していえない。下り終えて池畔から見上げる稜線は高く、まるで落とし穴の底にいる感じだ。水の少ないときは、池中の亀甲状土がよくわかる。下り出た南岸から水辺を時計回りに行くと、西岸で天祥寺原への道を分け、深い笹原を進んで出た北岸で池をはなれる。ここから双子池にかけては、大岳からの尾根を越えるため、登って下る。が、たいした上下ではない。林間の暗い道だ。やがて、**双子池**の雌池の西岸に出る。カラマツ林の北岸を回ると、雄池との中間、双子池ヒュッテ下の平地に着く。雄池は、大岳を背景に、それを映して、絵になる池だ。

双子池から雨池へは、双子池ヒュッテの裏から雄池東岸のカラマツ林を歩いて**大石川林道**に出、南へ向かう。大岳下を行くあたりは登り坂だが、あとは平坦な道だ。三ツ岳、雨池山と山裾を巻いてゆく。崩壊地（二カ所ある）の下を通るさいは落石に充分注意しよう。**雨池峠への分岐**を見てなおも進むと雨池の入口に着き、林の中をわずか下ると北西岸に出る。道は北岸を経て南岸へと通じているが、景色のいい東岸あたりまで行って帰ってくるとよかろう。北西岸に戻ったら雨池峠分岐までひき返し、雨池峠に登って出発地の笹平へと向かう（雨池から笹平にかけては135頁の「24麦草峠から雨池・坪庭」の項に詳述）。

笹平からは、下りでもあるし、ロープウェイを使わずにひょうたん坂を歩いてみよう。山頂駅のすぐ手前から南（左）に道が分かれている。ピラタス蓼科スキー場の縁を下る上部は少々急だが、ロープウェイの下をくぐるあたりからはゆるやかになる。下半の草原の道は、南アルプスや南八ガ岳を見ながら行く楽しい道だ。ロープウェイ**山麓駅**のすぐ近くに下り着く。ここからバスで茅野駅へ。

池底に亀甲状の構造土を沈める亀甲池（10月上旬）

交通アクセス

●**バス**　茅野駅～ピラタス横岳ロープウェイ山麓駅間は、通年運行で一日一〇～一二便。諏訪バス茅野駅前案内所☎〇二六六72二一五一。

●**ロープウェイ**　ピラタスロープウェイ山麓駅～山頂駅間は、通年運行で10～20分間隔（点検のための運休日あり）。ピラタス横岳ロープウェイ☎〇二六六67二〇〇九。

●**タクシー**　茅野駅～ロープウェイ山麓駅（所要約40分・約七六〇〇円・下山時要予約）アルピコタクシー（六七台）☎〇二六六71一一八一、高島タクシー☎〇二六六72四一六一、中山タクシー☎〇二六六72七一八一他〈茅野市〉。

コースメモ

コース上に水場はない。従来、利用されてきた双子池雄池の水は飲用に不適。飲料水は双子池ヒュッテから。

体★★ 技★☆ 危★☆

MAP 126～127P

富士の見える頂と山上の水辺に憩う静かな山歩き

27 八千穂高原から八柱山・雨池

●八千穂高原→八柱山→雨池→大石川林道→八千穂高原
●日帰り（東京早朝発） 適期 5下～10中
●5万図 蓼科山 2・5万図 松原湖、蓼科

八柱《やばしら》山は、雨池の東に、小さな膨らみをもってその存在を知らせるひかえめな山。北八ガ岳の主脈からはなれていることともあり、雨池は人気の的でおとずれる登山者も多いが、そこから1時間ちょっとで往復できる好展望の山頂を踏む人は少ない。この山に下から直接登るときの起点は八千穂高原。八柱山―雨池と歩いて大石川林道（林道大石川線）を八千穂高原に戻るのがこのコースだ。

　八千穂高原（八千穂自然園バス停）までは、JR長野新幹線・小海線佐久平駅の駅前から出る八千穂駅経由麦草峠行のバス（季節運行）を利用する。このバスは一日二往復で、一番バスの八千穂自然園着は10時34分（佐久平駅発8時55分）、下りの二番バスの通過時刻は17時2分（麦草峠発16時32分）。したがって、この間の6時間30分で山を歩くことになる。余裕をもって山をのんびりと楽しむために、タクシー利用を考えてもいいだろう。雨池からは、麦草峠方面、坪庭方面等へ向かうのもよい。逆コースは、はじめに長い林道歩きをすることになるが、急な登りはなくなる。

八柱山めざして

●歩行4時間25分
●標高差五三〇㍍（八千穂自然園―八柱山）

佐久平駅（千曲バス39分）八千穂駅（同バス40分）八千穂自然園（50分↓↑40分）八柱山登山口（1時間20分↓↑1時間）八柱山（30分↓↑40分）雨池南岸（10分↓↑10分）大石川林道（55分↓↑1時間15分）八柱山登山口（40分↓↑50分）八千穂自然園（千曲バス40分）八千穂駅（同バス39分）佐久平駅

　バスを**八千穂自然園**で下車したら、国道二九九号線を渡って、バス停のほぼ向かい側から山へと延びている林道（八ガ岳林道）に進む。これが八柱山登山口への道だ。幅広の砂利道ははじめ北へ向かってシラカバ林に続くが、そのうち蛇行して何度も方向を変え、両側もカラマツ林に変わる。途中、道わきに古代人の住居跡を見る。林道が西へ向かって直進するようになると、前方、間近に八柱山が望まれ、振り返ると、御座《おぐら》山、茂来《もらい》山、四方原《よもつばら》山など南佐久の山々が見える。水無川を渡ると大石川林道を合わせる三差路にぶつかり、道を左にとってゆるい登り坂を行く。三差路から6～7分登って出合ったヘアピンカーブの屈曲点が**八柱山登山口**だ。

登山口からは、まず落葉松尾根の背を目指して登る。わずかな距離だが、傾斜はけっこうきつい。カラマツ林の林床を埋める深い笹原を登る。小さなコブの西側で尾根上に出、左折して平坦な道を進む。が、そのうち傾斜は強まり、ぐんぐん登る。もう山頂も近かろう、と思われるあたりで急に樹林は切れ、前方に岩屑の急斜面が現われる。距離にして一五〇《メートル》くらいあるだろうか、足元の悪いこの急斜面を右端の樹林との境目付近にコースをとって登り進むと、大きなアンテナ(宇宙科学研究所の深宇宙探査用アンテナ)がまず現われ、**八柱山**山頂に着く。

大型アンテナの下には二等三角点が見え、その付近に立つと、北から東、南にかけての広い範囲に眺望が得られる。浅間山、御座山、金峰山、富士山(北八ガ岳で富士山が見える頂はここと にゅうだけ)、近景をなす八ガ岳では、中山付近の尾根の向こうに硫黄岳と天狗岳とが頭だけをのぞかせ、縞枯山や大岳が木の間に見える。西側は、針葉樹が濃く茂っていて眺めはない。

八柱山山頂をあとにすると、黒木の林とカラマツ林とにはさまれた下り坂がひととき続いたのち、ゆるやかな登りになる。小さな水溜り、神ノ池を樹間に見るあたりからはまたゆるい下りに変わり、笹原を下ってゆくと前方がひらけ、雨池の東岸に出る。白駒池に次ぐ大きさをもつこの池は、名前とは裏腹にきわめて陽気な雰囲気をもっている。水深は深いところで大人の背丈くらいだ。雨の少ない季節には広大なグラウンドと化すこともめずらしくない。東岸から北岸を通って南岸まで水辺に道がつけられている。

南岸まで行って雨池をはなれる。針葉樹の林をぬけ、笹原を通って10分も行くと**大石川林道**に出る。あとはこの林道を八柱山登山口の先の三差路まで下り、八ガ岳林道に入って八千穂高原へと戻る。雨池から大石川林道に出た少し先で、麦草峠への道が南(右)に分かれる。往きも帰りも林道歩きが多いが、車の往来は全くといってよいほどなく、山道気分で歩ける。

交通アクセス

●**バス** 佐久平駅〜麦草峠間は、一日二便で5月連休、7月中旬〜8月下旬は毎日運行されるが、5月下旬〜7月中旬、8月下旬〜10月中旬は土・日・祝日のみ。千曲バス☎〇二六七26二六〇〇。

●**タクシー** 佐久平駅〜八千穂高原自然園(所要約50分・約一万円・下山時要予約)岩村田観光タクシー(一八台)☎〇二六七67二五二五、佐久ハイヤー☎〇二六七62一五一五、千曲ハイヤー☎〇二六七67一〇一〇、松葉タクシー☎〇二六七67四三二一他〈佐久市〉。八千穂駅〜八千穂自然園(所要約30分・約五五〇〇円・下山時要予約)八千穂タクシー(五台)☎〇二六七88二〇六四〈八千穂村〉。

コースメモ

コース上に水場はない。八千穂自然園で用意する。

樹林、草原、池沼、岩峰――多彩な自然との出会い、北八ガ岳縦走

28 大河原峠から横岳・天狗岳

●蓼科温泉→大河原峠→双子池🏠→横岳→縞枯山→茶臼山→高見石🏠→黒百合平→天狗岳→夏沢峠→稲子湯

●2泊3日（東京早朝発）　適期 6上〜10中

●5万図 蓼科山　2・5万図 蓼科、蓼科山、松原湖

体★★★☆　技★★　危★★

MAP 114〜115・126〜127・148P

横岳北峰から俯瞰した天祥寺原と大河原峠

森林高地・北八ガ岳の脊梁に、池沼を、草原を、原生林を、そして山をたずねる興趣に富む縦走登山。概しておだやかな尾根路だが、山頂を踏む山は一〇座を越え、登り下りが頻繁でそれ相応の体力、頑張りが強求される。登山口は西面・諏訪側の蓼科温泉親湯（親湯入口バス停下車）、下山口は東面・佐久側の稲子湯。親湯入口まではJR中央本線茅野駅の駅前から出るピラタス横岳ロープウェイ山麓駅行のバス（通年運行）を利用する。竜源橋までバスを利用の場合は白樺湖行（季節運行）に乗り継ぐ。稲子湯からはJR小海線小海駅行のバス（季節運行）が出ている。

ここでは早朝発の二泊三日行程としたが、一日目の行動を余裕あるものにするために前夜発とするのもよい。また、バスあるいはタクシーで竜源橋まで入るという方法もある。横岳と黒百合平とに泊まる前夜発の二泊三日行程もよいだろう。

逆コース（北上）のほうが、相対的に標高の高い方から低い方へと進むことになり、また、双子池―大岳間、麦草峠―丸山間などの急坂が下りになるという利点ももつが、総歩行時間に大きな差はない。103頁「19天狗岳から赤岳・編笠山」の項につなげれば八ガ岳主脈の南北全山縦走が果たせる。登山の適期は6月上旬から10月中旬。

第1日 親湯から大河原峠・双子池へ

●歩行5時間

●標高差八七〇㍍（親湯―双子山）

―茅野駅（諏訪バス37分）親湯入口（10分→

↑10分）ホテル親湯（45分↓↑35分）蓼科山分岐（35分↓↑25分）竜源橋（1時間50分↓↑1時間20分）天祥寺原・亀甲池分岐（40分↓↑30分）大河原峠（30分↓↑20分）双子山（30分↓↑50分）双子池

親湯入口バス停からホテル親湯に通ずる車道に入ってその終点まで行き、ホテルの裏手で滝ノ湯川を右岸へ渡り、上流へ向かう。カラマツのまざる広葉樹林にゆるい登りが続く。少々草深かった道が砂利敷きの車道に変わると間もなく城ノ平方面からの車道を鉤の手に横切り、カラマツ林を行くようになる。そのうち樹林はまた広葉樹中心のものに変わり、途中、**蓼科山分岐**を見て登り続けるとビーナスライン上の**竜源橋**に出る。ここまではバスが使える。

竜源橋から登山道になる。天祥寺原に出るまではずっと林間の道だ。緩急おりまぜた最初のジグザグ登りが少々苦しいが、この日の行程できついのはここだけだ。ゆるい登りに変わると滝ノ湯川が伏流で沿うようになり、やがて水流が現われる。樹林は黒木からカラマツにかわり、明るい笹原道を進むと待望の天祥寺原に出る。すぐに蓼科山への道を分け、夏にはハクサンフウロをはじめ多くの花で賑わう笹原・草原を行くようになる。右手には堂々たる巨体の横岳が、左手には蓼科

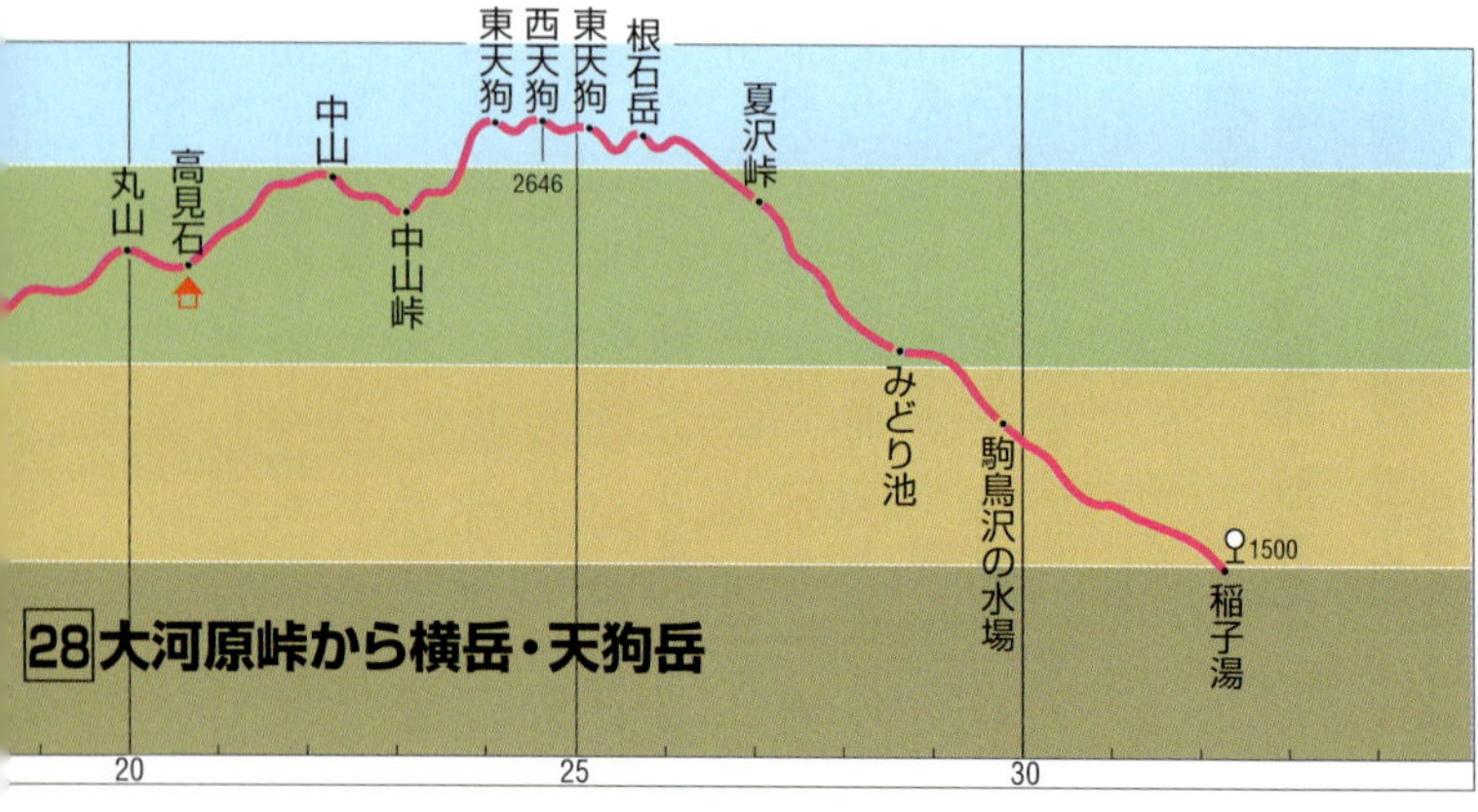

28 大河原峠から横岳・天狗岳

山の穏和な姿が眺められる。**亀甲池分岐**を過ぎると傾斜はやや強まり、8月にはマツムシソウが群落をなす爽快な斜面を大河原峠へと向かう。

大河原峠は、峠のイメージからはほど遠い、明るくのびやかな鞍部。佐久平が真下に俯瞰され、浅間山や志賀の山々がよく望まれる。佐久側には林道（夢ノ平線）が通じ、南側の道端に大河原ヒュッテが建っている。その横から縦走路に入り、ふりだしの峰、双子山に登る。

双子山へは、ナナカマドや黒木の点在

ハクサンフウロ咲く双子山山頂と蓼科山

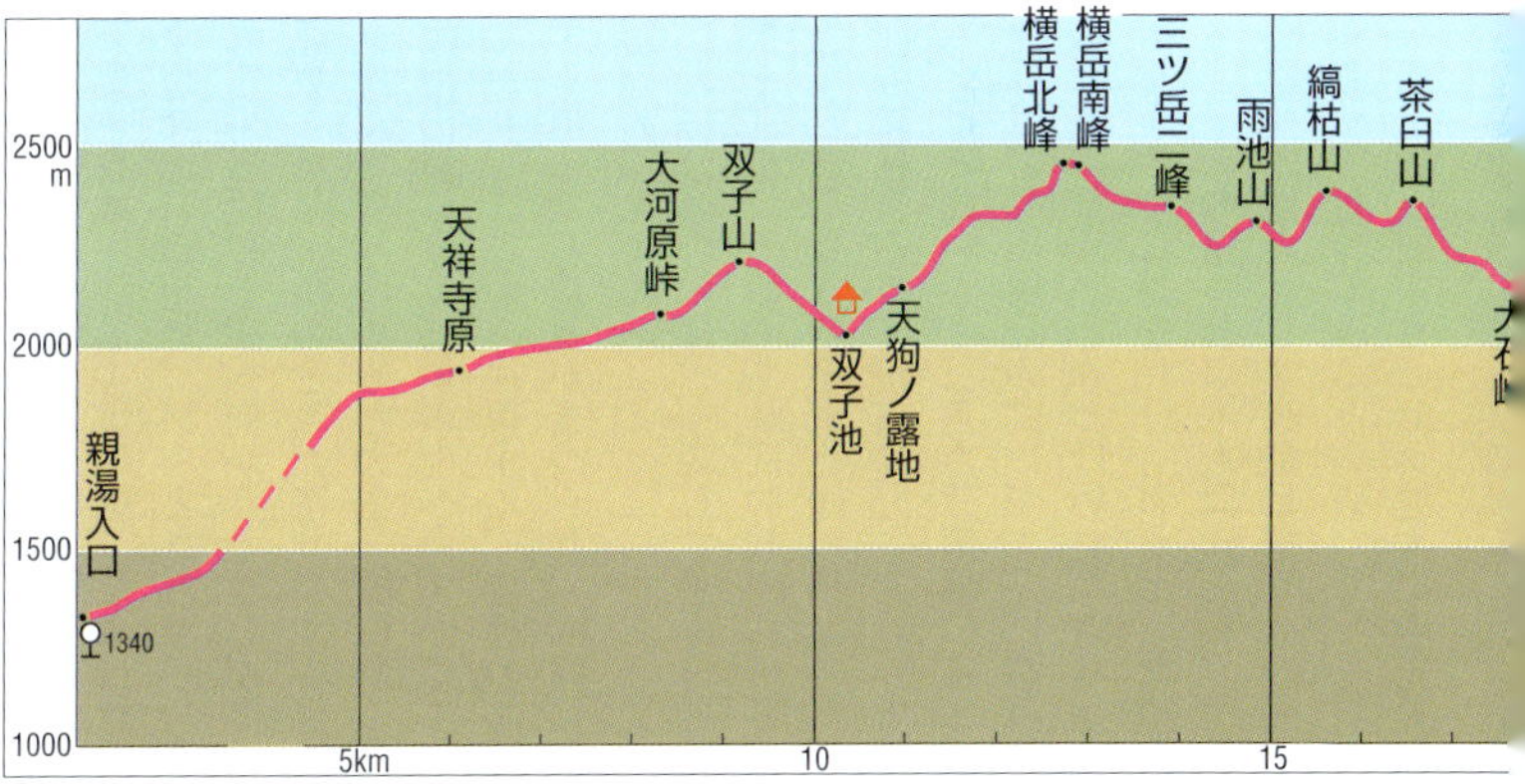

巨岩の堆積する三ツ岳山頂と縞枯山方面の眺め

する草の斜面を行く、わずかな登りだ。**双子山**山頂は登り出た北西端に三角点があるものの、どこが天辺ともいえないような広々とした草地で、じつに気持ちがいい（149頁写真）。南端まで行くと下り道となり、黒木の林からカラマツ林へと緩急の道に歩を進めると双子池ヒュッテのわきに出る。**双子池**は一対をなす池で、ヒュッテをはさんで南にあるのが雄池、北にあるのが雌池、どちらも東岸はカラマツ林で、西岸は黒木の林だ。大岳を映す雄池の景観がことにいい。雌池の北岸がキャンプ指定地になっている。

第2日 大岳から縞枯山・高見石へ

●歩行7時間45分
●累積標高差九二〇㍍（双子池―大岳、縞枯山、高見石）

双子池（45分↓↑30分）天狗ノ露地（1時間↓↑40分）大岳分岐（〈大岳往復10分〉1時間↓↑50分）横岳南峰（10分↓↑15分）七ツ池入口（50分↓↑50分）三ツ岳・二峰（35分↓↑45分）雨池山（10分↓↑15分）雨池峠（40分↓↑25分）縞枯山（30分↓↑40分）茶臼山（30分↓↑45分）大石峠（10分↓↑15分）麦草峠（1時間↓↑40分）丸山（15分↓↑20分）高見石

　双子池から大岳に登る。この登りは、この日いちばんの高差をもつ登り。歩きはじめから少々苦しめられる。双子池ヒュッテ下から樹林に入ってまず尾根の背をめざす。岩塊をぬう岩道は急なうえ、足元がよくない。尾根上に出たところは**天狗ノ露地**（別名・奥坪庭）とよばれる平坦な熔岩台地で、いっとき展望が得られる。岩尾根を南へ向かうと再び樹間の急坂となり、角のとれた滑りやすい巨岩を踏んで登りつめると大岳分岐に着く。**大岳**山頂は縦走路から南へわずかはずれており、ここから往復する。岩塊の堆積する頂には石地蔵がまつられ、四囲に好展望が楽しめる。

　大岳分岐からは、一変して平坦な岩尾根を進む。そののち林間の鞍部に下り、急な岩道を登ると横岳北峰の頂上に出る。前方に見えるコブが南峰だ。北峰の方が八㍍ほど高いが、三角点は南峰にある。北峰は蓼科山周辺の眺めがよく、**南峰**は八ガ岳の景観がとりわけいい。南峰から樹林帯の急な道を10分も下ると、北横岳ヒュッテの建つ**七ツ池入口**に着く。横岳の登りで見えた七ツ池が北側の林の中にあるので行ってみるといい。

　三ツ岳へ向かう。七ツ池入口の先で坪

庭方面への道を分けると縦走路は前方の巨岩を避けて北（左）へ回り込み、熔岩の起伏を細かく上下しながら、針葉樹やシャクナゲの茂る林を行くようになる。三ツ岳はその名の通り、三つのコブからなる岩山。まず、短い鎖場を通って三峰に登る。中央の**二峰**がいちばん高く、ペンキ印をたどって巨岩の堆積を行くとその天辺に出る。一峰は一段低いところにあり、頂からは雨池がよく見える。

　高山的気分の濃い三ツ岳から雨池山との鞍部に下る。この下りは急峻な岩道なので、足はこびには充分注意が必要だ。鞍部から笹原の道を登り返すと、枯木に包まれた**雨池山**山頂に着き、反対側へ急坂をまっすぐ下ると雨池峠に出る。右に笹平への道が、左に雨池方面への道が分かれる。ここから縞枯山に登る。下半の枯木帯は緩斜面だが、上半の樹林帯はきつい。**縞枯山**山頂は東西に細長く、登り出た西端が最高所だが、木立の中で眺めはない。東進するとしだいに周囲がひらける。山頂東端の少し先に縦走路からはずれて展望台（三角点のある突起）がある。

　縞枯山から若木の林の中を鞍部に下り、樹林帯を登りかえすと**茶臼山**山頂に着く。この頂上も林の中で眺めはゼロだが、西端の岩地に出ると大きな展望が得られる。縞枯山南西面に広がる縞枯現象が見ものだ。茶臼山の下りは最初が急傾斜、明るい若木の林の中を、下り終えて中小場（岩の小突起）を越え、樹林を進むと大石峠に出る。さらに樹間を下り進むと**麦草峠**に着く。国道二九九号線を渡ったところに麦草ヒュッテがある。

　麦草峠からこの日最後の登りになる。この丸山への登りは最上部が急坂だ。峠上から笹の斜面を直登して樹林帯に入り、小さなコブを越えたのち、平坦地を行く。それの終わったところからが急坂、暗い林の中を登りつめると**丸山**の頂上に出る。木立の中の平凡な山頂だ。反対側へわずか下ると、白駒池分岐、渋ノ湯分岐の白駒峠に出、少し行くと高見石小屋に着く。小屋裏の巨岩の山が**高見石**。その天辺からは白駒池が直下に見え、蓼科山方面や浅間山、南佐久の山々がよく望まれる。

第3日 中山から天狗岳・稲子湯へ

●歩行7時間15分
●累積標高差五〇〇㍍（高見石―中山、西天狗）

高見石（1時間↓↑40分）中山展望台（35分↓↑45分）中山峠（1時間↓↑40分）天狗岳・東天狗（15分↓↑15分）西天狗（15分↓↑15分）東天狗（30分↓↑40分）根石岳（40分↓↑50分）夏沢峠（40分↓↑1時間）本沢温泉（1時間10分↓↑1時間10分）みどり池（20分↓↑35分）駒鳥沢の水場（25分↓↑35分）屏風橋（25分↓↑40分）稲子湯（小海町営バス24分）松原湖駅南口（同バス9分）小海駅

　高見石から中山に登る。この登りは少々長いが、上部でやや傾斜が増すものの、とくにきつい登りではない。**中山**を越えると林間のおだやかな下りが中山峠まで続き、そこから、最後を締めくくる天狗岳の登りとなる。そのまま主稜線を登るものと、黒百合平に出て擂鉢池を回って行くものとコースは二本あるが、前者がよかろう。岩尾根を登り、**東天狗**の頂上に出る。来し方、北八ガ岳方面が幕切れにふさわしく一望になり、南八ガ岳の眺めも迫力がある。最高点の**西天狗**はぜひ往復してみよう（高見石から中山峠にかけては124頁の「22渋ノ湯から高見石・みどり池」の項に、中山峠から天狗岳にかけては86頁の「16渋ノ湯から黒百合平・天狗岳」の項に詳述）。

天狗岳から縦走路をさらに**夏沢峠**まで行き、佐久側へ稜線をはなれる。**本沢温泉**に下ったのち尾根を一本越えて**みどり池**に出、**稲子湯**へと下る。途中、本沢温泉で、露天風呂につかりながら山行を回想するのもいいし、稲子湯に下ってゆっくり三日間の汗を流すのもよかろう（天狗岳から稲子湯間は前出各項で詳述）。

●**バス** 茅野駅～ピラタス横岳ロープウェイ山麓駅は通年運行で一日一〇～一二便。竜源橋方面への東白樺湖行バス（蓼科湖口イヤルイン始発）は、一日二便で5月連休、7月下旬～8月下旬は毎日運行されるが、9月上旬～10月上旬は土・日・祝日のみ。親湯入口～竜源橋間は所要時間は12分。夏の登山・観光シーズンには茅野駅から蓼科湖経由東白樺湖行の直通バスが一日一便運行される。諏訪バス茅野駅前案内所☎〇二六六72二一五一。稲子湯～小海駅間は、4月下旬～11月下旬の運行で一日三～四便。期間外は山麓の稲子から乗車できる。徒歩の所要時間は、稲子湯（1時間30分↓↑2

時間）稲子。小海町営バス☎〇二六七92二五二五。

●タクシー　茅野駅〜親湯（所要約30分・約五六〇〇円）、茅野駅〜竜源橋（所要約40分・約七〇〇〇円）アルピコタクシー（六七台）☎〇二六六7１一一八一、高島タクシー☎〇二六六72四一六一、中山タクシー☎〇二六六72七一八一他〈茅野市〉。稲子湯〜小海駅（所要約25分・約四八〇〇円・要予約）小海タクシー（八台）☎〇二六七92二一三三〈小海町〉。

宿泊

大河原ヒュッテ（五〇人収容）通年営業・要予約、二食付・弁当可、素泊り可。双子池ヒュッテ（一〇〇人収容）４月下〜11月23日・５・11月は土・日営業、二食付・弁当可、素泊り可。北横岳ヒュッテ（八〇人収容）通年営業、二食付・弁当可、素泊り可。縞枯山荘（八〇人収容）通年営業、二食付・弁当可、素泊り可。麦草ヒュッテ（二〇〇人収容）通年営業、二食付・弁当可、素泊り可。高見石小屋（一五〇人収容）通年営業、二食付・弁当可、素泊り可。黒百合ヒュッテ（二五〇人収容）通年

顕著な縞枯現象が見られる縞枯山山頂部　撮影＝内田修

営業、二食付・弁当可、素泊り可。

根石山荘（一〇〇人収容）4月25日～11月10日・年末年始営業、二食付・弁当可、素泊り可。

山びこ荘（四〇人収容）4月下～11月上・年末年始営業、二食付・弁当可、素泊り可。

ヒュッテ夏沢（三〇〇人収容）4月25日～10月12日営業、二食付・弁当可、素泊り可。

湯元本沢温泉（一八〇人収容）通年営業、二食付・弁当可、素泊り可。

しらびそ小屋（六〇人収容）通年営業、二食付・弁当可、素泊り可。

稲子湯旅館（八〇人収容）通年営業、二食付・弁当可、素泊り可。
＊宿泊料金、営業状況等は事前に確認のこと。予約・連絡先は巻末192頁参照。

キャンプ地

双子池キャンプ指定地（双子池雌池北岸、二〇張、水は双子池ヒュッテから）。管理・連絡先は双子池ヒュッテ☎〇二六七88四五六六。

白駒池キャンプ指定地（青苔荘付近、六〇張、給水施設あり）。管理・連絡先は青苔荘☎〇二六七62二九一〇。

黒百合平キャンプ指定地（黒百合ヒュッテ付近、五〇張、湧水）。管理・連絡先は黒百合ヒュッテ☎〇二六六72三六一三。

西方オーレン小屋キャンプ指定地（夏沢峠西方オーレン小屋付近、五〇張、湧水）。管理・連絡先はオーレン小屋☎〇二六六72三九四〇。

本沢温泉キャンプ指定地（湯元本沢温泉付近、一五張、給水施設あり）。管理・連絡先は本沢温泉☎〇九〇3140七三一二。

みどり池キャンプ指定地（しらびそ小屋付近、一〇張、給水施設あり）。管理・連絡先はしらびそ小屋☎〇二六七96二一六五。

コースメモ

稜線上での水場は黒百合平（湧水のため涸れることがある）の一カ所のみ。コースから少し外れるが、白駒池で可能。各小屋でも、極度の水不足でない限り、宿泊者には分けてくれる。

技★☆ 危★

a 天祥寺原から亀甲池・双子池

●歩行1時間
●標高差六〇㍍（天祥寺原—双子池）

天祥寺原・亀甲池分岐（25分→←20分）亀甲池（35分→←35分）双子池

天祥寺原から、稜線を通らずに双子池に出る道で、大河原峠—双子山を経由するよりも45分ほどの時間短縮になる。逃げ道として有用のほか、池巡りのときなどにも活用できる。亀甲池からは横岳への道が分岐している（142頁「26坪庭から横岳・双子池・雨池」参照）。

天祥寺原の亀甲池分岐で南東に折れるとすぐに、涸れ沢状を呈する滝ノ湯川源流を渡り、いっとき登り坂を進んだのちゆるやかな斜面を行く。笹原からシシウドの茂る草原へと気分のいい道が続き、振り返るとカラマツ林の向こうに蓼科山が望まれる。針葉樹の林に入って数分行くと**亀甲池**の西岸に出、ここで横岳からの道を合わせる。双子池へは鬱蒼とした樹林を行く。大岳からの尾根をわずかな登り下りで越えると**双子池雌池**の西岸に出る。雄池へは北岸を回ってゆく。

3

八ガ岳周辺の山々

蓼科山
美ノ森山
天女山
飯盛山

蓼科山
1：80,000
佐久平駅・佐久ICへ
白樺湖・茅野駅へ
茅野駅・諏訪ICへ
茅野駅へ
麦草峠・八千穂駅へ
蓼科牧場
白樺高原スキー場
御泉水自然園
七合目
白樺高原
望月町
春日
前掛山
大河原峠
大河原ヒュッテ
双子山
双子池ヒュッテ
双子池
立科町
ビーナスライン
蓼科山荘
蓼科山
天祥寺原
湯川
亀甲池
滝ノ湯川
南平
八子ガ峰
スズラン峠
蓼科山登山口
竜源橋
横岳
大岳
縞枯山荘
山頂
雨池峠
縞枯山
ピラタスの丘
ピラタス横岳ロープウェイ
ピラタス蓼科スキー場
山麓
茶臼山
五辻
親湯入口
親湯
滝ノ湯
蓼科温泉
蓼科高原
北山
出逢ノ辻
狭霧苑地
長野県
メルヘン街道
299
冷山のコル
冷山
奥蓼科
渋ノ湯
横谷温泉
明治湯
渋川温泉
渋辰野館前
渋川
八方台
唐沢鉱泉
茅野市
1:00
1:10
2:30
0:50
0:40
1:10
1:30
2:0

体★★☆ 技★★ 危★★

MAP 126〜127・148・159P

三六〇度のパノラマをもとめて最短コースから諏訪富士に登る

29 蓼科牧場から蓼科山

●蓼科牧場→将軍平→蓼科山→天祥寺原→竜源橋→蓼科温泉
●前夜発1日 適期 7中〜10上
●5万図 蓼科山 2.5万図 蓼科、蓼科山

将軍平に登ると、めざす山頂部が姿を現わす

蓼科山は、八ガ岳連峰の北、大河原峠に接してそびえる独立峰的性格の山だ。コニーデ型の胴体にトロイデ型の頭をのせる二重式火山で、秀麗な円錐形を見せるところから諏訪富士の異名をもち、山頂は三六〇度の大展望を誇っている。四本の主要登路があるが、蓼科牧場からの道が最短。それを登り、天祥寺原を経て蓼科温泉親湯に下るのが本コースだ。

登山口の蓼科牧場へは、JR中央本線茅野駅からバスを乗り継いで行く。茅野駅前から白樺湖行（あるいは車山高原行、白樺湖経由上諏訪行）に乗車し、東白樺湖で佐久平駅行に乗り継ぐ。始発便（6時5分発）で茅野駅を発てば7時30分には蓼科牧場に着ける。下山後はピラタス横岳ロープウェイ山麓駅始発のバスに親湯入口から乗車して茅野駅に出る。運行日であれば、下山コース途中の竜源橋から親湯入口までバス（季節運行）が利用できる。なお、7・8月の夏山最盛期にはJR長野新幹線・小海線佐久平駅より8時発のバスが運行され、同バスを利用すれば、日帰り登山も可能である。逆コースは登りが長く、はるかにきつい。

大展望の山頂めざして

●歩行6時間10分
●標高差八八〇㍍（蓼科牧場—蓼科山）

茅野駅（諏訪バス45分）東白樺湖（JRバス・千曲バス14分）蓼科牧場（40分↓↑25分）御泉水自然園（20分↓↑15分）七合目（1時間10分↓↑50分）将軍平（30分↓↑20分）蓼科山（20分↓↑30分）将軍平（50分↓↑1時間10分）天祥寺原（1時間10分↓↑1時間40分）竜源橋（25分↓↑35分）蓼科山分岐（35分↓↑45分）ホテル親湯（10分↓↑10分）親湯入口（諏訪バス37分）茅野駅

明るい天祥寺原から、下山してきた蓼科山を振り返る

蓼科牧場の上にある御泉水自然園《ごせんすいしぜんえん》までは牧場の下端からゴンドラリフト（通年運行）が架かり、それに乗れば5分たらずで登ってしまうが、背後に広がる、白樺湖周辺や霧ガ峰高原の景観を楽しみながら牧場内をのんびり登るのも悪くない。コースは、下から見てリフト右手の草地につけられている。**御泉水自然園**の入口で、園内に通ずる遊歩道を左に分ける。登山道はカラマツ林に坦々と続き、登り坂に変わったのち、蛇行する林道（夢ノ平線）を二度横切ると、広い駐車場をなす**七合目**に出る。ここは一ノ鳥居ともよばれ、蓼科山の登り口に古ぼけた鳥居がある。

七合目から馬返しまでは、カラマツ林にゆるい登りが続く。馬返しは、白樺高原からの道との合流点、その名が示すようにここで急坂に転ずる。将軍平までほぼ一直線の登りで、岩屑の急斜面を行く箇所もあり、きつい小一時間だ。馬返しからは林も黒木に変わる。途中の天狗ノ露地は恰好の休憩地、霧ガ峰・美ガ原方面がよく望まれる。ダケカンバが多くなると稜線は近く、最後の急坂を頑張れば、疎林に囲まれた明るい平坦地、**将軍平**に出る。大河原峠―蓼科山の道と、七合目―天祥寺原の道とが交わって十字路をなし、東側に蓼科山荘が建っている。蓼科山の丸い山頂部が目の前に見える（157頁写真）。

将軍平から蓼科山へは、岩塊を踏んで

急斜面を登る（とくに下りのとき、足元に要注意）。上部へ行って左手へ回り込み、蓼科山頂ヒュッテを通り過ぎると、一等三角点の**蓼科山**山頂に着く。山頂は岩塊に覆われた、中央がやや窪んだ広い平地で、その窪みに蓼科神社の石祠がまつられ、南西端に展望盤がある。眺望は、間近の八ガ岳連峰をはじめ、南、中央、北とつらなるアルプス連山から頸城の山々、上信の山々……と、まさしく三六〇度におよび、展望盤を案内に、一山一山確かめるのも楽しい。

一等三角点が置かれた蓼科山山頂

北西面上空から見る蓼科山と北八ガ岳の山々。左の鞍部が将軍平　撮影＝内田修

蓼科山山頂でひとときを過ごしたら**将軍平**に戻り、天祥寺原への道に入る。下りはじめは、横岳や南八ガ岳を前方に見ながらの明るい道。が、しだいに樹林の背が高まって眺めはなくなり、傾斜も強まる。涸れ沢に出るとまた横岳が見え、ケルンやペンキ印をひろってその涸れ沢を一五〇メートルほど下り、いったん樹林に入ったのちさらに三〇メートルほど下る。

再び樹林帯に入ると傾斜はゆるみ、樹林を出て笹原を進むと、**天祥寺原**の下端で、大河原峠と竜源橋とを結ぶ道に出る。振り返ると、蓼科山や将軍平がよく見える（160頁写真）。

竜源橋方面へ折れてわずか行くと天祥寺原の明るい草原は終わり、以後、竜源橋までずっと林間を行く。滝ノ湯川沿いにゆるい下りが続いたのち緩急おりまぜた下りになる。**竜源橋**でビーナスラインに出たらそれを右へ一〇〇メートルほど行って渡り、親湯への道に入る。雑木林からカラマツ林へとゆるい下りが続き、最初は

砂利敷きの車道だが、途中から山道に変わる。
　ホテル親湯の裏手で滝ノ湯川を渡り、舗装道路を10分も行くと**親湯入口**バス停に着く。ひとつ先の停留所、蓼科温泉プール平まではほんの2～3分なので、そこから乗車してもよい。プール平バス停裏に、温泉をひいた公衆浴場がある（天祥寺原から親湯にかけては次項に詳述）。

交通アクセス

●**バス**　茅野駅から白樺湖（車山高原行、上諏訪行）間は通年運行で4月～11月までの便数が多い。佐久平駅～白樺湖間も通年運行で一日六～七便。竜源橋を通る蓼科湖ロイヤルイン～東白樺湖間は一日二便で5月連休、7月下旬～8月下旬まで毎日運行されるが、9月上旬～10月上旬は土・日・祝日のみ。竜源橋～親湯入口間の所要時間は12分。諏訪バス茅野駅前案内所☎〇二六六72二一五一、JRバス関東小諸支店☎〇二六七22〇五八八、千曲バス☎〇二六七26二六〇〇。
7月中旬～8月下旬には、新宿・大阪・京都から東白樺湖経由車山行の直通バスが一日一便運行される。問合せは諏訪バス☎〇二六六53〇一一一、アルピコ東京☎〇三3320〇二一〇、アルピコ大阪☎〇六6346二二〇〇。

●**タクシー**　茅野駅～蓼科牧場（所要約40分・約八〇〇〇円）、親湯～茅野駅（所要約36分・約五六〇〇円・要予約）アルピコタクシー（六七台）☎〇二六六71一一八一、高島タクシー☎〇二六六72四一六一、中山タクシー☎〇二六六72七一八一他〈茅野市〉。

コースメモ

＊コース上に水場はないので、山麓で充分に用意すること。
＊御泉水自然園は、標高一八〇〇㍍付近に位置する広大な自然園。コメツガ、シラビソ、カラマツ、シラカバ等の樹林に、ハクサンシャクナゲ、レンゲツツジ、コバイケイソウ、ヤナギランなど多くの花が咲き、五〇種近い野鳥が棲息する。園内には、カラマツの道、小鳥の道などと名づけられた遊歩道が設けられ、1時間半ほどで一周できる。開園時間は4月下旬～11月末。入園料は大人二五〇円、小人一〇〇円。☎〇二六七55六一三一。

体★★★ 技★★ 危★★

MAP 126~127・148P

「女の神山」山頂めざして急坂を登る古くからの道

30 蓼科温泉親湯から蓼科山

●蓼科温泉→蓼科山登山口→蓼科山→大河原峠→竜源橋→蓼科温泉
●前夜発1日 適期 7中~10下
●5万図 蓼科山 2.5万図 蓼科、蓼科山

歌人・伊藤左千夫により「信濃には八十の高山ありといへど女の神山の蓼科われは」とうたわれた蓼科山――その頂に親湯から寺小場平を通って登る道は、古くから親しまれてきた蓼科登山の本道。山頂を直接めざす急坂は楽ではないが、それだけに登頂時の感激は他コースの比ではない。この道を登路に、大河原峠―天祥寺原経由の道を下山路にしたコースを記す。全行程を歩くことにするが、登路上の蓼科山登山口（寺小場平）、下山路上の竜源橋はビーナスライン上にあり、蓼科湖―白樺湖線のバス（季節運行）が停まるので、運行日なら、バスを使って山麓歩きを省略することもできる。

JR中央本線茅野駅の駅前から出るピラタス横岳ロープウェイ山麓駅行バスに乗車、親湯入口で下車。そこから徒歩となる。また、帰りは同停留所から乗車する。往路、蓼科山登山口まで、復路、竜源橋からバスを利用した場合は親湯入口（あるいはその付近の停留所）で乗換えとなる。日数が許すなら、山頂付近で宿泊する一泊二日行程としたい。逆コースのほうが歩行時間は30分ほど少ないが、蓼科山までが長い登りになる。登山の適期は7月中旬から10月下旬。

本格的な登りに挑戦

●歩行8時間20分
●標高差一一八〇㍍（親湯―蓼科山）

茅野駅（諏訪バス37分）親湯入口（10分↓↑10分）ホテル親湯（45分↓↑35分）蓼科山分岐（35分↓↑25分）寺小場平・蓼科山登山口（2時間30分↓↑1時間30分）蓼科山（20分↓↑30分）将軍平（1時間↓↑1時間20分）大河原峠（30分↓↑40分）天祥寺原・亀甲池分岐（10分↓↑10分）蓼科山分岐（1時間10分↓↑1時間40分）竜源橋（25分↓↑35分）蓼科山分岐（35分↓↑45分）ホテル親湯（10分↓↑10分）親湯入口（諏訪バス37分）茅野駅

親湯入口から、バス道路と分かれる車道に入り、**ホテル親湯**のはずれまで行って滝ノ湯川を渡る。少し登ると丁字路に出合い、伊藤左千夫の歌碑への道を左に見て滝ノ湯川上流へと進む。すぐにもう一本、歌碑への道が分かれる。カラマツまじりの雑木林に、ちょっと草深い、ゆるやかな登り坂が続く。城ノ平方面からの車道を横切る（少しずれて交わっている）手前でこちらも車道に変わり、カラマツ林から雑木林へと砂利道を登り進むと、竜源橋・大河原峠方面との**分岐**に出る。蓼科山への道はなおも雑木林に続くが、寺小場平も近くなると、感じのいい

蓼科山頂から望む八ガ岳の山並み。中景左手は横岳

ナラ林を行くようになる。ビーナスラインに出たところが**寺小場平**で、道わきにドライブイン（女神茶屋）が建ち、**蓼科山登山口**バス停がある。

ここから蓼科山への本格的な登りになる。この登りは、緩急、緩急、緩急と、緩斜面と急坂とが三度くり返される。傾斜のゆるんだところで足を休ませながら登るのがコツだ。二度めの急坂にさしかかる標高一九〇〇《メートル》あたりまではカラマツ林の笹原道が続き、そこを通り過ぎるとダケカンバやシラビソの若木の林となる。樹林の切れ目からは蓼科山の上半が望まれ、振り返ると、八ガ岳の広い裾野の彼方に南アルプスや中央アルプスが眺められる。

標高二二〇〇《メートル》付近から最後の急坂になる。岩礫の急斜面を行くこの登りが、もっともきつい。ときおり枯木帯を通るのは、縞枯現象の中に道が通じているためだ。樹林をぬければ山頂は近い。巨岩累々とした斜面をペンキ印に導かれつつ東（右）へ回り込んで登りつめると、一等三角点の置かれた東端の最高点に出る。

蓼科山山頂は広々とした岩原で、蓼科神社の石祠が真ん中に、展望盤が南西端に置かれている。八ガ岳連峰など南から東にかけての展望を楽しむには三角点付近がよく、北アルプスなど北から西にかけての眺望は展望盤付近がいい。

大河原峠方面へは、最高点直下に建つ蓼科山頂ヒュッテのわきを通って下る。岩塊の急斜面が続く将軍平までは足元に注意が必要だ。蓼科山荘のある**将軍平**を過ぎるとおだやかな道となり、ダケカンバ林、シラビソ林、枯木林を縫いながら前掛山の南側を巻いてゆく。石のごろごろした急坂を下り、笹原を行くと**大河原峠**に着く。林道（夢ノ平線）が峠の佐久側に通じ、道わきに大河原ヒュッテが建っている。北方、佐久側の眺めがいい。

大河原峠から**天祥寺原**に下る。天祥寺原は笹原・草原が広がる明るい緩斜面、夏には色とりどりの花が咲く。中ほどまで下ると滝ノ湯川の源流に沿うようになり、亀甲池へ、蓼科山へと続けて道を分ける。蓼科山分岐の先からは、樹林帯の道を行く。**竜源橋**でビーナスラインを横切り、ゆるい下り坂の車道を進むと、朝方通った蓼科山分岐に出る。あとは**親湯入口**まで往路を行く。プール平まで下り、バス停の裏にある温泉公衆浴場で汗を流して帰るのもよいだろう。

親湯コースの中腹から見た蓼科山

交通アクセス

●バス　茅野駅～ピラタス横岳ロープウェイ山麓駅間は通年運行で一日一〇～一二便。竜源橋、蓼科山登山口方面への東白樺湖行（蓼科湖ロイヤルイン始発）は、一日二便で5月連休、7月下旬～8月下旬は毎日運行されるが、9月上旬～10月上旬は土・日・祝日のみ。親湯入口～竜源橋間の所要時間は12分、親湯入口～蓼科山登山口間は16分。夏の登山・観光シーズンには、茅野駅～蓼科湖経由白樺湖行の直通バスが一日一便運行される。諏訪バス茅野駅前案内所☎〇二六六7二一五一。

●タクシー　茅野駅～親湯（所要約30分・約五六〇〇円・下山時要予約）、茅野駅～蓼科山登山口（所要時間約45分・約七四〇〇円）、竜源橋～茅野駅（所要約40分・約七〇〇〇円・要予約）アルピコタクシー（六七台）☎〇二六六71一一八一、高島タクシー☎〇二六六72四一六一、中山タクシー☎〇二六六72七一八一他〈茅野市〉。

宿泊

蓼科山頂ヒュッテ（六〇人収容）6月中～10月下営業、二食付・弁当可、素泊り可。

蓼科山荘（六〇人収容）4月下～11月上営業、二食付・弁当可、素泊り可。

大河原ヒュッテ（五〇人収容）通年営業・要予約、二食付・弁当可、素泊り可。

＊宿泊料金、営業状況等は事前に確認のこと。予約・連絡先は巻末194頁参照。

コースメモ

コース上に水場はないので、山麓で充分に用意すること。

体★ 技★ 危★

MAP 22〜23・166P

草を食む牛の姿がのどかさを感じさせる牧場散策

31 清里から美ノ森山・天女山

●清里駅→美ノ森山→川俣川→八ガ岳牧場→天女山→甲斐大泉駅
●日帰り（東京早朝発）　適期 5中〜10下
●5万図 八ケ岳　2・5万図 谷戸、八ケ岳東部

八ガ岳東面に広がる広大な裾野の一角、赤岳から権現岳にかけての山裾を行く、のどかな展望コース。美《うつくし》ノ森《もり》山は、レンゲツツジ、ヤマツツジの群生が初夏には火の海を思わせる小さな草山。天女山は、その昔、天女が住んでいたとされる伝説の山。これらふたつのポイントをつなぐ道は、牛が三々五々草を食む牧場内に通じ、赤岳、権現岳等八ガ岳の山々をはじめ、北岳、甲斐駒ガ岳、鳳凰三山を中心とする南アルプス、それに富士山、奥秩父、佐久の山々等、豪華な山岳展望が楽しめる。

全行程を歩いても4時間たらずだが、起点のJR小海線清里駅から美ノ森までは夏期を中心にバスが運行されるので、それを使ってもいい。タクシーの便もある。逆コースも歩行時間は同じだが、南アルプスや富士山の好展望を終始、背にして歩くことになる。

登山の適期は5月中旬から10月下旬。6月上・中旬のレンゲツツジ、ヤマツツジの季節がとくによい。

美ノ森をふりだしに

●歩行4時間5分

清里駅（1時間↓↑50分／清泉寮経由1時間10分↓↑1時間）美ノ森（30分↓↑20分）羽衣池（20分↓↑25分）川俣川東沢（30分↓↑30分）八ガ岳牧場展望台（40分↓↑40分）天女山（15分↓↑20分）天女山入口（50分↓↑1時間）甲斐大泉駅

清里駅から美ノ森へは二通りの行き方がある。ひとつは、清里駅に接して甲斐大泉方面にある踏切を渡り、まっすぐ美ノ森山をめざすもの。このコースは、歩行時間は短いものの、交通量の多い車道を行く。もうひとつは、そのすぐ先にあるふたつめの踏切を渡り、清泉寮を通って八ガ岳高原ラインに出、美ノ森へ向かうもの。後者はやや遠回りになるが、同じ車道でも車の往来は少なく、道沿いの教会や病院、牧場などがかもしだす異国情緒を味わいながら歩くことができる。

美ノ森山は、「山」とはいうものの、その下の**美ノ森**バス停のある駐車場から六〇～七〇メートル盛り上がっただけの小さな丘。駐車場からジグザグの急な石道を登って出た天辺には、休憩所（売店）があり、山また山の大きな眺望が四囲に得られる。山頂一帯はレンゲツツジの群生するおだやかな草地だ。

美ノ森山の頂上から、八ガ岳（西）に

真教寺尾根から赤岳へ
大泉清里スキー場へ
地獄谷へ
町営キャンプ場
羽衣池
町営美し森たかね荘
美ノ森山
1543
ゲート
美ノ森
からまつ湖
美森の大ヤマツツジ
川俣川渓谷
清里駅へ
八ガ岳牧場
展望台
八ガ岳高原ライン(八ガ岳横断道路)
清泉寮
キイチャーセンター
川俣川西沢
川俣川東沢
清里駅へ
天女山
1529
三ツ頭、権現岳へ
天女山入口
八ガ岳牧場
中止ノ滝
吐龍ノ滝
小海線
1:25,000
0
1Km
甲斐大泉駅へ
甲斐大泉・小淵沢へ
清里へ

向かって延びる石敷きの道に入る。町営美し森たかね荘を右手、木の間に見て通り過ぎると階段状の急な登りとなり、登りつめると**羽衣池**に出る。天女山の天女伝説に因む池だが、湿原状の小さな水溜まりだ。木立の上に赤岳と横岳の頭がのぞき、赤岳への真教寺尾根コースが分かれている。池畔にあずまやがある。

羽衣池をあとにすると、道はゆるい起伏でカラマツ林や広葉樹林に続くようになり、途中で赤岳への道をもう一本分ける。林道が三差路をなす地点に下り着き、そのうちの、下の谷へ下っている林道をたどると**川俣川東沢**の川辺に出る。なお美ノ森山からここまでは、美ノ森山の南側直下から林道をたどるコースもある。先ほどの三差路で、川下から来て合わさったのがその林道だ。

東沢の流れを渡り、林間のつづら折りをひと登りすると、いよいよ牧場内（山梨県営八ガ岳牧場）の散策がはじまる。川俣川西沢の手前まで、ときおり木立の中を通りながら、緑の牧草地を牧柵に沿って歩く。まわりの山を見ながら、放牧の牛を見ながら、のんびりと歩きたい。牧場に入った当初は下り坂。富士山を正面に、赤岳を背にして歩を運ぶと広い砂礫の平坦地に着く。**八ガ岳牧場展望台**とよばれているところでテーブルやベンチが置かれ、八ガ岳高原ラインからの道が登ってきている。

展望台を過ぎると林の中の道となり、途中、牧場内に通ずる舗装道路を横切って進むと、再び放牧地に出る。これが牧場を歩く最後で、今度樹林に入りこんだなら、天女山までずっと林間の道だ。樹林に入って川俣川西沢（通常は涸れ沢）を渡り、その先で天女山山頂近くに通ずる車道を横断、急な階段道を登ると**天女山**の広い頂上に出る。これまでとくに変わった眺めはないが、見晴らしはなかなかいい。三角点が置かれ、あずまやが建っている。

天女山から甲斐大泉駅に出る。頂上から、八ガ岳神社の石祠や大町桂月の歌碑を道端に見て林間を**天女山入口**に下り、八ガ岳高原ラインを横切って前方に延びる舗装道路を行く。ゆるい下り坂だ。小海線を高架橋で渡った先で西（右）に折れ、一〇〇《メートル》も進むと**甲斐大泉駅**に着く。

交通アクセス

●バス　清里駅～大泉・清里スキー場間は5月連休、7月21日～8月31日までの毎日と9月1日～11月上旬の日・祝日に一日六～七便（所要15分）運行される。山梨交通☎〇五五二２３〇八二一。

●タクシー　清里駅～美ノ森（所要約5分・約一〇〇〇円）八ガ岳観光タクシー（三台）☎〇五五一－４８二〇二五、高根タクシー☎〇五五一－４８二二一一、山交タクシー☎〇五五一－４８二〇〇〇、清里観光タクシー☎〇五五一－４８二〇二二〈高根町〉。天女山入口～甲斐大泉駅（所要約10分・約一五〇〇円・下山時要予約）大泉観光タクシー☎〇五五一－３８二三一一他一社〈大泉村〉。

おだやかな草原の起伏をたどる八ガ岳展望コース

32 清里から飯盛山

体★技★危★☆

MAP 169P

●清里駅→平沢→飯盛山→平沢山→平沢峠→野辺山駅
●日帰り（東京早朝発） 適期 5中〜10下
●5万図 八ケ岳 2・5万図 八ケ岳東部、谷戸

八ガ岳が、その壮観を見せたくてみずからつくった展望台——飯盛山《めしもり》とは、そんな感じの山である。「山域」を云々するなら、奥秩父山域に属し、その西端の山ということになるが、八ガ岳のためにあるような様子から、その「付属品」のように思われている。「めしもり」との読み方から察せられるように、米飯を山盛りにしたような山容をもち、全山が草と灌木とに覆われ、山頂近くまで牛の放牧地になっている。八ガ岳のみならず、南アルプス、富士山、奥秩父の山、南佐久の山などの眺めがよい。

JR小海線清里駅が起点で、同線の野辺山駅が終点。全行程を歩くのがふつうだが、清里駅から平沢まではタクシーが使える。逆コースも歩行時間に差はないが、平沢からの牧場の道を登りに使った方が、登りやすく楽しい。前夜発とすれば、美ノ森—天女山コースと組み合わせて一日で歩けないこともない。その場合は、天女山—美ノ森—飯盛山と歩くと能率がいい。登山の適期は5月中旬から10月下旬。初夏がとくによい。

牧場を通って飯盛山へ

●歩行3時間30分
●標高差四二〇㍍（清里駅—飯盛山）
清里駅（35分↓↑35分）平沢（45分↓↑30分）尾根上（25分↓↑15分）飯盛山（15分↓↑15分）平沢山（30分↓↑45分）平沢峠（1時間↓↑1時間10分）野辺山駅

清里駅の駅前広場から国道一四一号線に向かって商店街に下っている広い道を一〇〇㍍ほど行き、左折する脇道の一本めに入る。この道は3分ほど行くと国道にぶつかり、それを横切って大門川の谷へ下る。平沢橋で大門川を渡るとゆるい登りになり、山裾を左に回り込んでゆく。

樹林を出ると飯盛山が正面に姿を現わし、左手に牧場を見て進むと、道は右へ大きく曲がり**平沢**の集落に入る。集落の入口、小さな川を渡ったところに飯盛山の登山口がある。ここで左に折れ、細いコンクリート道に入る。

コンクリート道はすぐに土の道に変わり、畑から雑木林へとゆるい登り坂で続いたのち牧場内に入る。草を踏む心地よい登りが広葉樹の林に続く。林を出ると牛の遊ぶ明るい放牧地が目の前に広がり、振り返ると八ガ岳の赤岳周辺が望まれる。道は林をぬけたところで右に曲がり、登りつめると、飯盛山のすぐ北にあるコブから南西に延びている草深い車道が越えている**尾根**の背に出る。

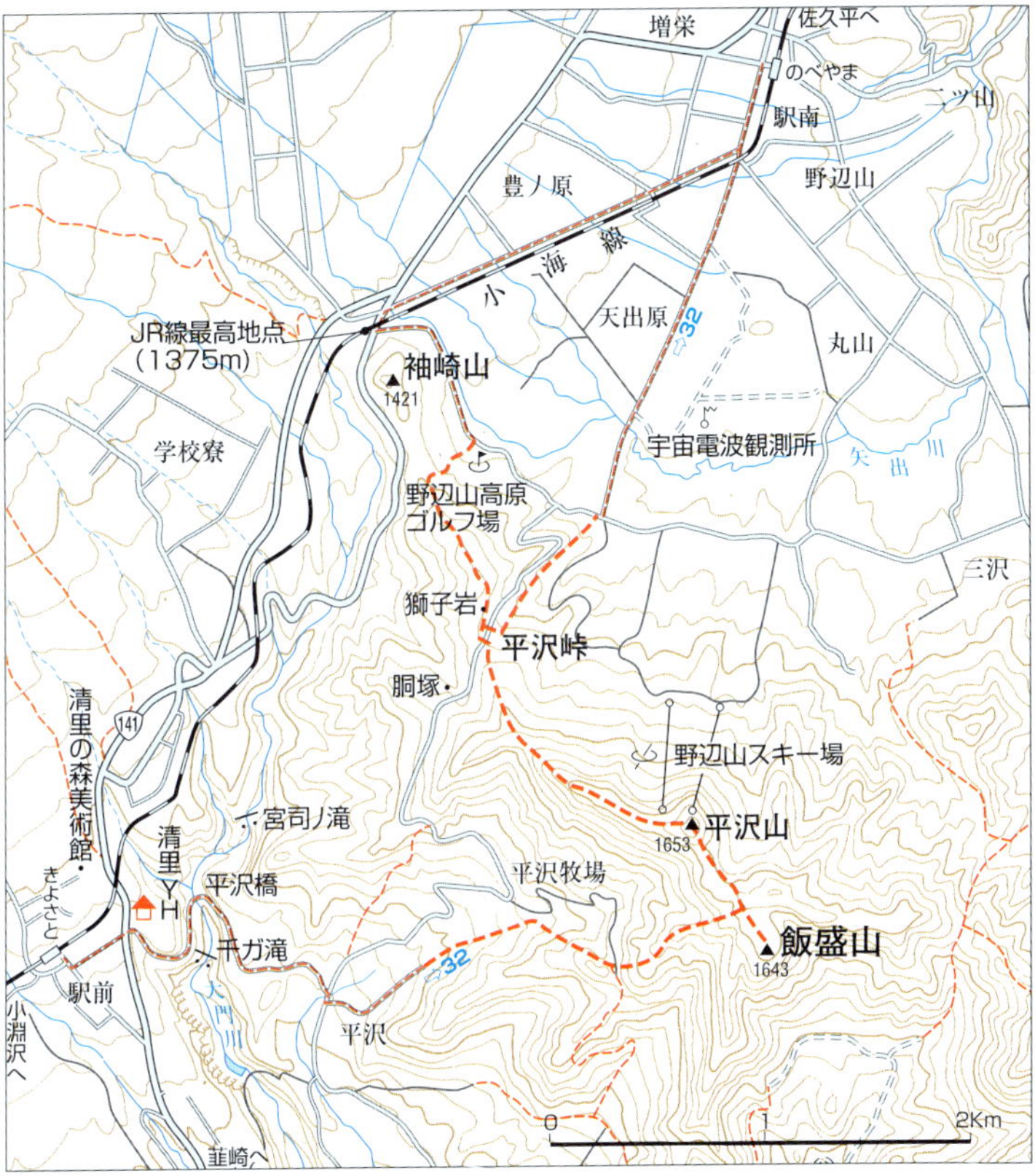

飯盛山の三角形を正面に見て尾根上を行く。ゆるやかな登りだ。砂礫の道には牛の糞が点々とし、道端にはズミが多く見られる。茅ガ岳の後ろに富士山が姿を現わす。飯盛山と平沢山とを結ぶ主尾根に出て南東（右）に折れ、岩地をわずか登ると**飯盛山**山頂に着く。

「飯盛山、一六四三米、南牧村」と記された標柱があるだけの、簡素な、狭い山頂だ（170頁写真）。しかしその展望は、四方に雄大。八ガ岳の眺めが、なんといってもいちばんだ。

飯盛山をあとに、先ほど主尾根に出た地点まで下り、直進して平沢山へ向かう。灌木の茂る尾根を行く。右下に野辺山スキー場が見え、リフトが尾根の直下まで達している。最後に滑りやすい砂礫地をひと登りすると、三角点の置かれた**平沢山**山頂に着く。この頂は平坦で広く、ゆっくり休むには飯盛山頂上よりここのほうがいい。展望も飯盛山に劣らず雄大だ。

平沢山からは、八ガ岳を正面に見て、

飯盛山山頂と八ガ岳の大観。中間に見えるのは平沢山山頂

カラマツや灌木の生える尾根を左手の牧柵に沿って進む。足元は笹原だ。ゆるい起伏がくり返されたのち下り坂となり、車道が越える**平沢峠**に下り着く。車道の先に見える熔岩の巨大な塊は獅子岩とよばれ、展望台になっている。峠から車道を南へ5分ほど行くと、武田信玄に討たれた海ノ口城主・平賀源心の胴が埋まると伝えられる胴塚がある。

平沢峠から野辺山駅へ向かう。平沢山を下って出た峠上の地点で北（右）に折れ、車道わきの小道に入る。コースは雑木林の笹原に通じ、ゆるい下り坂が続く。10分も下ると野辺山スキー場からの車道が右手に沿うようになり、車道が変形の十字路をなす地点に出る。前方へまっすぐ延びているのが野辺山駅方面への道だ。宇宙電波観測所の大アンテナ群を右手に見て蔬菜園を行く。小海線を横切れば、**野辺山駅**まであと7～8分だ。

なお平沢峠から野辺山駅までは獅子岩を越えてゴルフ場内の歩道（山道）を下り、JR線の最高地点を経て小海線沿いに来るコースもある。直接、野辺山駅に出るコースより少々遠回りになるが、10分ほど余計にかかるだけだ。

交通アクセス

●タクシー　清里駅～平沢・飯盛山登山口（所要約5分・約一〇〇〇円）八ガ岳観光タクシー（三台）☎〇五五一―四八二―〇二五、高根タクシー☎〇五五一―四八二―一一一、山交タクシー☎〇五五一―四八二―〇〇〇、清里観光タクシー☎〇五五一―四八二―〇二一〈高根町〉。

4

冬の八ガ岳

ハガ岳南部

北ハガ岳

冬の八ガ岳

八ガ岳は冬が楽しい山である。夏も楽しいが、冬を知ると、冬にひかれる。南八ガ岳も北八ガ岳も、それは同じだ。冬の南八ガ岳はいちだんと凛々しく、冬の北八ガ岳はいちだんと静かだ。

アルプス級の高峻山岳にあって、八ガ岳ほど多くの登山者を冬に迎えている山はなかろう。「人気の秘密」を要約するなら、「少ない日数で、比較的楽に登れて、しかも充分に冬山の醍醐味が味わえる」ということになろうか。

首都圏に近い、交通の便がよい、アプローチが短い、といった利点を八ガ岳はもつ。冬に関していえば、風の強さ、寒気の厳しさは一級だが、降雪量は比較的少なく(したがって、深雪に悩まされることが少なく、雪崩の危険性も少ない)、西高東低の冬型気圧配置のもとでは行動可能な日が多く、悪天が長く続かない、といった好条件をもつ。アイスクライミング、稜線歩き、北八ガ岳における雪山散策、クロスカントリースキー、テレマークスキーと、各人の技術、体力、好みに応じて山域や楽しみ方を選べるという特長をこの山は有している。

南八ガ岳と北八ガ岳

冬の南八ガ岳登山は赤岳周辺が中心になる。西面・諏訪側中腹に赤岳鉱泉、行者小屋という、冬でも利用できる好基地があり、そこをベースにした硫黄岳、横岳、赤岳、阿弥陀岳などの登山が冬の南八ガ岳では一般向きだ。硫黄岳から天狗岳方面へも(またはその逆)縦走も変化があっておもしろい。東面・佐久側のコース、赤岳に登る県界尾根や真教寺尾根は、長いうえに森林限界より下方は積雪が多く、また、上部が急峻な雪稜・雪壁と化すので一般的(冬山として)ではない。深雪のときは一日で赤岳までたどり着けないこともある。またキレット以南、権現岳・編笠山方面への縦走も、冬山経験の浅い人は避けたほうがよい。青年小屋は一部開放されているが、ほかに利用できる小屋はない。

北八ガ岳では、奥蓼科・渋ノ湯を登山口とする黒百合平・高見石周辺、ピラタス横岳ロープウェイで登る横岳・縞枯山の周辺などが親しまれている。黒百合平からの天狗岳往復、黒百合平から高見石への(またはその逆)縦走、坪庭からの横岳往復、縞枯山往復などが人気コースだ。冬でも散策・逍遥的な歩き方が中心となる北八ガ岳だが、天狗岳の登山は、ピッケル、アイゼンを使った本格的な登山になる。麦草峠周辺や八丁平周辺はクロスカントリースキーやテレマークスキーを行なうのに恰好の地で、同地の山小屋では用具の貸し出しもしている。横岳から北、大岳・双子山方面や蓼科山、それに東面の白樺尾根、白駒林道等は、年末年始以外、冬期の入山者はほとんどいない。

冬山登山の諸注意

八ガ岳は容易に冬山登山ができる山、というようなことを先に述べたが、それはあくまでも、自然条件のより過酷な山、規模の大きな山との比較の上でのことで、八ガ岳といえども冬の厳しさには侮れないものがあり、生半可な気持ちで取り組める山では決してない。

無雪期に少なくとも一度は歩いたことのあるコースを選ぶ——これは、八ガ岳に限らず、冬山登山を計画するさいの第一条件だ。逆にいうなら、冬にそこを歩こうと決めたら、雪のない時期に必ず一度歩いてみて、コースをよく把握しておかなければいけない、ということ。ぶっつけ本番は危険である。

冬山経験の少ない人の場合、一回めの登山は、入山者の多い年末年始や連休のときを選んで行なうのがよいだろう。人の踏み跡をあてにできるから、というのではない。いや、むろん歩きやすいということもあるが、それよりも、不安なく、楽な気持ちで山に相対せるところが大きい。

危険箇所の多い南八ガ岳に冬山の初心者が登る場合は経験豊富なリーダーの同行が不可欠。比較的やさしい北八ガ岳でも単独行動はなるべく避けたい。

雪の状態によっては夏より歩きやすくなる箇所もめずらしくないが、軽いラッセルくらいあることを予想して、コースタイムは夏の二〜三割増しでみておくことが必要だ。

自然現象で注意すべきものとしては、寒気、強風、雪崩

赤岳鉱泉のキャンプ地と横岳西壁（正月）

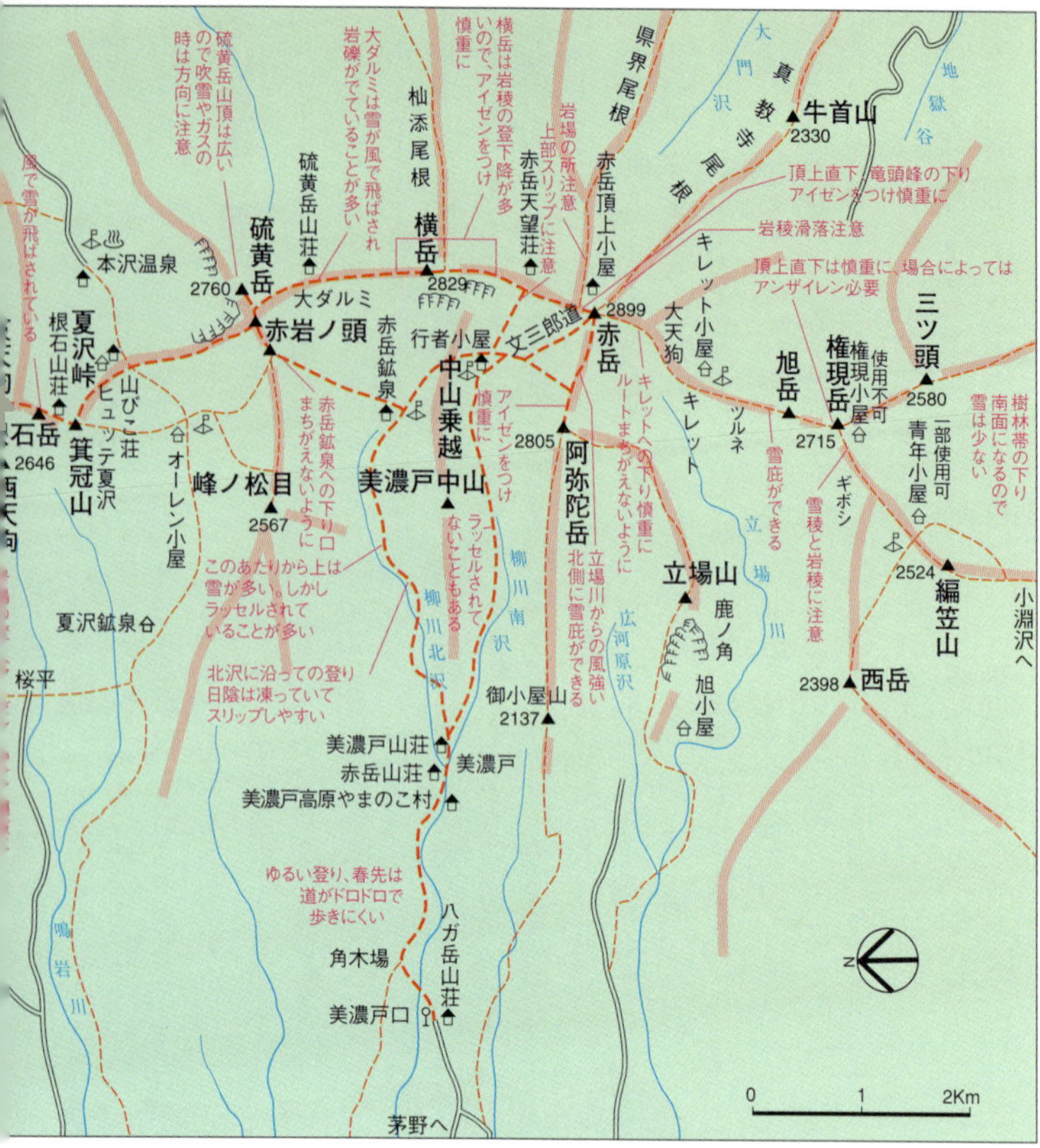

の三点があげられる。

冬の八ガ岳は寒い。明け方の最低気温はマイナス二〇度Cを下回ることも希ではなく、そんなとき、誤ってピッケルやアイゼンに素手で触れようものなら、べったりと吸着し、ひどい目にあう。必ず手袋をつけて扱うことだ。濡れたり、湿ったりした衣服や靴を凍らせてしまうことのないよう、その保管にも配慮がいる。

風も強い。やせ尾根の多い南八ガ岳ではとくに、強風でバランスをくずし、転倒したり滑落したりすることのないよう注意が必要だ。厳しい寒さに強風が加わると体感温度はぐんと低くなる。防寒対策を充分に講じておきたい。

雪崩は比較的少ない。大規模なものはほとんどないが、死亡事故も起きている。沢すじに通ずるコースや、急斜面を横切って続くコースを降雪時あるいは降雪直後に行くときは警戒が必要だ。

交通機関と宿泊施設

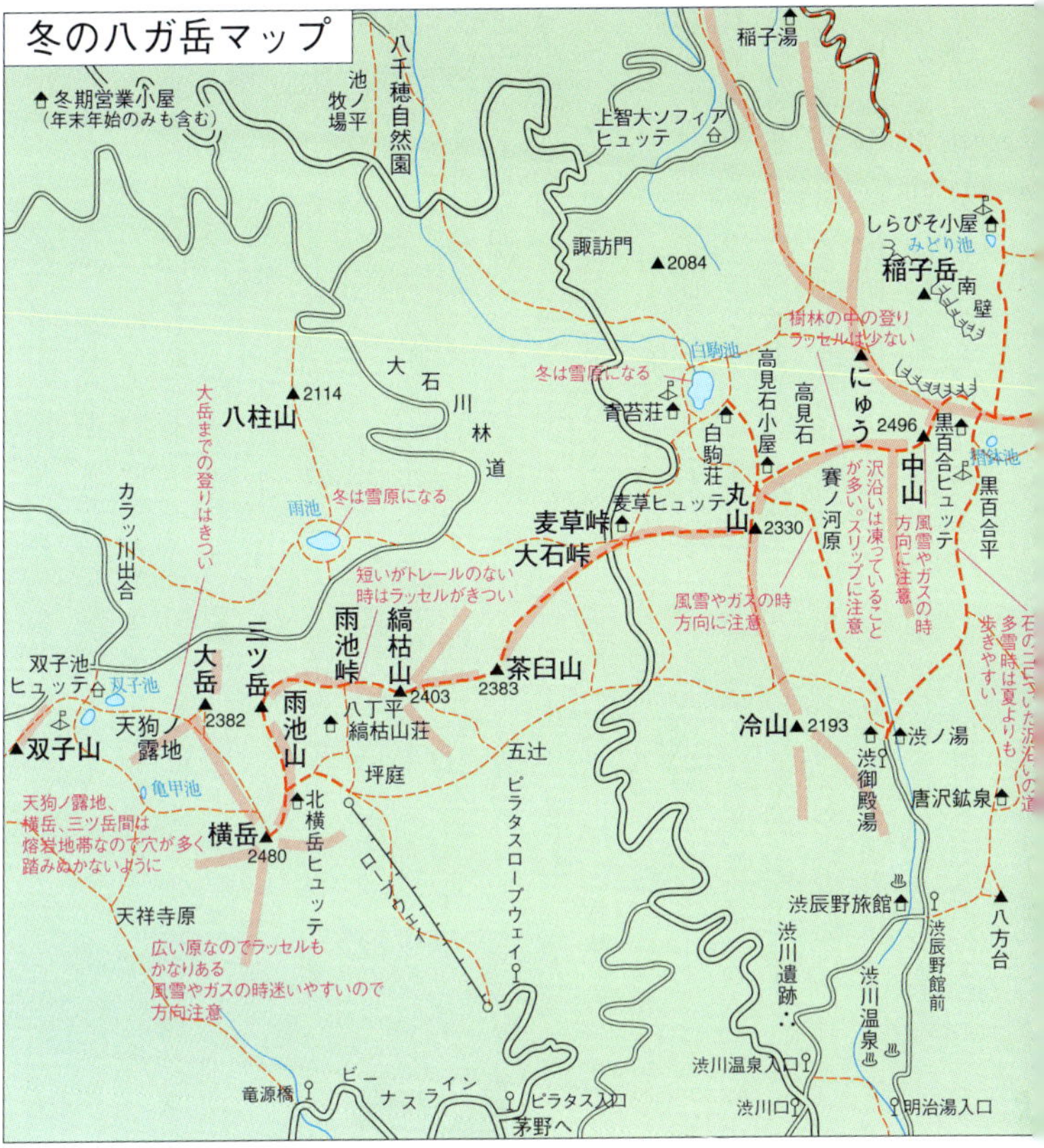

冬の主要登山口である、美濃戸口、奥蓼科・渋ノ湯、ピラタス横岳ロープウェイ山麓駅の三カ所へは通年でバスが運行され、ピラタス横岳ロープウェイも通年運行。しかし、どの路線も夏に比べて本数が少なく、発着時刻も変更されるので、利用するさいは冬期の時刻表で確認したい。奥蓼科・渋ノ湯行は、途上に急坂があるため、大雪の直後や道路凍結時には、運転中止または途中で打ち切りになる事がある（とくに早朝の便）。佐久側、稲子湯へのバスは冬期運休（山麓の稲子まではバス利用可能）。降雪直後でない限り、タクシーは稲子湯まで入る。

南八ガ岳の稜線付近の小屋で通年営業するのは赤岳鉱泉と湯元本沢温泉の二軒。年末年始に管理人が入るのは、行者小屋、赤岳頂上小屋、赤岳天望荘、硫黄岳山荘、山びこ荘、根石山荘。冬期、年末年始以外の日に営業するのは、前記の二軒のほかに、行者小屋が週末に限り管理人が入っていたが、現在は営業していない。

北八ガ岳の小屋は、黒百合ヒュッテ、しらびそ小屋、高見石小屋、白駒荘、青苔荘、麦草ヒュッテ、縞枯山荘、北横岳ヒュッテと、そのほとんどが通年営業。唐沢鉱泉は1月上旬まで営業する。

装備

衣服について。下着は、吸湿発散性にすぐれた素材（クロロファイバー、ポリプロピレン等）のものが最適。スポーツシャツ、セーター、パンツ（ズボン）などの中間着は保温性の高い素材（ウール等）のものが適し、ジャケット、パーカー（パンツと組み合わせて）、ウインドヤッケ（オーバーズボンと組み合わせ）等の上衣類は防風性、防水性にすぐれた素材（ゴアテックス、ミクロテックス等）のものを選ぶとよい。風が強く、1月2月でも雨になることのある八ガ岳では、上衣の防風・防水性についてはとくに配慮が必要だ。防水性に劣る上衣を着用の場合は、雨具が必要になる。濡れた手袋、靴下の着用は凍傷をまねくので、一日二日の短い山行でもスペアーを必ず用意すること。帽子（耳を覆うことのできるもの）、ロングスパッツ等も必要だ。

登山靴は必ず、皮製もしくはプラスチック製のものを用いる。布製の軽登山靴は不適（北八ガ岳でときおり見かける）。南八ガ岳に登る場合、ピッケルおよび一二本爪ていどの本格的なアイゼンが必要。北八ガ岳では、天狗岳を計画しない限り、ピッケル、アイゼンは強いて必要ないが、雪道に不慣れな人は六本爪ていどの軽アイゼンを用意するとよいだろう。ストックを持つ場合は、リングの大きなものを。入山者の少ないコースや降雪直後の登山にはワカンが必要。

＊ここに紹介する五本のモデルコースは、冬期でもっとも入山者の多い年末年始のころの積雪状況（森林限界付近で一メートルくらい）、コース状況、山小屋の開設状況を念頭に、読者がすでに「無雪期」を経験しているものとして記述してある。コースタイムは、地点間の状況に応じて、無雪期の所要時間の一～三割増しで記してあるが、積雪量、踏み跡の有無等で大幅に異なるので一応の目安としていただきたい。

南八ガ岳にはアイゼン、ピッケルは必携品

体★★★ 技★★★ 危★★★

MAP 33・104〜105・174〜175P

冬の南八ガ岳の代表的コース

33 赤岳から阿弥陀岳

●美濃戸口→行者小屋⌂→地蔵尾根→赤岳→阿弥陀岳→行者小屋→美濃戸口
●1泊2日（東京早朝発）
●5万図 八ケ岳 2・5万図 八ケ岳西部、八ケ岳東部

主峰・赤岳の登頂を主眼とする、冬の南八ガ岳の代表的コース。登路の地蔵尾根、赤岳の登り下り、阿弥陀岳の登り下り、等の難関があるものの、岩稜帯が続く次項よりは若干やさしい。赤岳山頂で御来光を、という人は、赤岳頂上小屋を宿泊場所とするプラン（前夜発一泊二日または二泊三日）に組みかえるとよい。

また、営業日以外で行者小屋が使えないときは、柳川北沢コースを入・下山路とし、宿泊を赤岳鉱泉にするとよい。逆コースも難易度は変わらない。

第1日 美濃戸口から行者小屋へ

●歩行3時間40分
●標高差八六〇㍍（美濃戸口─行者小屋）

美濃戸口（1時間10分↓↑50分）美濃戸（2時間30分↓↑1時間50分）行者小屋

美濃戸口から行者小屋まで、3時間40分ほどの行程だ。美濃戸までは、たとえ2月3月であっても、積雪に対する心配はほとんどないが、美濃戸からの柳川南沢の道は、入山者の少ない時期には踏み跡が消え、ラッセルに多くの時間をとられることがある。そのようなおそれがあるときは、少し遠回りになるが、北沢─赤岳鉱泉経由に入山コースを変えたほうが得策で、結局は早い。**行者小屋**への南沢コースは流れを渡り返しながら続き、ほぼ樹林帯を行く。日あたりのよいところでは、解けた雪が凍結して滑りやすくなっている場所もあるので足元に充分な注意がいる。

第2日 行者小屋から赤岳・阿弥陀岳へ

●歩行7時間20分
●累積標高差七三〇㍍（行者小屋─赤岳、阿弥陀岳）

行者小屋（1時間30分↓↑1時間）主稜線地蔵ノ頭（40分↓↑30分）赤岳（50分↓↑1時間10分）阿弥陀岳・中岳の鞍部（〈阿弥陀岳往復1時間〉40分↓↑1時間）行者小屋（1時間50分↓↑2時間30分）美濃戸（50分↓↑1時間10分）美濃戸口

赤岳─阿弥陀岳と歩いたのち行者小屋に戻り、往路を美濃戸口に下山する。7時間20分ほどの行程だ。

行者小屋の裏手から地蔵尾根に取り付く。下部の針葉樹林をぬけると同時に急で険しい岩尾根の登りとなり、主稜線までの間、鎖や鉄梯子が断続する。鎖には

頼らないほうがよい。雪まみれの手袋でつかんだりすると滑り、かえって危険である。ハイマツ帯に出ると、吹き上げる風が急に強さを増す。冬の八ガ岳の西風の威力を実感させられるところだ。主稜線上の**地蔵ノ頭**から赤岳の基部までは、強風に雪をさらわれた、平坦な岩尾根を行く。**赤岳**の登りは、下半の岩礫斜面と上半の岩稜とに分かれるが、下半の岩礫斜面が、雪が少なく岩が露出していると登りづらい。アイゼン操作に神経をつかう場所だ。

赤岳からの下りも、文三郎道分岐の上あたりまでは、気のぬけない険路が続く。赤岳南峰からやせた岩稜を阿弥陀岳方面への分岐点に下り、そこで主稜線をはなれて、鎖の連なる岩溝状の急な岩場を下降する。スリップに要注意だ。それが終わると広い斜面をジグザグに下るようになり、途中、文三郎道分岐を見て中岳との鞍部に着く。中岳はわずかな登り下りで難なく越えられ、越えて出た鞍部から**阿弥陀岳**を往復する。急峻な岩尾根の登下降だ。岩が露出しているときや、日中の雪の柔らかいときはアイゼン操作に充分注意が必要。下降のさい、とくに慎重に行動したい。

鞍部から**行者小屋**へは、阿弥陀岳と中岳とにはさまれた急な沢を下る（冬は、夏道は使えない）。発生率はきわめて低いとはいえ、阿弥陀岳側から雪崩が起きることもあるので一応注意を払いたい。行者小屋から**美濃戸口**へは往路を引き返す。

交通アクセス

●バス　茅野駅〜美濃戸口間は、一日六便（12月〜3月）。諏訪バス茅野駅前案内所☎〇二六六７２二一五一。

●タクシー　茅野駅〜美濃戸口（所要約25分・約五〇〇〇円・下山時要予約）アルピコタクシー（六七台）☎〇二六六７１一一八一、高島タクシー☎〇二六六７２四一六一、中山タクシー☎〇二六六７２七一八一他〈茅野市〉。

宿泊

美濃戸高原やまのこ村（八〇人収容）通年営業・要予約、二食付、素泊り可。

赤岳山荘（一三〇人収容）通年営業・冬期は週末、祝日のみ、二食付、素泊り可。

美濃戸山荘（二〇〇人収容）通年営業・冬期は週末、祝日のみ、二食付、素泊り可。

行者小屋（二〇〇人収容）年末年始営業、二食付、素泊り可。

赤岳天望荘（三〇〇人収容）年末年始営業、二食付、素泊り可。

赤岳頂上小屋（二〇〇人収容）年末年始営業、二食付、素泊り可。

美濃戸高原ロッジ（美濃戸口／二〇人収容）通年営業、二食付、素泊り可。

太陽館（太陽館前バス停下車／三五人収容）通年営業、二食付、素泊り可、入浴のみ可。

八ガ岳山荘（美濃戸口／五〇人収容）通年営業、二食付、素泊り可。

＊宿泊料金、営業状況等は事前に確認のこと。予約・連絡先は巻末193頁参照。

キャンプ地

行者小屋キャンプ指定地（行者小屋付近、一〇〇張）。管理・連絡先は行者小屋☎〇二六六７４二二八五（太陽館）。

地蔵尾根の上部から振り返り見る阿弥陀岳（正月）

峻険な岩尾根をたどる南八ガ岳核心部縦走

34 硫黄岳から横岳・赤岳

●美濃戸口→赤岳鉱泉⌂→硫黄岳→横岳→赤岳→文三郎道→行者小屋→赤岳鉱泉⌂→美濃戸口
●2泊3日（東京早朝発）
●5万図 八ケ岳 2・5万図 八ケ岳西部、八ケ岳東部

体★★★ 技★★★★☆ 危★★★

MAP 33・104〜105・174〜175P

南八ガ岳核心部の峻険な岩尾根をたどる小縦走で、悪場を多くもつ横岳の通過がポイントになる。冬山初心者を含むパーティは、ロープを携行して安全を図りたい。技量のそろったパーティであれば、二日目は阿弥陀岳まで足を伸ばせよう。その場合は、阿弥陀岳登頂後、阿弥陀岳と中岳のコルまで戻り、そこから行者小屋方面へ下る（前項参照）。所要時間は約1時間増とみておけばよい。また、赤岳鉱泉と赤岳頂上小屋とに泊まる二泊三日行程としてもよく、硫黄岳山荘泊りの前夜発一泊二日行程とすることもできる。逆コースも難易度に差はない。二日目は長丁場になるからよく天候を見定めること。

第1日 美濃戸口から赤岳鉱泉へ

●歩行3時間30分
●標高差七〇〇㍍（美濃戸口―赤岳鉱泉）
美濃戸口（1時間10分↓↑50分）美濃戸（2時間20分↓↑1時間40分）赤岳鉱泉

美濃戸口から赤岳鉱泉までの3時間30分の行程。美濃戸の先1時間ほどのあたりまでは車道歩きで、その後、柳川北沢に沿う登山道を行く。このコースは、冬の南八ガ岳でもっとも安心して使える入・下山路。入山者の少ない時期でも、赤岳鉱泉の人たちにより、たいてい踏み跡が確保されている。柳川北沢の道は丸木橋を頻繁に渡り返しながら上流へと続いており、丸木の橋上は凍りついていることが多いので、スリップには充分な注意が必要だ。

第2日 赤岳鉱泉から硫黄岳、赤岳へ

●歩行7時間25分
●標高差九三〇㍍（赤岳鉱泉―硫黄岳、赤岳）
赤岳鉱泉（2時間↓↑1時間10分）硫黄岳（1時間30分↓↑1時間10分）横岳奥ノ院（1時間10分↓↑1時間20分）地蔵ノ頭（40分↓↑30分）赤岳（1時間30分↓↑2時間）行者小屋（35分↓↑45分）赤岳鉱泉

硫黄岳から横岳―赤岳と歩き、赤岳鉱泉に戻る約7時間30分の行程。

硫黄岳への登りでは、赤岩ノ頭までがきつい。急坂にジグザグ登りが続く。樹林帯で雪が多く、踏み跡が不完全だと苦しめられる。赤岩ノ頭からは岩尾根となり、かたくしまった雪にアイゼンをきかせてひと登りすると**硫黄岳**山頂に出る。ひときわ風が強まる。

山頂から大ダルミにかけては斜面が広

赤岳から見る夕映えの横岳(手前右方)、硫黄岳(中)、天狗岳(後方)

いので、視界の悪いときは充分に気をつけたい。また、天気や体調等に不安のあるときは、横岳へ向かう前のここで、前進するか否かを判断する必要がある。

難所の多い**横岳**も、奥ノ院(主峰)の手前まではおだやかな雪尾根が続く。奥ノ院直下が最初の悪場で、鎖や鉄梯子を頼りにやせた岩稜を登る。鎖を使うときは、手袋の雪をよく落としてからにしたい。奥ノ院から石尊峰にかけては比較的平穏、佐久側を行くため、強風のときもさほどではない。石尊峰の先で諏訪側に移り鉾岳を巻くが、ここが最難関だ。急な雪面を斜めに下り、登りかえす。雪の少ないときは鎖が出ているが、不用意に使わないほうがよい。日ノ岳の一枚岩の急下降を終えたのちやせた雪稜を行き、最南端の二十三夜峰を巻き終えると**地蔵ノ頭**に着く(地蔵ノ頭から赤岳―文三郎道分岐にかけては177頁「33 赤岳から阿弥陀岳」に記述)。

文三郎道は、赤岳西面中腹と行者小屋とを結ぶ道で、なかなかの険路。分岐からまず赤岳西壁直下の急な雪面を横切って下り、そののち急な岩尾根を下降する。雪面の通過では雪崩に注意(降雪直後はとくに)。雪がたっぷりついたときの岩尾根は夏より下りやすいが、中途半端に岩礫や鉄製階段が露出していると、少々やっかいだ。アイゼンの爪をひっかけぬよう、操作に充分注意がいる。悪天のときは無理してこの道を下らずに、阿弥陀岳・中岳の鞍部を回ったほうがよい。行者小屋から**赤岳鉱泉**まではは中山乗越を越えるおだやかな雪道だ。

赤岳
阿弥陀岳
三ツ頭
権現岳
ギボシ
中岳
行者小屋
中山乗越
美濃戸中山
白河原
赤岳鉱泉
柳川北沢

北西側からの南八ガ岳の山々。遠景は富士山（1月）　撮影＝瀬尾央

第3日 赤岳鉱泉から美濃戸口へ

●歩行2時間30分

赤岳鉱泉（1時間40分↓↑2時間20分）美濃戸（50分↓↑1時間10分）美濃戸口

赤岳北峰からの南峰（積雪の少ない時の状態）

美濃戸口に下山する2時間30分の行程だ。入山路の柳川北沢コースをそのままたどり、**美濃戸**を経由して**美濃戸口**へと戻る。

交通アクセス

●**バス**　茅野駅～美濃戸口間は、一日六便（12月～3月）。諏訪バス茅野駅前案内所☎〇二六六7２二一五一。

●**タクシー**　茅野駅～美濃戸口（所要約25分・約五〇〇〇円・下山時要予約）アルピコタクシー（六七台）☎〇二六六7１一一八一、高島タクシー☎〇二六六7２四一六一、中山タクシー☎〇二六六7２七一八一他〈茅野市〉。

宿泊

美濃戸高原やまのこ村（八〇人収容）通年営業・要予約、二食付、素泊り可。赤岳山荘（一三〇人収容）通年営業・冬期は週末、祝日のみ、二食付、素泊り可。美濃戸山荘（二〇〇人収容）通年営業・冬期は週末、祝日のみ、二食付、素泊り可。

赤岳鉱泉（二五〇人収容）通年営業、二食付、素泊り可。硫黄岳山荘（三〇〇人収容）年末年始営業、二食付、素泊り可。赤岳天望荘（三〇〇人収容）年末年始営業、二食付、素泊り可。赤岳頂上小屋（二〇〇人収容）年末年始営業、二食付、素泊り可。行者小屋（二〇〇人収容）年末年始営業、二食付、素泊り可。美濃戸高原ロッジ（美濃戸口／二〇人収容）通年営業、二食付、素泊り可。太陽館（太陽館前バス停下車／三五人収容）通年営業、二食付、素泊り可、入浴のみ可。八ガ岳山荘（美濃戸口／五〇人収容）通年営業、二食付、素泊り可。

＊宿泊料金、営業状況等は事前に確認のこと。予約・連絡先は巻末193頁参照。

キャンプ地

赤岳鉱泉キャンプ指定地（赤岳鉱泉付近、一〇〇張）。管理・連絡先は赤岳鉱泉☎〇二六六7２三九三九。行者小屋キャンプ指定地（行者小屋付近、一〇〇張）。管理・連絡先は行者小屋☎〇二六六7４二二八五（太陽館）。

体★★★ 技★★☆ 危★★★

MAP 104～105・114～115・174～175P

北八ガ岳と南八ガ岳とを結ぶ雪山縦走

35 天狗岳から硫黄岳

●奥蓼科→黒百合平⌂→天狗岳→硫黄岳→赤岳鉱泉⌂→美濃戸口
●2泊3日（東京早朝発）
●5万図 蓼科山、八ケ岳 2・5万図 蓼科、八ケ岳西部

南八ガ岳と北八ガ岳、双方の気分が同時に味わえる、変化に富んだ雪山縦走。

赤岳や横岳の冬の登山をめざす人が、その一歩手前の段階として歩くのにふさわしい、冬山中級者向きのコースだ。健脚者であれば、二日目、三日目の行程を一日で歩く一泊二日行程も困難ではない。年末年始には、夏沢峠（山びこ荘）、あるいは硫黄岳大ダルミ（硫黄岳山荘）に泊まる前夜発一泊二日行程とすることも可能だ。

第1日 渋ノ湯から黒百合平へ

●歩行2時間10分
●標高差五五〇㍍（渋ノ湯—黒百合平）

奥蓼科・渋ノ湯（2時間10分↓↑1時間40分）黒百合平

奥蓼科・渋ノ湯から黒百合平に登る2時間強の行程。冬の八ガ岳の代表的な入・下山路のひとつなので、降雪直後でもない限り道はよく踏まれており、安心して歩ける。

渋ノ湯から雪を踏んでゆくことになろう。**黒百合平**までほとんど樹林帯を行くので、風の影響は少ない。尾根上に出るまでが少々きついが（とくに後半）、あとはゆるやかな登りだ。最後の、唐沢源頭の岩道は、雪のつき方が中途半端だと歩きづらい。が、深雪に覆われると、逆に夏よりも歩きやすくなる。

黒百合平に建つ黒百合ヒュッテ

第2日 黒百合平から天狗岳・硫黄岳へ

●歩行6時間
●累積標高差五二〇㍍（黒百合平—天狗岳、硫黄岳）

黒百合平（1時間20分↓↑1時間）天狗岳

東天狗〈〈西天狗往復40分〉40分↓↑50分〉根石岳（50分↓↑1時間）夏沢峠（1時間20分↓↑50分）硫黄岳（1時間10分↓↑2時間）赤岳鉱泉

天狗岳、硫黄岳を越えて赤岳鉱泉まで行く。6時間の行程だ。

黒百合平から天狗岳へは、稜線を行くコースと擂鉢池を回るコースとがあるが、冬はとくに、前者のほうが登りやすい。稜線コースはほぼ天狗岳東壁の上端に沿ってつけられており、視界の悪いときや強風のときは左に寄りすぎないよう注意がいる。部分的に雪庇が発達するので、それに対する注意も必要だ。中間に急な登りがあり、上部は岩稜、ともに足元に気をつけたい。

東天狗からの西天狗往復は40分ほど。雪と岩の斜面を登下降し、危ない箇所はない。

東天狗から根石岳との鞍部へは急な岩稜を下る。下り口が、両側とも切れ落ちていて悪い。根石岳を越えた先の、夏にはコマクサが群落を見せる広い平坦地（箕冠《みかぶり》山との鞍部）は、視界の悪いときにはコースをはずさないよう注意がいる。ここは風の通り道でもあり、強風のときは、なかなかつらい。この平坦地を通過すると、北八ガ岳的雰囲気をもつ林間のおだやかな下りが夏沢峠まで続く。

夏沢峠から硫黄岳の登りがはじまる。この登りも風が強い。雪が少ないとアイゼンが岩をひっかき、はずしたほうが登りやすいくらいだ。コースは山頂近くになると火口壁の縁に沿うようになるが、危険なのであまり左に寄らないほうがよい。

硫黄岳山頂は、広く明るく展望がよく、夏は休むに絶好の地だが、冬の風は冷たく強く、おそらく長居をさせてはくれないだろう。赤岳鉱泉への下り口は

中山展望台からの天狗岳の双峰。裸地は強風で地表の雪が飛ばされている

広い山頂の西はずれ、朽ちかけた小屋（昔、自記雨量計が置かれていた）のすぐ南側（左手）。視界の悪いときは充分に確認したうえで下るようにしたい。赤岩ノ頭までは岩尾根の下り、そこからは樹林帯の急坂になる。雪の多いところだが、下りであれば問題なかろう。

第3日
赤岳鉱泉から美濃戸口へ

●歩行2時間30分

赤岳鉱泉（1時間40分↓↑2時間20分）美濃戸（50分↓↑1時間10分）美濃戸口

美濃戸口に下る2時間30分の行程。柳川北沢の道を下るが、同コースについては180頁「34硫黄岳から横岳・赤岳」に記してある。

交通アクセス

●バス　茅野駅～奥蓼科間は、一日二～三便（12月～3月）。諏訪バス茅野駅前案内所☎〇二六六72二一五一。

●タクシー　茅野駅～渋ノ湯（所要約40分・約七〇〇〇円）、美濃戸口～茅野駅（所要約25分・約五〇〇〇円・下山時要予約）アルピコタクシー（六七台）☎〇二六六71一一八一、高島タクシー☎〇二六六72四一六一、中山タクシー☎〇二六六72七一八一他（茅野市）。

宿泊

黒百合ヒュッテ（二五〇人収容）通年営業、二食付、素泊り可。

根石山荘（一〇〇人収容）年末年始営業、二食付、素泊り可。

山びこ荘（四〇人収容）年末年始営業、二食付。

硫黄岳山荘（三〇〇人収容）年末年始営業、二食付、素泊り可。

赤岳鉱泉（二五〇人収容）通年営業、二食付、素泊り可。

美濃戸高原やまのこ村（八〇人収容）通年営業・要予約、二食付、素泊り可。

赤岳山荘（一三〇人収容）冬期は週末、祝日のみ、二食付、素泊り可。

美濃戸山荘（二〇〇人収容）通年営業・冬期は週末、祝日のみ、二食付、素泊り可。

渋御殿湯（一三〇人収容）通年営業、二食付。

渋辰野旅館（八〇人収容）通年営業、二食付。

明治温泉（八〇人収容）通年営業、二食付。

美濃戸高原ロッジ（美濃戸口／二〇人収容）通年営業、二食付、素泊り可。

太陽館（太陽館前バス停下車／三五人収容）通年営業、二食付、素泊り可、入浴のみ可。

八ガ岳山荘（美濃戸口／五〇人収容）通年営業、二食付、素泊り可。
＊予約・連絡先は巻末193頁参照。

キャンプ地

黒百合平キャンプ指定地（黒百合ヒュッテ付近、五〇張）。管理・連絡先は黒百合ヒュッテ☎〇二六六72三六一三。

オーレン小屋キャンプ指定地（夏沢峠西方オーレン小屋付近、五〇張）。管理・連絡先はオーレン小屋☎〇二六六72三九四〇。

赤岳鉱泉キャンプ指定地（赤岳鉱泉付近、一〇〇張）。管理・連絡先は赤岳鉱泉☎〇二六六72三九三九。

行者小屋キャンプ指定地（行者小屋付近、一〇〇張）。管理・連絡先は行者小屋☎〇二六六74二二八五（太陽館）。

危険箇所の少ない冬の八ガ岳入門コース

36 高見石から黒百合平・みどり池

●奥蓼科→高見石🏠（白駒池往復）→中山→黒百合平→みどり池→稲子湯→稲子
●1泊2日（東京早朝発）
●5万図 蓼科山 2・5万図 松原湖、蓼科

体★★☆ 技★★ 危★★☆

MAP 102・114〜115・174〜175P

高見石から黒百合平への（またはその逆）、中山を間にはさむこの小縦走は、冬の八ガ岳でもっとも人気のあるコース。危険な箇所がなく、冬の八ガ岳の入門コースでもある。中級者以上、あるいは、よきリーダーを得た初心者には、黒百合平からの天狗岳往復を加えて、より高度な冬山登山を楽しむこともできる。下山地を奥蓼科・渋ノ湯にかえれば、前夜発日帰りも可能だ。黒百合平—高見石と逆に歩く場合は、渋ノ湯からの入山が妥当だろう。

第1日 渋ノ湯から高見石・白駒池へ

●歩行3時間20分
●標高差四三〇㍍（渋ノ湯—高見石）

奥蓼科渋ノ湯（2時間→←1時間30分）高見石〈白駒池往復1時間20分〉

奥蓼科・渋ノ湯から高見石に登り、白駒池を往復する3時間20分の行程。渋ノ湯から黒百合平へのコースと同じく、このコースも、冬中、よく踏まれており、ラッセルの心配はほとんどない。

渋ノ湯から雪道となり、賽ノ河原までは、渋川を二度三度と渡り返しながら、おおむね樹間を登る。傾斜はゆるいが、日陰や岩地では凍結箇所に注意が必要だ。視界の悪いときや、踏み跡の不明瞭なときの賽ノ河原も要注意。正規のコースは斜面の左寄り（下から見て）、樹林帯に近いところに通じている。賽ノ河原を過ぎると、あとは**高見石**まで林間のおだやかな雪道だ。冬の**白駒池**は、一面の雪野原。湖上は自由に歩くことができ、クロスカントリースキーの恰好の遊び場である。高見石からの白駒池往復は、急な南歩道を下り、傾斜のゆるい北歩道を登りにするのがよいだろう。

第2日 白駒池から黒百合平へ

●歩行6時間20分
●標高差二四〇㍍（白駒池—中山）

高見石（1時間20分→←50分）中山展望台（40分→←50分）中山峠（〈黒百合平往復10分〉1時間20分→←2時間10分）みどり池（1時間20分→←2時間10分）稲子湯（1時間30分→←2時間）稲子

中山を越えて黒百合平へ。そののち、みどり池、稲子湯を経て稲子に下る。6時間20分の行程だ。

中山への登りは、長いだけに、ラッセルがあると時間がかかるが、そうでなければ問題ない。風が強い日の**中山展望台**（186頁写真）は、吹きっさらしで、じつに

寒い。コースはここで南東へ（左）直角に折れる。吹雪等で視界の悪いときには、屈折点に立つ指導標を見落とさないよう注意したい。中山の先でいっとき岩塊の急斜面を下るが、そこを下って樹間に入れば、ゆるやかな雪道となり、下り進むと**中山峠**に着く。広々とした**黒百合平**まで行って休むとよかろう。

中山峠で主稜線をはなれ、佐久側へ下る。稜線直下は急な雪面をなし、雪がかなり深い。表面が凍っているようなときはとくに、一歩一歩確実に下りたい。その下の樹林帯に入ってもなおしばらくは急下降が続くが、針葉樹林からダケカンバ林に変わるとともに勾配は落ち、**みどり池**まで、起伏の少ない雪道が続く。みどり池から稲子湯への道は、しらびそ小屋の人によってよく踏まれている。小海駅へのバスの冬の乗車地は、稲子湯から1時間半ほど歩いた**稲子**。ここから芦平発のバスを利用することになる。冬でも降雪直後でない限り、タクシーは稲子湯まで入るので、稲子湯旅館の公衆電話でよぶという方法もある。

交通アクセス

●**バス**　茅野駅～奥蓼科間は、一日二～三便（12月～3月）諏訪バス茅野駅前案内所☎〇二六六72二一五一。芦平～小海駅間の小海町営バスは一日三～七便（12月～4月）。小海町営バス☎〇二六七92二五二五。

●**タクシー**　茅野駅～渋ノ湯（所要約40分・約七〇〇〇円）アルピコタクシー（六七台）☎〇二六六71一一八一、高島タクシー☎〇二六六72四一六一、中山タクシー☎〇二六六72七一八一他〈茅野市〉。稲子湯～小海駅（所要約25分・約四八〇〇円・要予約）小海タクシー（八台）☎〇二六七92二一三三〈小海町〉。

宿泊

高見石小屋（一五〇人収容）通年営業、二食付、素泊り可。

白駒荘（二五〇人収容）通年営業、二食付、素泊り可。

青苔荘（二〇〇人収容）通年営業、二食付、素泊り可。

黒百合ヒュッテ（二五〇人収容）通年営業、二食付、素泊り可。

しらびそ小屋（六〇人収容）通年営業、二食付、素泊り可。

稲子湯旅館（八〇人収容）通年営業、二食付、素泊り可。

渋御殿湯（一三〇人収容）通年営業、二食付。

渋辰野旅館（八〇人収容）通年営業、二食付。

明治温泉（八〇人収容）通年営業、二食付。
＊宿泊料金、営業状況等は事前に確認のこと。予約・連絡先は巻末193頁参照。

キャンプ地

白駒池キャンプ指定地（青苔荘付近、六〇張）。管理・連絡先は青苔荘☎〇二六七62二九一〇。

黒百合平キャンプ指定地（黒百合ヒュッテ付近、五〇張）。管理・連絡先は黒百合ヒュッテ☎〇二六六72三六一三。

みどり池キャンプ指定地（しらびそ小屋付近、一〇張）。管理・連絡先はしらびそ小屋☎〇二六七96二一六五。

体★★★ 技★★☆ 危★★☆

MAP 114〜115・126〜127・137・174〜175P

変化に富んだ北八ガ岳中心部縦走

37 横岳から縞枯山・高見石

●山頂駅→横岳→三ツ岳→八丁平⌂→縞枯山→茶臼山→麦草峠→丸山→高見石→奥蓼科

●1泊2日（東京早朝発）

●5万図 蓼科山 2・5万図 松原湖、蓼科

北八ガ岳の中心部を行く稜線縦走。岩山あり、雪原あり、原生林あり……。北八ガ岳の冬のよさを多角的に味わうことのできる中級者向きのコースだ。三ツ岳の通過がポイントとなり、登り下りが頻繁で、縞枯山の登り、丸山の登り、などの急坂もある。逆コースも悪くないが、歩行時間が若干多くなり、ロープウェイを下りに使うという不利が生ずる。

第1日 坪庭から横岳・八丁平へ

●歩行4時間
●標高差二四〇㍍（坪庭―横岳）
ピラタス横岳ロープウェイ山頂駅（1時間↓↑50分）七ツ池入口（〈横岳往復40分〉1時間10分↓↑1時間10分）三ツ岳二峰（45分↓↑1時間）雨池山（25分↓↑30分）八丁平

坪庭から横岳に登り、三ツ岳―雨池山と歩いて縞枯山荘まで行く4時間の行程だ。遅くとも昼前にはロープウェイ山頂駅を出発し、それ以上遅くなったときは北横岳ヒュッテ泊まりにしたほうがよい。

横岳までは冬でも入山者が多く、小屋の人も毎日のように往き来しているのでラッセルの心配はまずない。坪庭から主稜線への登りと、七ツ池から横岳への登りが少々きつい。よく踏まれた笹平―坪庭―横岳の道に対し、三ツ岳から雨池峠にかけては、入山者が少なく、踏み跡の不完全なことが多い。**三ツ岳**周辺は地形が複雑で、夏道をよく知っていないとコースを誤るおそれがある。巨岩の堆積する三ツ岳は、岩の隙間に落ちこまぬよう足場に注意が必要。三ツ岳一峰からの下りはきわめて急傾斜、滑落に充分気をつけたい。雨池山を越える道は、雪は深いがおだやか。雨池峠からは雪原を行く。

第2日 八丁平から縞枯山・高見石へ

●歩行5時間40分
●標高差四二〇㍍（八丁平―縞枯山、丸山）
八丁平（1時間↓↑40分）縞枯山（40分↓↑50分）茶臼山（50分↓↑1時間20分）麦草峠（1時間20分↓↑50分）丸山（20分↓↑30分）高見石（1時間30分↓↑2時間）奥蓼科・渋ノ湯

縞枯山―高見石と縦走して奥蓼科・渋ノ湯に下る。5時間40分の行程だ。

八丁平から再び雨池峠に出て縞枯山に登る。上半の針葉樹林帯が急坂、雪の多いところなので踏み跡がないと苦労させられる。次の**茶臼山**の登りも樹林帯で雪

は多いが、縞枯山ほどきつくはない。茶臼山の下りは上半がかなり急で、逆コースをとったときは、コース中でいちばんきつい登りになる。急坂を下り終えると、あとは麦草峠まで林間のゆるやかな雪道だ。麦草峠の丸山側斜面を中心とする一帯は、クロスカントリー、テレマークスキーのよきフィールドになっている。

麦草峠から、最後の、丸山の登りになる。この登りは本コース中もっとも長く、後半に、これまたいちばん急な登りがある。深雪のときは足が進まず難渋させられる。深いラッセルがあって苦しめられそうなときは、白駒池を回って高見石に出るとよい。丸山の反対側は、林間の平凡な下りだ。**高見石**から渋ノ湯への下りでは、賽ノ河原の通過に注意したい。踏み跡をはずさないよう心がけ、それが不明瞭なときは、上方から見て斜面の右、樹林帯寄りにコースをとり、安定のよい岩を踏んで下るようにする。賽ノ河原から下は、とくに問題になるような箇所はない。渋川を渡り返しながら下ってゆく。

横岳山頂下に建つ北横岳ヒュッテ

交通アクセス

●**バス** 茅野駅～ピラタス横岳ロープウェイ山麓間は、通年運行で一日一〇～一二便。

●**ロープウェイ** ピラタス横岳ロープウェイは通年運行で10～20分間隔（点検のための運休日あり）。茅野駅～奥蓼科間は、一日二～三便（12月～3月）。諏訪バス茅野駅前案内所☎〇二六六72二一五一、ピラタス横岳ロープウェイ☎〇二六六67二〇〇九。

●**タクシー** 茅野駅～ロープウェイ山麓駅（所要約40分・約七六〇〇円）、渋ノ湯～茅野駅（所要約40分・約七〇〇〇円・下山時要予約）アルピコタクシー（六七台）☎〇二六六71一一八一、高島タクシー☎〇二六六72四一六一、中山タクシー☎〇二六六72七一八一他〈茅野市〉。

宿泊

北横岳ヒュッテ（八〇人収容）通年営業・要予約、二食付、素泊り可。
縞枯山荘（八〇人収容）通年営業、二食付、素泊り可。
麦草ヒュッテ（二〇〇人収容）通年営業・要予約、二食付、素泊り可。
高見石小屋（一五〇人収容）通年営業、二食付、素泊り可。
渋御殿湯（一三〇人収容）通年営業、二食付。
渋辰野旅館（八〇人収容）通年営業、二食付。
明治温泉（八〇人収容）通年営業、二食付。
＊宿泊料金、営業状況等は事前に確認のこと。予約・連絡先は巻末193頁参照。

宿泊施設一覧

名称	位置	収容	開設期間	連絡先	電話	現地電話
清里・野辺山・松原湖・八千穂高原方面						
町営美し森たかね荘	美ノ森北西400メートル	60	通年	山梨県北巨摩郡高根町清里	0551-48-2311	
清泉寮	清里駅から北へ徒歩30分	190	通年	山梨県北巨摩郡高根町清里　財団法人キープ協会	0551-48-2111	
信濃館	清里駅周辺	37	通年	山梨県北巨摩郡高根町清里	0551-48-2301	
明月館	清里駅周辺	30	通年	山梨県北巨摩郡高根町清里	0551-48-2231	
清里YH	清里駅周辺	50	通年	山梨県北巨摩郡高根町清里3545	0551-48-2125	
野辺山荘	野辺山駅周辺	80	通年	長野県南佐久郡南牧村野辺山693	0267-98-2027	
ヒュッテ愛岳	野辺山駅周辺	50	通年	長野県南佐久郡南牧村野辺山高原	0267-98-2022	
湯元H和泉館	海ノ口温泉	150	通年	長野県南佐久郡南牧村海ノ口933	0267-96-2106	
八ガ岳高原ロッジ	杣添尾根取付	150	通年	長野県南佐久郡南牧村海ノ口	0267-98-2131	
鹿ノ湯	海ノ口温泉から徒歩10分	30	通年	長野県南佐久郡南牧村海ノ口	0267-96-2820	
つたや旅館	松原湖畔	40	通年	長野県南佐久郡小海町松原湖畔	0267-93-2121	
佐久屋	松原湖畔	20	通年	長野県南佐久郡小海町松原湖畔	0267-93-2221	
稲子湯旅館	稲子湯	80	通年	長野県南佐久郡小海町大字稲子1343　原田二郎	0267-93-2262	
稲子小屋	稲子登山入口から徒歩50分	30	7/20～9/20 4/29～5/10	長野県南佐久郡小海町稲子4642　井出賢三	0267-93-2008	
レストハウスロッジ八ガ嶺	八千穂高原自然園バス停前	50	通年	長野県南佐久郡八千穂村　上原雄二	0267-88-2567	
駒出池ヒュッテ	池ノ平牧場駒出池畔	10	4/下～10/中	長野県南佐久郡八千穂村八千穂村役場（要予約）	0267-88-3868	0267-88-2569
篠屋旅館	八千穂駅から徒歩7分	50	通年	長野県南佐久郡八千穂村畑35-1	0267-88-2035	
八ガ岳南部・小淵沢・美濃戸方面						
観音平グリーンロッジ	観音平	80	4/下～11/上	山梨県北巨摩郡小淵沢町教育委員会（素泊りのみ、要予約）	0551-36-3125	0551-36-3333
寿旅館	小淵沢町	—	休業中	山梨県北巨摩郡小淵沢町7566	0551-36-2027	
高原旅館	小淵沢町	20	通年	山梨県北巨摩郡小淵沢町1022	0551-36-2066	
山田館	小淵沢町	10	通年	山梨県北巨摩郡小淵沢町	0551-36-2004	
泉郷ロッジ	甲斐小泉駅から徒歩17分	3500	通年	山梨県北巨摩郡大泉村谷戸並木上8741　予約03-5317-2233	0551-38-2336	

青年小屋	編笠山とノロシバの鞍部	150	4/下～11/上	山梨県北巨摩郡小淵沢町上笹尾8881　竹内敬一	0551-36-2251	0551-22-2900
権現小屋	権現岳西方50㍍	50	4/下～11/上	山梨県北巨摩郡小淵沢町上笹尾8881　竹内敬一	0551-36-2251	
キレット小屋	赤岳と旭岳の鞍部	100	7/中～8/下	神奈川県茅ガ崎市柳島海岸2-27　原田茂	0467-87-0549	
赤岳頂上小屋	赤岳北峰	200	4/下～11/上 年末年始	神奈川県茅ガ崎市柳島海岸2-27　原田茂	0467-87-0549	0551-22-2901
赤岳天望荘	赤岳と横岳の鞍部	300	4/下～11/下 年末年始	長野県諏訪市渋崎1722 (有)ふじもり	0266-58-7220	
硫黄岳山荘	横岳と硫黄岳の鞍部	300	4/下～11/下 年末年始	長野県茅野市湖東3094　浦野栄作	0266-76-2612	090-3142-8469
ヒュッテ夏沢	夏沢峠	300	4/25～10/12	長野県諏訪市渋崎1722 (有)ふじもり	0266-58-7220	
山びこ荘	夏沢峠	40	4/下～11/上 年末年始	長野県茅野市玉川2382-5　原田雅文	0266-72-3260	
オーレン小屋⛺	夏沢峠の西方800㍍、鳴岩川源流	300	4/25～11/8	長野県茅野市豊平2472　小平勇夫	0266-72-1279	0266-72-3940
夏沢鉱泉	夏沢峠の西方1500㍍	40	4/下～11/上	長野県茅野市湖東3094　浦野栄作	0266-76-2612	
湯元本沢温泉⛺	夏沢峠の東方1000㍍	180	通年	長野県茅野市玉川2382-5　原田雅文	0266-72-3260	090-3140-7312
太陽館	太陽館前バス停下車	35	通年	長野県茅野市玉川原山11400-664　柳沢太平	0266-74-2285	
美濃戸高原ロッジ	美濃戸口	20	通年	長野県茅野市玉川11400-829　田中敏夫	0266-74-2102	
八ガ岳山荘	美濃戸口	50	通年	長野県諏訪市渋崎1722 (有)ふじもり	0266-58-7220	0266-74-2728
美濃戸山荘	柳川北沢・南沢出合の美濃戸	200	通年	長野県諏訪市渋崎1722 (有)ふじもり	0266-58-7220	
美濃戸高原やまのこ村	柳川北沢・南沢出合の美濃戸	80	通年（要予約）	神奈川県茅ガ崎市柳島海岸2-27　原田茂	0467-87-0549	0266-74-2274
赤岳山荘	柳川北沢・南沢出合の美濃戸	130	通年	長野県諏訪郡下諏訪町西鷹野町4916-2　高野裕夫	0266-27-2077	0266-74-2272
赤岳鉱泉⛺	柳川北沢源流、標高2220㍍地点	250	通年	長野県茅野市玉川原山11400-664太陽館　柳沢太平	0266-74-2285	0266-72-3939
行者小屋⛺	柳川南沢源流、赤岳北西下	200	4/上～10/下 年末年始	長野県茅野市玉川原山11400-664太陽館　柳沢太平	0266-74-2285	
△出合小屋	川俣川地獄谷	20	通年（無人）	山梨県北巨摩郡高根町東割　高根町山岳会　大塚寿	0551-47-2646	

北八ガ岳・蓼科方面

根石山荘	箕冠山と根石岳の鞍部	100	4/25～11/10 年末年始	長野県茅野市湖東3094　浦野栄作	0266-76-2612	
黒百合ヒュッテ⛺	中山峠の西方、黒百合平	250	通年	長野県茅野市宮川11318　米川正利	0266-72-3613	
唐沢鉱泉	天狗岳中腹、標高1870㍍地点	150	4/下～1/10	長野県茅野市豊平4733　両角重幸	0266-76-2725	0266-76-2525
高見石小屋	高見石西直下	150	通年	神奈川県茅ガ崎市柳島海岸2-27　原田茂	0467-87-0549	
麦草ヒュッテ	麦草峠	200	通年	長野県茅野市北山8241　島立博	0266-78-2231	0266-67-2990
縞枯山荘	雨池峠西方の八丁平	80	通年	長野県茅野市北山4035　嶋義明	0266-67-5100	

宿泊施設一覧

北横岳ヒュッテ	北横岳七ツ池入口	80	通年（要予約）	長野県茅野市塚原1丁目19-25　島立久光	0266-72-8007	090-3150-9702
双子池ヒュッテ⛺	双子池畔	100	4/下~11/23 5・11月は土・日	長野県南佐久郡八千穂村字畑5906　嶋崎尚	0267-88-4566	
大河原ヒュッテ	大河原峠	50	通年（要予約）	長野県諏訪郡原村5782　田中光彦	0266-79-5494	090-3558-5225
しらびそ小屋⛺	みどり池東岸	60	通年	長野県南佐久郡南牧村海尻400-3　今井行雄（冬期要連絡）	0267-96-2165	
白駒荘	白駒池畔	250	通年（要予約）	長野県茅野市北山6581　辰野万吉	0267-88-3865	0267-62-2911 090-154-90605
青苔荘⛺	白駒池畔	200	通年（要予約）	長野県南佐久郡八千穂村八郡603　山浦虎吉	0267-88-2082	0267-62-2910
蓼科山荘	蓼科山九合目、将軍平	60	4/下～11/上	長野県茅野市宮川11318　米川正利	0266-72-3613	
蓼科山頂ヒュッテ	蓼科山頂	60	6/中～10/下	埼玉県上福岡市仲1-4-8　米川喜明	0492-66-9264	0266-62-3717
ヒュッテアルビレオ	八子ガ峰東山頂	30	通年・要連絡	長野県茅野市北山6887　梶栄太郎	0266-77-2930	
〈国〉蓼泉閣	女神湖入口から徒歩10分	110	通年	長野県北佐久郡立科町女神湖畔	0267-55-6600	
蓼科パークホテル	横谷温泉入口徒歩6分	350	通年	長野県茅野市北山5522	0266-67-2600	
渋川温泉保科館	渋川入口	150	通年	長野県茅野市北山5513	0266-67-2319	
白樺湖YH	西白樺湖から徒歩4分	70	通年	長野県茅野市北山3418	0266-68-2031	
〈国〉白樺湖水源荘	バス停岩下から徒歩1分	220	通年	長野県茅野市北山白樺湖	0266-68-2236	
亀屋ホテル	南白樺湖	300	通年	長野県茅野市北山白樺湖	0266-68-2001	
柏荘	白樺湖からバス10分､みのわ平	10	休業中	長野県北佐久郡立科町芦田八カ野1435-1　小川袈裟男	0267-55-6020	
樽ガ沢温泉	東白樺湖からバス5分､樽ガ沢	30	通年	長野県北佐久郡立科町芦田八カ野1485　波岡五郎	0267-55-6304	
明治温泉旅館（明治湯）	奥蓼科温泉郷	80	通年	長野県茅野市奥蓼科	0266-67-2660	
渋辰野旅館	奥蓼科温泉郷	80	通年	長野県茅野市奥蓼科	0266-67-2128	
渋ノ湯ホテル	奥蓼科温泉郷	60	4/下～11/中	長野県茅野市奥蓼科	0266-67-2732	
〈国〉渋御殿湯	奥蓼科温泉郷	130	通年	長野県茅野市奥蓼科	0266-67-2733	
〈国〉もちづき荘	春日温泉	137	通年（年末年始をのぞく）	長野県北佐久郡望月町春日温泉	0267-52-2515	

〈国〉は国民宿舎、YHはユースホステル、△印は避難小屋を表す。⛺は稜線およびその周辺の指定キャンプ場を管理。

週報

主要山岳情報 HP FAX パソコン

0990-6-12125

各エリアの山小屋より毎週新鮮な情報をお届けいたします。登山道の状況、高山植物、新緑、紅葉、積雪など季節毎の情報や装備についてのアドバイスなど知りたい情報をご覧になれます。

	No	山域及び山岳名	情報の更新	エリア
主要山岳情報	301	目次	週1回	
主要山岳情報	302	**北海道**大雪山／**東北**月山、朝日連峰西吾、妻山、那須岳	週1回	北海道・東北
主要山岳情報	303	**関東周辺**尾瀬、谷川岳、筑波山、高尾山、丹沢東部、雲取山、大菩薩嶺、瑞牆山、妙高山、三ツ峠／**富士山**	週1回	関東
主要山岳情報	304	**立山、剣／後立山**白馬岳、唐松岳、鹿島槍、爺ガ岳	週1回	北ア・立山・剣・後立山
主要山岳情報	305	薬師岳、双六岳、笠ガ岳 ／**裏銀座**烏帽子岳、三俣蓮華	週1回	北ア・中央部
主要山岳情報	306	**槍ガ岳／穂高**穂高岳、涸沢岳、西穂高岳／**表銀座**燕岳、常念岳、蝶ガ岳	週1回	北ア・槍穂高周辺
主要山岳情報	307	**八ガ岳**蓼科山、北横岳、麦草峠、天狗岳、赤岳、権現岳／**中央アルプス**木曽駒ガ岳、宝剣岳／**南アルプス**鳳凰三山、甲斐駒ガ岳、北岳／**御嶽**	週1回	八ガ岳・南ア・中央ア・御嶽
主要山岳情報	308	**白山／御在所／近畿**大普賢岳、武奈ガ岳、六甲山、大和葛城山／**四国**剣山／**九州**祖母・傾山、開聞岳、宮ノ浦岳	週1回	白山・御在所・近畿・四国・九州
山岳気象情報	309	丹沢弘法山・伊豆幕山・三浦大楠山、鷹取山・房総養老渓谷・鋸山・高尾山・奥多摩御岳山・奥武蔵伊豆ガ岳・秩父四阿屋山・筑波・男山※**夏期は夏山情報あり**	毎日	夏をのぞき関東周辺(HP/FAXのみ)

※主要山岳情報の情報提供期間につきましては、301の目次でご確認下さい。
　また、山小屋固定情報のナンバーに関しましても、301の目次で確認下さい。

日替わり天気予報 パソコン

全国38ヶ所の山岳情報をリアルタイムで毎週お届しています。

また、同時に山岳天気予報サービスを㈱ウェザーニュースと共同運営で、パソコン通信（Nifty-Serveのみ）で見れます。サービス内容は1日3回更新で、3時間ごとの天気と降水量と気温。週報は天気と最低・最高気温と降水確率を表示します。山にお出かけの際は是非ともお役立てください。

■北アルプス①詳細(予報の内容の例)
立山／白馬／後立山裏銀座地域の週間天気
6/1　11：00発表(もしくは17：00発表)

6/3(水)	晴→曇	最高温度23℃	最低温度15℃	降水確率30%
6/3(水)	曇｜雨	15℃	15℃	40%
6/3(水)	雨	20℃	12℃	80%
6/3(水)	晴	21℃	13℃	20%
6/3(水)	晴	117	10℃	10%
6/3(水)	曇→晴	17℃	15℃	10%

※予報は気象庁発表に基づきます

固定情報 山小屋情報 HP FAX パソコン 0990-6-12125

山小屋の営業時間や、主要山岳概要、住所、連絡先、宿泊料金、水場などの情報を取り出せます。また、主要山岳に関するヤマケイの書籍、ビデオ等もご案内しております。

情報No	主要山岳　⌂＝小屋等名称　★＝通年	エリア
311	大雪山 ⌂旭岳ビジターセンター★	北海道・東北
312	月山 ⌂月山頂上小屋／朝日連峰 ⌂朝日鉱泉ナチュラリストの家	北海道・東北
313	西吾妻山 ⌂高原の宿・アルブ天元台★／那須岳 ⌂三斗小屋温泉大黒屋	北海道・東北
321	谷川岳　⌂土合山の家★	関東
322	尾瀬　⌂東電小屋	関東
323	筑波山　⌂筑波山ケーブルカー・ロープウェー★ 高尾山　⌂高尾ビジターセンター★	関東
324	丹沢 ⌂塔の岳・尊仏山荘★／雲取山 ⌂雲取山荘★	関東
325	大菩薩嶺 ⌂介山荘／瑞牆山 ⌂瑞牆山荘	関東
326	妙高山　⌂高谷池ヒュッテ	関東
327	三ツ峠 ⌂四季楽園★／富士山 ⌂佐藤小屋	関東
331	立山 ⌂立山室堂山荘／剣 ⌂剱沢小屋	北アルプス
332	薬師岳・雲ノ平　⌂太郎平小屋	北アルプス
333	唐松岳・八方尾根 ⌂唐松岳頂上山荘 白馬 ⌂白馬山荘／鹿島槍・爺ガ岳 ⌂冷池山荘	北アルプス
334	裏銀座周辺 ⌂三俣山荘／裏銀座・ブナ立尾根 ⌂烏帽子小屋	北アルプス
335	笠ガ岳 ⌂笠ガ岳山荘／双六岳周辺 ⌂双六小屋	北アルプス
336	蝶ガ岳 ⌂蝶ガ岳ヒュッテ／常念岳 ⌂常念小屋／燕岳・合戦尾根 ⌂燕山荘	北アルプス
337	涸沢周辺 ⌂涸沢ヒュッテ／穂高岳 ⌂穂高岳山荘／槍ガ岳 ⌂槍岳山荘	北アルプス
338	西穂高岳 ⌂西穂山荘★	北アルプス
341	蓼科山 ⌂蓼科山荘／北横岳 ⌂北横岳ヒュッテ	八ガ岳・南ア・中ア
342	麦草峠周辺 ⌂麦草ヒュッテ★／天狗岳 ⌂黒百合ヒュッテ★	八ガ岳・南ア・中ア
343	赤岳周辺 ⌂赤岳鉱泉★／赤岳周辺 ⌂赤岳天望荘	八ガ岳・南ア・中ア
344	権現岳・編笠岳 ⌂八ガ岳青年小屋	八ガ岳・南ア・中ア
345	鳳凰三山 ⌂青木鉱泉／鳳凰三山 ⌂鳳凰小屋	八ガ岳・南ア・中ア
346	甲斐駒ガ岳・仙丈ガ岳 ⌂長衛荘／北岳 ⌂芦安村営北岳山荘	八ガ岳・南ア・中ア
347	御嶽 ⌂剣ヶ峰旭館／木曽駒ガ岳・宝剣岳 ⌂宝剣山荘	八ガ岳・南ア・中ア
351	白山 ⌂白山室堂	近畿以西
352	御在所 ⌂藤内小屋	近畿以西
353	大普賢岳 ⌂和佐又ヒュッテ★／武奈ガ岳 ⌂比良ロッジ・八雲ロッジ	近畿以西
354	六甲山 ⌂神戸登山研修所★／大和葛城山 ⌂葛城高原ロッジ★	近畿以西
355	四国剣山 ⌂剣山頂上ヒュッテ	近畿以西
356	祖母山・傾山 ⌂祖母山九合目山小屋／開聞岳★ ⌂国民宿舎かいもん荘 宮ノ浦岳 ⌂やくすぎ荘★	近畿以西

この情報は山と溪谷社が各々の小屋に直接お伺いして得た情報です。安全登山の一助になれば幸いです。しかし、山岳地域での天候の急変、自然現象、その他不測の事態が発生することがあります。山中では個人の判断のもと、責任ある行動をお願いします。また、山小屋によってはシーズンオフや平日は営業していないところもあります。事前にご連絡の上ご入山ください。

●**地図帳の体裁**　B6判厚紙ケース装。五八七×八〇九《ミリ》多色刷登山地図と小冊子「コース断面図集」（二色刷／三二頁）のセット。地図用紙は水濡れに強い再生可能紙使用。

●**登山地図の特徴**　二〇《メートル》または一〇《メートル》の等高線と地形ボカシ入り集成図に立体的な視点が得られる三次元鳥瞰図（シリーズの21、22、24はなし）の組合せ。収録データは同じ山域のアルペンガイドに基づく。集成図は緯度・経度（分単位）メッシュ入り。

●**小冊子「コース断面図集」の特徴**　等高線のデータをもとに登山地図に載っているコースをビジュアルな断面図として再構成。コース踏破のための体力度やその配分の目安として活用できます。コースタイムやコース情報も図中に配し、計画段階での資料としても有益。シリーズを通じて同一規格ですから、別の山域との比較検討が容易です。

■**好評の既刊24巻**

①上高地・槍・穂高　②剱・立山・針ノ木　③朝日・白馬・唐松　④北岳・甲斐駒・仙丈　⑤荒川・赤石・聖　⑥八ガ岳・北八ガ岳　⑦川苔・御岳・高尾　⑧飛竜・雲取・鷹ノ巣　⑨金峰・国師・甲武信　⑩丹沢　⑪尾瀬　⑫奥日光　⑬奥武蔵　⑭中央アルプス　⑮鈴鹿　⑯富士山・御坂　⑰飯豊連峰　⑱大雪山　⑲十勝連峰　⑳箱根・伊豆　㉑比良・北山東部　㉒京都北山　㉓朝日連峰　㉔谷川岳・巻機山

ヤマケイ登山地図帳は主要書店、山と溪谷社特約店でお求めできます。ご希望のものがない場合は、弊社☎〇三（三四三六）四〇四〇〈読者専用注文センター〉またはFAX〇三（三四三三）四〇五七〈営業部〉へご注文ください。

登山コースの断面図は各巻同一規格。他の山域とのスケールの比較も容易です

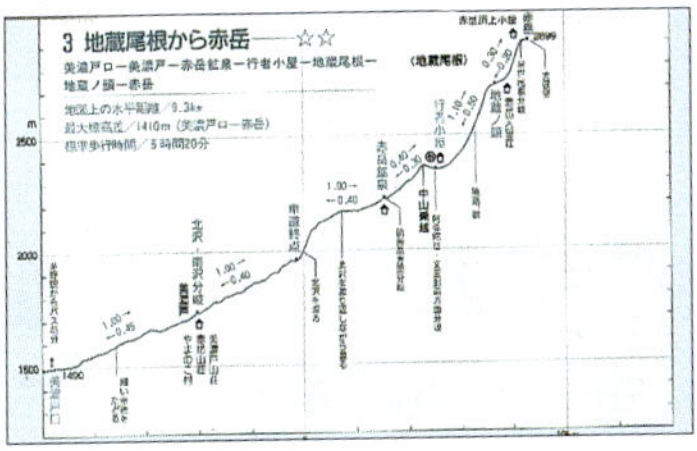

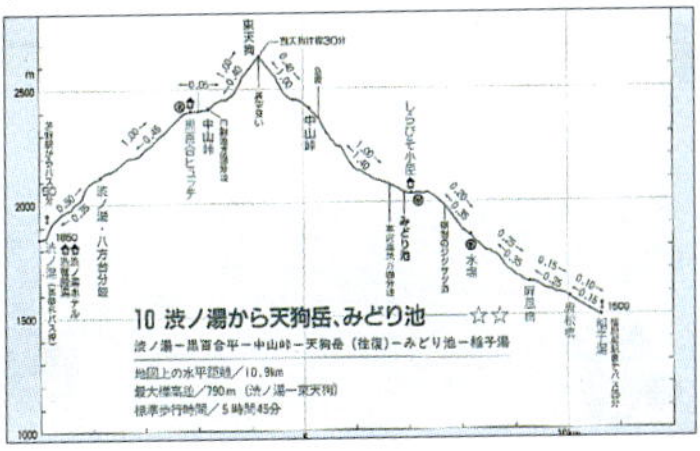

「⑥八ガ岳・北八ガ岳」より

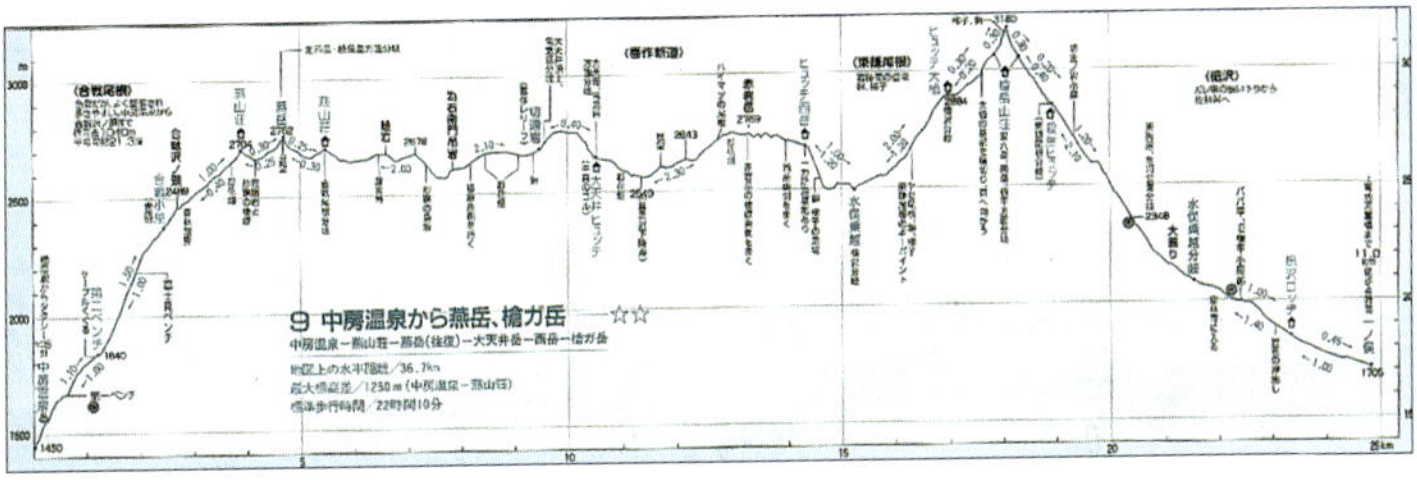

「①上高地・槍・穂高」より

●執筆者紹介
新妻喜永（にいづま・よしのり）
1941年，東京生まれ。1964年日本大学芸術学部写真学科卒業。4年間双葉社写真部勤務の後，フリーランスの写真家となり現在に至る。主著に，日本の名峰⑫『浅間・上毛三山・西上州』同⑮『八ガ岳連峰と蓼科山』同⑱『中央アルプスと御岳』，写真集『山は斜光線』（以上山と溪谷社），『花の山旅・日本アルプス』（実業之日本社），北八ツ逍遙（山と溪谷社）がある。

●執筆協力
池　学
●写真協力
瀬尾　央，寺田政晴
●地図編集製作
GEO，吉田祐介
●アート・ディレクション
高松　翼
●編集協力
(有)奥多摩館
●お願い
本書の編纂にあたっては充分に調査し，正確を期したつもりではございますが，もし，内容に相違等ございましたら，編集部までご一報ください。

「本書に掲載した地図の作製にあたっては，建設省国土地理院長の承認を得て，同院発行の20万分の1地勢図，5万分の1地形図，および2万5千分の1地形図を使用しました。（測量法第30条に基く成果使用承認平12総使，第11号）」

アルペンガイド――16
ハガ岳・北ハガ岳
2000年4月　初版第1刷
定価はカバーに表示してあります
●
編集――出版部
発行人―川崎吉光
発行所―株式会社　山と溪谷社
〒105-8503東京都港区芝大門1-1-33
出版部☎03-3436-4028＊直通
営業部☎03-3436-4055＊直通
広告部☎03-3436-1801＊直通
振替口座00180-6-60249
http://www.yamakei.co.jp/
印刷所―大日本印刷株式会社

ISBN4-635-01316-2